アルコールと酔っぱらいの地理学

秩序ある／なき空間を読み解く

マーク・ジェイン、ジル・バレンタイン、サラ・L・ホロウェイ〈著〉
杉山和明、二村太郎、荒又美陽、成瀬 厚〈訳〉

明石書店

Alcohol, Drinking, Drunkenness: (Dis)Orderly Spaces
by Mark Jayne, Gill Valentine and Sarah L. Holloway

Japanese translation rights arranged with Taylor & Francis Group, Abingdon through Tuttle-Mori Agency, Inc., Tokyo

日本語版へのはしがき

Alcohol, Drinking, Drunkenness: (Dis)Orderly Spaces が２０１１年に初めて出版されたのは、地理学者によるアルコール・スタディーズの研究への初期の取り組みにおいて画期的で重要な意味を持つ出来事《マイルストーン》であった。特定の空間や場所において酒・飲酒・酩酊がいくつかの社会集団にとって「問題のある」ものとして定義される方法に対し、地理学的観点を適用することの重要性を強調するという当初の目標から出発して、われわれの研究は、大衆的・政治的・学術的な知・議論・想像力のなかで、酒・飲酒・酩酊の存在論と認識論に関与することを通じてさらに前進していった。こうした進展があったものの、われわれの研究と著述は今日まで「グローバル・ノース」に根ざしたものだったので、このたびの日本語への翻訳・出版は、とても光栄で喜ばしいことであるし、研究・議論・知の前進にとって新たな契機をもたらすであろうことに大きな期待を寄せている。

「アルコール・スタディーズ」——社会科学および医学を横断する豊かで長い歴史を持つ——の研究と議論に遅れをとってきた地理学者として、当初から今も続くわれわれの目標は、地理学的な想像力とアプローチの重要で固有の貢献を強調することにあった（Valentine et al. 2007; Jayne et al. 2008b and c; Jayne et al. 2016a and b; Jayne and Valentine 2016b を参照）。われわれは、都市や農村の公共および商業空間 (Jayne et al. 2006, 2008a; Valentine et al. 2007; Bell et al. 2008; Jayne and Valentine 2017)、家庭《ホーム》での飲酒（Holloway et al. 2008)、男性性《マスキュリニティ》と女性性《フェミニニティ》（Holloway et al. 2009)、エスニシティと宗教（Valentine et al. 2009)、若年者

（Valentine et al. 2007）、飲酒文化の世代間継承（Valentine et al. 2010）、移動性《モビリティ》（Jayne et al. 2012）、子ども・子ども期・家族（Jayne et al. 2012; Jayne and Valentine 2015, 2016c and 2017; Valentine et al. 2010, 2013）、そして、アルコール〔依存〕の治療と回復（Jayne et al. 2019）についての理論的かつ経験的な洞察を生み出すことで、この課題を追求してきた。

研究と著述を行いながら、われわれは、社会科学と医学を横断する「アルコール・スタディーズ」が、ある種の袋小路内で定義されていることを一層意識するようになった。すなわち、「アルコール消費が、医学的課題とみなされ、健康・社会・立法・犯罪または政策上の問題として病理化されるか、あるいは、社会的・文化的関係のなかに埋め込まれたものとしてみなされるという袋小路であり、これらのアプローチ間の対話は限定されていた」（Jayne et al. 2008b: 247）のである。研究室での実験、統計的な測定、モデリング、数値プロキシなどはアルコール関連の害を定義するのだが、それらは分け隔てられた伝統を背景としていても、どれも科学的研究の成果である。実際、科学的・定量的な知見が新聞の見出しを飾り、大衆の想像力や表象を支配し、政治的意思決定や政策形成に影響を与えているのである。他方で、社会・文化の研究者たちが、世界中の多様なアルコール関連のトピックおよび事例研究を通して豊富で詳細な証拠を提供してきたにもかかわらず、健康・社会・立法および刑事上の問題としてアルコールを病理化することが定着してしまっているため、アルコールをめぐる支配的な存在論と認識論を批判することにことごとく失敗してきた。

これらの懸念を解決するため、われわれは「アルコール・スタディーズ」を支配するようになった問題のある通説に対しいくつかの理論的・経験的な反論を提示してきた。まず、社会・文化的実践としての飲酒と、アルコール摂取が及ぼす生物的・生理的・心理的な影響が作為的に切り離されていることを克服しようとする理論的な視座を発展させたうえで、感情・身体化・情動などとアルコールの日常的使用との関係が理論化されていなかったことを主張した（Jayne et al. 2010）。そうすることで、酒・飲酒・酩酊の地理の理解を進める可能性を与えるような流儀を意識しつつ、学際的な仕事が医学と社会科学の方法論を組み合わせられる方法への理論的洞察を発展させたのである。同様に、国際的なアルコール政策と研究において「健康関連」のアルコール問題を診断し「酩酊」を測定するための主要な手段である「単位量（units）」の、消費と密接に結びついた複合的な空間性を明らかにした。単位量という概念に付与された権力性を問いただすために、生権力と統治性に関する理論的な論争の交点——感情・身体化・情動の地理とアクターネットワーク理論——を探究したのである。〔また、〕われわれは、アルコール消費のリスクと利益《ベネフィット》をより妥当に理解し表現する方法を発展させるために、社会科学・健康科学・医学の科学者が相互に対話する必要性を強調した（Jayne et al. 2011b）。そして最後に、アルコール関連の暴力と無秩序の存在論と認識論に挑み、学術的・政治的・大衆的な議論と政策を支えている問題のある「想像界（imaginaries）」を明らかにした。暴力と無秩序はどこにでもあるという広く認められた見解を批判するとともに、アルコール関連の暴力と無秩序を理論化・研究・解決するためのより良い方法への理論的かつ政策に関与する理解を提供したといえよう（Jayne et al. 2016a）。これらの論文でなされた議論は、「アルコール研究」の長年続いた問題のある伝統に挑戦しようとする取り組みの上辺を撫でたに過ぎないが、それでも、少なくとも社会科学および医学／健康科学のアプローチの分け隔てられた伝統のあいだの対話にとって有益な道を提供するはずだ。

酒・飲酒・酩酊に関する地理的研究の現況は、ヨーロッパや北アメリカで行われた研究が支配的であるため、将来の研究課題がより世界的視野を持つ多様なアプローチを追求することも不可欠である。実際、グローバルな学術知識の生産に関する現状の限界、および理論構築と批判的研究との不均衡に対して、地理学の学問領域内では批判が高まっている（たとえば、Chakrabarty 2000; Connell 2006; Robinson 2006; Parnell and Robinson 2012; Roy and Ong 2011; Edensor and Jayne 2012; Jayne 2013; Jayne 2018a, b and c を参照）。ロビンソン（Robinson 2002）が想起させるように、自分自身が文化的かつ学術的に状況化されている事実を認めることは理論家にとって重要であり、そうすることで「知の生産複合体」に対抗するために、世界中の学者が「西洋の」学術出版をより利用しやすくなるよう貢献することを私たち全員に要請するのである。

それゆえに、われわれはこの *Alcohol, Drinking, Drunkenness: (Dis)Orderly Spaces* の日本語版が、ヨーロッパと北アメリカで生まれた通説から酒・飲酒・酩酊についての理解を脱中心化する、新世代の地理学理論と研究を鼓舞し生み出すことを願っている（Jayne and Ward 2017 を参照）。

謝辞（日本語版）

著者たちは、本書の翻訳に際し、献身的な努力と勤勉さと友好の意を示してくれた二村太郎博士（同志社大学）と杉山和明博士（流通経済大学）に感謝したい。

2019年4月

マーク・ジェイン
ジル・バレンタイン
サラ・L・ホロウェイ

注：「日本語版へのはしがき」で参照されている文献は、巻末の「文献一覧」の冒頭にまとめて示した。

謝辞

本書で提示された研究を支援していただいたジョセフ・ラウントリー財団に感謝申し上げたい。とりわけ、計画の始めから終わりまで励ましと助言をいただいたチャーリー・ロイドには厚く御礼申し上げる。研究の進展に有益な貢献をいただいた以下の諮問団にも御礼申し上げる。マイク・アトキンソン（前イーデン・バレー・プライマリー・ケア・トラスト）、ジェニー・ハモンド（ストーク・オン・トレント薬物アルコール・アクション）、アン・ジェンキンズ（アルコール・コンサーン〈Alcohol Concern〉）、アンドリュー・マクニール（アルコール・スタディーズ機構〈Institute of Alcohol Studies〉）、マンディ・ネビン（スタフォードシャーのアルコール薬物サービス）、デイヴィッド・ポーレイ（ポートマン・グループ）、グレゴール・ラッセル（前ストーク・オン・トレント・プライマリー・ケア・トラストのコミッショニング主任）、デイヴィッド・シブレイ（リーズ大学）、ベッツィ・トム（ミドルセックス大学）、レベッカ・ワグスタッフ（カンブリア・プライマリー・ケア・トラスト）。われわれはまた、ストーク・オン・トレントのパキスタン系ムスリムのコミュニティ成員にインタビューを行ってくれたマハムード・ミズラとタスニム・フセイン、そして、いくつかの質的データの分析に助言してくれたポール・ノーマン（リーズ大学）の貢献にも謝辞を述べたい。シャーロット・ネルは、この計画の研究助手として働き、イーデンでのフィールドワークを行ってくれた。われわれは彼女の懸命な努力と本計画への献身に感謝したい。

マークからは、デイヴィッド・ベル、マイク・レイション、スラヴォミーラ・フェレンチュホヴァー

(Slavomíra Ferenčuhová)、ウロンゴング・ボーイズ、フィル・ハバード、ポッツ博士夫妻、ジョン・ヒル博士、マーク・アダムス、とりわけ「エバンス・ザ・スチーム（Evans the Steam）」と同じく、マンチェスター大学および「道のすぐ向こうの」マンチェスター・メトロポリタン大学の同僚に感謝申し上げたい。デイジーには特に感謝する。

フィリップ・リーバーヒューム賞受賞者であるサラ・ホロウェイ教授からは、彼女の研究に対するリーバーヒューム・トラストの援助に厚く御礼申し上げる。

われわれは、アッシュゲート社のキャロリン・コート、ヴァル・ローズ、サラ・ホースリーの忍耐と援助に感謝申し上げる。

本書の各章は、他所で公表された経験的素材や議論を部分的に利用している。著者ならびに発行者からは、以下の文献の再掲を許可してくださった著作権保有者の方々に感謝申し上げたい。

セージ社（ロンドン、ロサンゼルス、ニューデリー、シンガポール、ワシントンDC）には、Jayne, M., Valentine, G., and Holloway S.L. (2008a), 'Geographies of Alcohol, Drinking and Drunkenness: A Review of Progress', *Progress in Human Geography* 32/2: 247–264; Jayne, M., Holloway, S.L. and Valentine, G. (2006), 'Drunk and Disorderly: Alcohol, Urban Life and Public Space', *Progress in Human Geography* 30/4: 451–468. からの再掲許可に対して、

ラウトレッジ社（ロンドン、ニューヨーク）には、Jayne, M., Valentine, G. and Holloway, S.L. (2008b),

‘Fluid Boundaries—“British” Binge Drinking and “European” Civility: Alcohol and the Production and Consumption of Public Space’, *Space and Polity* 12/1: 81–100; Jayne, M., Valentine, G., and Holloway S.L. (2008c), ‘The Place of Drink: Geographical Contributions to Alcohol Studies’, *Drugs: Education, Prevention and Policy* 15/3: 219–232. からの再掲許可に対して、

パイオン社（ロンドン）には、Valentine, G., Holloway, S.L., Jayne, M. (2010), ‘Contemporary Cultures of Abstinence and the Night-time Economy: Muslim Attitudes Towards Alcohol and the Implications for Social Cohesion’, *Environment and Planning A* 42/1: 8–22. からの再掲許可に対して、

エルゼビア社（ロンドン）には、Valentine, G., Holloway, S.L., Jayne, M. (2010), ‘Generational Patterns of Alcohol Consumption: Continuity and Change’, *Health and Place* 16/5: 916–925; Holloway, S.L., Valentine, G. and Jayne, M. (2009), ‘Masculinities, Femininities and the Geographies of Public and Private Drinking Landscapes’, *Geoforum* 40/5: 821–831; Valentine, G., Holloway, S.L., Knell, C., and Jayne, M. (2007a), ‘Drinking Places: Young People and Cultures of Alcohol Consumption in Rural Environments’, *Journal of Rural Studies* 24/1: 28–40. からの再掲許可に対して、

ジョン・ワイリー・アンド・サンズ社（ロンドン）には、Holloway, S.L., Jayne, M. and Valentine, G. (2008), “‘Sainsbury’s is my Local”: English Alcohol Policy, Domestic Drinking Practices and the Meaning of Home', *Transaction of the Institute of British Geographers* 33/4: 532–547; Jayne, M., Valentine, G. and Holloway, S.L. (2010), 'Emotional, Embodied and Affective Geographies of Alcohol, Drinking and Drunkenness', *Transactions of the Institute of British Geographers* 35/4: 540–554. からの再掲許可に対して、感謝申し上げたい。

アルコールと酔っぱらいの地理学　目次

アルコールと酔っぱらいの地理学 🍸 表一覧

凡　例

一、本書はイギリスのストーク・オン・トレントとイーデンでの調査に基づいている。当地の地理的情報については付録1を参照のこと。
一、イギリスにおけるアルコール単位量やビンジ・ドリンキング（大量飲酒）の定義については付録2を参照のこと。
一、ストーク・オン・トレントとイーデンでのインタビュー対象者の属性は左記の通りである。
（氏名〈匿名性を考慮して仮名〉、居住地〈ストーク・オン・トレントまたはイーデン〉、年齢区分、NS-SEC）
年齢区分：18〜24歳、25〜34歳、35〜44歳、45〜54歳、55〜64歳、65歳以上
一、「NS-SEC（イギリス政府による全国統計の社会経済的分類）」については付録3を参照のこと。
一、原文で強調のために用いられている斜体字の訳語には傍点を付した。
一、インタビュー対象者の発話部分を中心にある［　］内の語句は原注（状況の補足説明等）である。
一、〔　〕内の語句は訳注である。
一、邦訳のある文献については適宜参照しつつも該当箇所を新たに訳出した。

序章　酒・飲酒・酩酊の地理

本書は、酒・飲酒・酩酊の地理に焦点を合わせた初めての本である。人類学、社会学、犯罪学、政治学、社会政策、健康医科学のような学問分野には、人びとの生活のなかで酒・飲酒・酩酊が持つ役割を探究する長い伝統があるのに対して、地理学者はごく最近になってようやくこの研究分野に関わりを持ち始めた。書籍、雑誌掲載論文、書籍所収の論考、公的報告書が数多くあるなかで、地理学者によって着手された研究は、これまでのところ諸々の議論へ重要な影響を及ぼすまでにはいたっていない。しかしながら、最近の仕事は、地理学者が、酒・飲酒・酩酊と結びついた政治的・経済的・社会的・文化的・空間的である複雑な実践や過程に対して、学術的・政策的・大衆的な理解をもたらすために大きな貢献ができることを示している。本書の目的はそうした進展に基づいて議論を展開することにある。イギリスで行われた理論的知見に基づく経験的研究を取り上げつつ、世界各地で書かれたものを引用することで、われわれは酒・飲酒・酩酊に関連した実践と過程の重要な構成要素として、空間と場所が概念化される必要があるということを主張したい。そうすることで、酒・飲酒・酩酊を研究する地理学的アプローチが、地理学内外の議論に貢献できる方法を前面に打ち出す。

地理学者はこの分野において相対的に新参者ではあるものの、地理学的な着眼点は、アルコール研究の課題において伝統的なテーマであった。公と私、都市と田園、境界と侵犯、可視性と不可視性、中心性と周縁性、国家や地方のアイデンティティ（その他諸々）のあいだの区別のような論点に焦点を合わせた、空間的な関係・実践・概念を考察することは、アルコール研究の重要な特徴だったのである。実際に、理論家たちは、トランスナショナル、ナショナル、リージョナル、ローカルの多様で異なった空間スケールにおいて、立法・政策・取り締まり、生産・マーケティング・小売り、消費・アイデンティティ・ライフスタイル、そして、社交性の形態に関連した多岐にわたる話題を扱ってきた。しかし、アルコール・スタディーズに重要な地理学的研究が含まれていながら、研究対象のなかで空間と場所がどのように積極的な構成要素となるかについては、ほとんど考慮されてこなかった。これらの記述のなかで、アルコール研究の地理学的な着眼点は、目下の研究で鍵となる理論的・経験的な要素というよりも、単に位置づけあるいは視点を示すものとして扱われる傾向があったのである。

さらに、社会科学と医科学を横断する膨大な研究があるにもかかわらず、〔それぞれの分野で〕酒・飲酒・酩酊は相反する方法で考察される傾向があり、学問領域間の対話がほとんど存在しなかった。たとえば、社会科学において、一方で、無法状態・暴力・犯罪不安を考察することと、他方で、ゼロ・トレランス・ポリシング（zero tolerance policing）〔寛容度ゼロで小さな不法行為も一切見逃さない警察による取り締まり政策〕や法改正と政策を考察することのあいだには明確な区別が存在する。また、飲酒と結びついた日常の社会関係と文化的実践を精査することを通じて、アルコール消費を病的なものとみなす限定的なとらえ方を超えようとする理論的目標を持った競合する数多くの研究も存在する。多数の調査結果と貴重な議論があるにもかかわらず、既存のそして／あるいは断片的な研究課題があるだけで、持続した学問領域の相互の（あるいは横断的な）対話がほとんど存在しなかったのである。社会的・文化的な（あるいは空間的でさえある）論点を加えて政治的・経済的な論点を共に導き出そうとする、新しい理論的枠組みを開拓しようとしてきた研究は、アルコール・スタディーズの研究方向に対して重要なインパクトを与えることに失敗してきたといえよう。

本書では、この袋小路に取り組み、そうすることで、酒・飲酒・酩酊の地理の研究が、学術的・政治的・政策的・大衆的な議論に対してどのように寄与することができるかを論じていきたい。この序章では、地理学者ならびに地理学以外の理論家たちによる著作物を展望することから始める。次に、各章において酒・飲酒・酩酊の地理の理解を進めようとする方法について簡潔に紹介し、人びとの飲酒実践において空間と場所が演じる役割について洗練され微妙な意味合いを含んだ理解を発展させていく。本書全体を通じて、われわれはさまざまな人びと・場所・実践・過程を結びつける主張や経験的材料を前面に打ち出し、異なる空間スケールにおける類似性・差異・流動性を明らかにしていく。各章においては、人文地理学が酒・飲酒・酩酊への理解に価値を付け加える重要な新しい洞察を展開している様子を明確に示していく。

アルコール研究と地理学的アプローチ

アルコール・スタディーズの文献を概観すると、酒・飲酒・酩酊が、特定の空間と場所で差異と言説に基づき構築される様相を明らかにする研究を見出すことができる。膨大な数の研究において、たとえば、飲酒や酒に関わる問題の空間パターンが精査されてきた。これには、アメリカ合衆国における販売店の密度（outlet density）と飲酒に関わる問題との関係（Tatlow et al. 2000）や、スコットランドにおける酒のアルコール含有度と蒸留酒計量法（alcohol content and spirit measures）のパターンとヴァリエイション（Gill and Donaghy 2004）、そして、消費習慣と飲酒の場の消費者による利用についての分析（Treno et al. 2000）に目を向ける量的な研究などである。また、大規模で国際的な統計報告や異文化横断的な調査結果を用いた研究もあり、ナショナルやリージョナルあるいはローカルなアルコール関連の法令・イニシアチブ・政策に関する膨大な量の著作物もある。たとえば、フィンランドにおけるアルコールの統制と政策についての精査（Alavaikko and Osterberg 2000）、ヨーロッパ9か国における飲酒とジェンダーの関係の調査（Allaman et al. 2000）、18か国における学生の飲酒についての研究（Smart and Ogbourne 2000）、ロシア人の飲酒習慣についての世論調査（Bobak et al. 1999）、そして、ヨーロッパ（Comedia 1991; Ramsey 1990）、アメリカ合衆国（Wittman 1997）、オーストラリア（Lindsay 2005）におけるさまざまなローカルなイニシアチブに関する研究などである。さらに、国際的で大規模な世論調査やプロジェクト（WHO 2000, 2001, 2004; ESPAD 2004; ECAS 2002）の数も増加している。

　世界中のさまざまな地（location）において、理論家は、場所、飲酒パターンとアイデンティティ、ライフスタイルおよび社交性の形態のあいだの関係も精査してきた。これまでの研究としては、アンダルシアにおける飲酒、エジプトにおける女性エンターテイナーの飲酒、フランスにおけるワイン飲用と男性性《マスキュリニティ》の関係についての分析、ハンガリーにおけるビール飲用、ギリシャの農業における食事による親交（commensality）と飲酒、アイルランドにおける飲酒と漁業、ノルウェーの家庭内の飲酒パーティー、マルタにおけるサッカーと飲酒、北カメルーンにおける部族の飲酒、メキシコにおける飲酒、カリブ海の旧イギリス領諸島における飲酒と奴隷制度の関係についての研究などがある（たとえば、Allaman et al. 2000; Bobak et al. 1999; de Garine and de Garine 2001; Gefou-Madianou 1992; Holt 2006; Share 2003; Wilson 2005）。他の研究では、インドにおける飲酒とジェンダー（Chatterjee 2003）、サンフランシスコにおけるジェンダーとセクシュアリティ（Bloomfield 1993）、ベトナムにおける飲酒と若年者（Thomas 2002）、オーストラリアとウェールズの農村地域における若年者（Jones 2002; Kelly and Kowalyszyn 2003; Kraack and Kenway 2002）、バルセロナにおける法定年齢未満の飲酒（Vives 2000）、イギリス国内では、ニューキャッスル・アポン・タインにおける男性性《マスキュリニティ》とアイデンティティ（Nayak 2003）、グラスゴーにおけるインド系・中国系・パキスタン系の若年者に対するアルコール関連のサービス供給（Heim et al. 2004）、ウエストミッドランド州におけるシーク教徒・ヒンドゥー教徒・ムスリムと白人男性の飲酒（Cochrane and Bal 1990）、イギリスにおけるアフリカ系カリブ人と南アジア人の飲酒パターン（McKeigue and Karmi 1993）といったことが考察されており、オーストラリア人のスーパーモデルのエル・マクファーソン（Elle McPherson）がビールを飲むことを受け入れられるかどうかを回答者に尋ねた研究（Pettigrew 2002）もある。

こういった研究は、酒・飲酒・酩酊に関連した特定の論点がどのようにそれぞれの空間と場所で展開するかを示そうと、豊かで詳細な知見を生み出してきた点で重要である。これらの研究は重要な知見を提供しているものの、政治的・経済的・社会的・文化的・空間的な要素の相互浸透が特定の空間スケールにおける酒・飲酒・酩酊にどのような影響を与えるかについては、より総合的な理解を追究する機会を与えるような研究課題を、理論的な表現でも経験的な表現でも形式化してこなかった。たとえば、地理学的な重要性を持つ論点を関連づけて明らかにする研究は、他方で、空間と場所が目下の論点の重要な構成要素であることを軽視しがちであった。前述の例のそれぞれが、ナショナルあるいはローカルなレベルに焦点を合わせて、しばしば異なる空間や場所との比較を追究してきたにもかかわらず、一般的にみて、事例研究を結びつけていくことや、それらの研究の類似性や差異あるいは流動性を記述することを避ける傾向があったのである。このことは、社会的／医学的な問題としてあるいは社会的もしくは文化的実践としてアルコールを考察する弁証法的なアプローチのほかには、特定の人びと・空間・場所を超えた形に変換する理論的な議論が欠如していることを証明している。トランスナショナル、ナショナル、ローカルなレベルに焦点を合わせることを経て、これらの論点を結合させるいくつかの試みがあったが（たとえば、Holder 2000; Harrison 1998; Jones 1987）、特定の空間スケールにおいて生じた経験的証拠を超えた形に変換する視座を発展させることはほとんどできなかったのである。

この要点を説明するのに有用な方法は、「ヨーロッパ人の飲酒パターン」を取り巻く議論を考察することである。欧州全体のスケールにおいて、公衆衛生の研究者たちは、「非禁酒的《ウェット》」な地中海沿岸の国々（ワインが習慣的な酒であり、アルコール消費量は多いものの、中毒状態をもたらす可能性は少ない地域）と、イギリスのような「禁酒的《ドライ》」な北ヨーロッパの国々（ビールあるいはスピリッツ〔ウィスキーなどの蒸留酒類〕が定番の酒であり、アルコール消費量が全体的にはより少ないが、中毒をもたらす可能性がどちらかといえば高く、アルコールへのアクセスがより厳密に規制されてきた地域）という伝統的な二分法の妥当性を問い直し始めた（ECAS 2002; Knibbe et al. 1996）。研究者たちは、飲酒率（「禁酒的《ドライ》」な国々では消費が増加し、「非禁酒的《ウェット》」な国々では消費が減少した）と、酒類の選択（ワインの消費が「禁酒的《ドライ》」な国々では増加したが、「非禁酒的《ウェット》」な国々においては顕著に減少し、同時にビールが非伝統的な市場において人気を博し、アルコポップス（alcopops）〔炭酸や果汁などが含まれた低アルコール飲料の総称〕のような新しい酒類が全体的に成長している）の両者において、均質化が生じているのかどうかを問題にした（Allamani et al. 2000; Leifman, 2001）。しかしながら、ヨーロッパにおける規制制度と飲酒実践における均質化という、この一見したところ明快な図式の限界が問題にされてきたのにもかかわらず、この論点を探究するための研究に取り組む体系的な試みは存在しなかった。

たとえば、ヨーロッパの飲酒政策と消費実践についての研究は、3つの方法で取り組まれてきた。第1に、公衆衛生の研究者（WHOやEUのような超国家組織による資金助成があることが多い）が国際的な大規模な量的研究を行ってきたが、それらはヨーロッパの国々のあいだで、有用ではあるが大雑把な比較を行うものであった。このような研究は、女性たちあるいは若年者のような特定の社会集団による大量摂取にしばしば着目してきた（ECAS, 2002; ESPAD 2003; WHO 2000, 2001, 2004）。第2に、アルコール消費に関連した医学的な問題に対する類似した着眼点が、国家の下位スケールにおいて取り組まれている量的研究においてみられる（Gmel et al. 2000; Knibbe et al. 2001; Plant et al. 2000）。第3に、多様な学問分野（医学、心理学、社会学、人文地理学など）の研究者が、より小さなスケールの質的研究に取り組んできたが、そのような研究はアルコールの消費を特定の社会集団にとっての医学的／社会的な問題として精査する傾向にあった（Beccaria and Sande 2003）。

さらに、〔右記のような〕一般的なアプローチに対して有効な一石を投じる研究であっても、多くの欠点が見受けられる。たとえば、これらの研究は、消費・アイデンティティ・ライフスタイル・社交性の形態の研究を通じて特定の場所や人びとに着目しつつ、ジェンダーの差異と飲酒パターン（Ettorre 2000; Plant 1997; Waterson 2000; Harriett et al. 2000）、ジェンダーとセクシュアリティ（Bloomfield 1993）、男性性《マスキュリニティ》・女性性《フェミニニティ》・エスニシティ（Shaikh and Nax 2000）、飲んで露出する女性（Hugh-Jones et al. 2005）、飲んで喧嘩をする女性（Day et al. 2003）、男性と暴力（Benson and Archer 2002）、黒人などさまざまなマイノリティのエスニック集団での飲酒など（Share 2003; Stivers 2000）に焦点を合わせてきた。〔しかしながら、これらの研究では、〕さまざまな空間スケールにおける話題を考察しているにもかかわらず、空間と場所は、考察された論点にとってもっぱら消極的な背景として扱われている。立地と文脈や人びとと場所のあいだの関係は、周縁的な論点としてとらえられる傾向にあるのだ。こうした限界は、異なる文脈や異なる空間スケールにおける研究をつなげたり比較したり、もしくは対比したりする試みが欠如していることに、おそらくもっともよく現れているといえよう。そのため、このような研究はより一般的なアプローチに向けた矯正手段にはなるものの、一般的もしくは特定のレベルにおける飲酒実践と文脈のあいだのつながり、類似性、差異、流動性は、明確な方法で考察されてはいない。

　もちろん、そのようなプロジェクトを実際に試みている例外的な研究も多い。例として、酩酊と取り締まり政策に関する法的および「常識的な」定義（ローカルな文化的実践・行動・発話などにおける差異への敏感さを含む）の対立と妥協をわかりやすく明らかにし、立法と政策の形成過程において快楽の言説がどのように結びつけられ説明されているのかを解きほぐしてきた著者たちもいる（Levi and Valverde 2001; O'Malley and Valverde 2004; Valverde 2003）。他の有用な例には、サッチャー政府による「ラガー・ラウト（lager lout）」〔酔っぱらって騒ぐ人びと〕という特徴づけ、イングランド北東部における若い男性の飲酒者、ベトナムにおける路上飲酒に関する研究がある（Hunt and Slatterlee 1981, 1986, 1991; Gofton 1990; Nayak 2003; Thomas 2002を参照）。このような研究は、より広範囲な過程からみて、抵抗的なアイデンティティがローカル、リージョナル、ナショナルな主張においてどのように異なった形で構築されるのかを文脈に沿って説明する。結果として、種々の空間スケールにおいて社会的・文化的な関係を通じた政治的・経済的な変化と対立の観点から、酒・飲酒・酩酊を考察しているのである。こうした著作物は、立法・取り締まり・政策・健康に関する論点が特定の論点および特定の人物集団に向けられる方法を、異なった空間と場所において比較可能にする点で特に有益である。こうした例外があるにもかかわらず、アルコール・スタディーズ内において、対立しつつも表面的には確立された認識論的・存在論的な立場を結びつけようとする研究は、数のうえで依然として少なく、相対的に過小評価されている。

　要約すれば、われわれは、アルコール・スタディーズの研究に対する地理学的な貢献を概説したことで見えてきた、2つの重要な論点を提起する。第1に、酒・飲酒・酩酊に関する差異と言説による論点の構築において、空間と場所が有する役割と影響は理論化の途上にある。こうした点において、人文地理学は、酒・飲酒・酩酊に関係する歴史的および現代的な空間的実践と過程の重要性に関わる理論的・経験的な議論に大いに役立つとともに、政治的・経済的・社会的・文化的・空間的な諸関係のより広範囲な布置のなかで独特の地位を占めることができるのである（Massey 1995; Castree 2003）。第2に、本節で主張された理論的かつ実質的な議論を支持することだが、酒・飲酒・酩酊がさまざまな理論家や学問分野によって考察され取り組まれる方法自体に関与することが人文地理学者にとって中心的関心となるべきだというのがわれわれの見解である。酒・飲酒・酩酊についての研究は著しく多種多様な方法で行われており、多くの場合、異なる理論的もしくは方法論的な流儀のあいだで対話あるいは言及することがほとんどない。たとえば、飲酒関連問題は、中心的な話題としても周縁的な話題としても研究されるし、決定的な原因となる要素としても、部分的な原因となる要素としても考察される。アルコールは、社会問題であると同時に、レジャー活動であり、快楽であり、暴力の加速器であり、アイデンティティ形成の中心であるなど多様な側面を持っている。これらはもちろんすべて研究上の関連領域なのだが、アルコール・スタディーズの研究が構成し明らかにする研究対象の実践と過程（そして人びとと場所）を、さまざまな方法で検討する理論的かつ経験的な議論に関与する持続的な試みはほとんど存在しなかったのである。

地理学と酒・飲酒・酩酊

過去10年間にわたって、焦点や関心の深さはさまざまではあるが、地理学者は酒・飲酒・酩酊に関する多くの異なる話題に目を向けてきた。たとえば、エンターテインメント／夜間経済《ナイトタイムエコノミー》（Chatterton and Hollands 2002, 2003; Hubbard 2005; Latham 2003; Latham and McCormack 2004; Malbon 1999; Thomas and Bromley 2000）、食の地理（Bell 2005; Bell and Binnie 2006; Bell and Valentine 1997）、パブライフとアイデンティティ（Edensor 2006; Hall 1992; Kneale 1999, 2004; Leyshon 2005, Maye et al. 2005; Valentine 2007a）、禁酒（temperance）

（Kneale 2001）、家庭生活（Lowe et al. 1993）、飲酒と健康の関係（Philo et al. 2002; Twigg and Jones 2000）、ワインの生産と消費の歴史地理（Unwin 1991）、男性労働者のクラブの分布（Purvis 1998）、そして、取り締まりと都市の公共空間（Bromley et al. 2000, 2002, 2003; Jayne et al. 2006; Raco 2003）などの研究である。

これらの地理学的な研究は、空間と場所が、酒・飲酒・酩酊に関連した多様な論点の主要な構成要素となっている仕方に対して不可欠の洞察を与える。それゆえ、比較的短期間のうちに、地理学者のあいだで酒・飲酒・酩酊へ関心が急激に高まったことは明白である。しかし地理学は特定の場所における特定の問題に関心を限定していたために、豊かで多様な発見を見出しながらも、ある程度までは既存かつ断片的な研究課題に基礎を置いたアルコール・スタディーズの映し鏡であった。それでもなお、政治的・経済的・社会的・文化的・空間的な実践と過程の地理を束ねる理論的・経験的に陰影に富む研究を追究することで、地理学者による著作物は、地理学のみならずより広範囲なアルコール・スタディーズの研究の知や論争に価値を与え続けている。

たとえば、*Urban Nightscapes: Youth Cultures, Pleasure, Spaces and Corporate Power*〔アーバン・ナイトスケープ —— 若者文化、快楽、空間と企業の力〕（Chatterton and Hollands 2003）のなかで、チャタートンとホーランズは、資本蓄積と再編成の広範な過程に関する理論に基づいた民族誌的研究を行い、生産・規制・消費・アイデンティティ・表象の過程にある相互浸透に着目している。簡単にいえば、かれらが検討したのは、誰と何がナイトライフ空間の生産に関与しているのか（たとえば、設計、マーケティング、販売、不動産市場、企業戦略など）、誰と何がそれらの規制に関与しているのか（たとえば、法律と立法、監視、エントランス・ポイント〈entrance points〉〔入口のチェックポイント〕、行動規範）、さらに、誰と何がそれらの消費に関与しているのか（たとえば、生きられた経験、知覚と固定観念《ステレオタイプ》）についてである。そのため、かれらは若年者と都市のナイトライフにとりわけ注目していたのであって飲酒自体を見ていたわけではないが、かれらの研究は、地理学者がいかにして概念的・経験的に「結合された」アプローチを提供できるのかを証明するうえで非常に有用なのである。

飲酒が均質化したものではなく、多様な実践と経験を通じて構築される変化に富んだ活動であることを示すために、飲酒に関して一般化された叙述を乗り越えようとし始めている地理学者もいる。都市変容の上辺の理解を剝ぎ取ることで、均質化され純化された空間と経験の集合ではなく、より複雑で競争的な何物かが明らかになる。諸研究が結びつけようとしてきたのは、酒・飲酒・酩酊に関連した広範な政治的・経済的・社会的・文化的・空間的な実践と過程が、異なる方法で異なる時間において、異なる空間と場所における異なった人びとに対して展開する、一般的および特殊な様式である。たとえば、アラン・レイサム（Latham 2003, 173）は、過去30年間にわたって都市を特徴づけてきた社会的分業の広がりを認める一方、都市生活についての一般的な描写が日々の空間利用に対する理解を欠いていることを強調している。このような状況は、「現実の」都市が適合しないような都市の理想化を示しているのである。

ニュージーランドのオークランドにおける2つの街路についてのレイサム（Latham 2003, 1709）の民族誌的研究は、寛容、多様性、創造的なエネルギーによって支えられた公共文化――脱工業化したライフスタイルが混交しており、性的に多様な公共文化と工業社会の男性的な公共文化がホテルやパブで共存している――を見出している。レイサムは、「自意識過剰で世俗的な空間」と伝統的なパブが混合することを示しているのである。そこでは、「集団は男女混じり合い、おおっぴらにセクシュアリティが混じり合うこともまれではない。さらに、もし人びとが酔ったとしても、それが宵の主な目的であることはまれであり、むしろ、夜の社交のいくぶん心地良い副作用なのだ」（Latham 2003, 1712）。彼は、その土地固有の飲酒景観《ドリンクスケープ》とジェントリフィケーションを受けた飲酒景観《ドリンクスケープ》との混交、そして、懇親の生態学（convivial ecology）を明らかにしている。それは、路上に溢れ出て、「新たな連帯や新たな集団性」とより強い帰属意識を生み出している（Latham 2003, 1719）。エデンサー（Edensor 2006）は、モーリシャスのポートルイス（Port Louis）にある再開発されたウォーターフロントに立地するパブ、ケッグ・アンド・マーリン（the Keg and Marlin pub）について、類似点を指摘している。ケッグ・アンド・マーリンは、都市／島の特徴である民族的・宗教的な分裂への挑戦を（少なくとも一時的には）可能にする。この飲酒空間では、飲酒と酩酊という社交性の形態を通じて、社会的混交および緊張と争いの中断が可能になる。

　同様に、他の研究者は、社会地理の研究に関与するなかで、階級、ジェンダー、エスニシティ、セクシュアリティ、年齢、都市性／農村性、公的／私的（その他諸々）の考察を通して、立法、生産、消費、サービス供給、健康問題に関連する多くの論点の相互浸透に着目してきた。バレンタインほか（Valentine et al. 2007a, 2007b）は、いつ、なぜ、誰のためにアルコールを飲むことが、どのように「問題」として言説的に構築されるのか議論している。その「問題」によって、イギリスでは、政府の介入、そして特別に誂えられた取り締まり戦略の開発と制定が共に求められたのである。若年者の飲酒が——都市地域と農村地域において別個に——「問題」として仕立て上げられる、複雑で空間化された方法に焦点を合わせることによって、この研究では酒・飲酒・酩酊が問題化される――そして時には問題化されない――様式についてさらに継続して考察することの重要性が示されている（Jayne et al. 2006; Valentine et al. 2007a）。

　このような研究は、異なる空間スケールにおけるアルコールに関連する論点のつながり、類似性・差異・流動性を解きほぐそうとするうえで、地理学者がアルコール・スタディーズの著作物のなかでも希有の成功を収めていることを例証している。とはいえ、地理学者は酒・飲酒・酩酊の研究に携わってきたものの、研究する主題、論点、アプローチ、理論的領域が、どのようにすれば広範に取り組まれることになるのかという根本的な問いに応えることを怠ってきた。このような企図が酒・飲酒・酩酊に関与する地理学者の公にされた関心ではなかったことを考慮すれば、この批判は幾分不公平ではあるけれども、もしこれからの地理学が、アルコール・スタディーズの研究の弱点や袋小路のいくつかを再現しないようにするためには、こうした目標が重要なのだとわれわれは主張する。

　地理学者がアルコール・スタディーズの研究の弱点に対処できる方法を示す際に、ここではカッツ（Katz 2001）の対抗地勢学（counter-topographies）という概念が特に有用である。特定の立地の詳細な記述および景観自体を構成する特性の双方に言及するために、カッツは地理学用語の地勢学（topography）を用いている（自然地理学者は、等高線を使って同標高の場所を結びつけ、3次元の地形を明らかにする）。カッツ（Katz 2001）によるこれらの用語の翻案は、対抗地勢学をいくつかの方法で用いることによって、飲酒関連の論点に応用することができる。このアプローチは、特定の空間と場所のなかおよび相互の飲酒の景観に関連する政治的・経済的・社会的・文化的・空間的「特性」の相互浸透を記述するために有用である。重要なことだが、このアプローチは空間と場所を分析的に結びつけるために理論上の等高線が使用可能になるような概念的手法を表している。そうすることによって、一般的な関係・実践・過程を跡づけることや、それらが共通に（そして固有に）地上で展開していることを識別できるのである。実際、この概念的なアプローチは、異なった種類の実践的な応答や、結果として起こる行為の有効性を想像するのにも役立つ。このようにして、地理学者の空間的知識は、それらが収集された当の地域（localities）の特異性を乗り越えるために用いることができるし、より広範な理論的・政治的・政策的な接合を作り出す可能性をもたらす方法によって、結集させることができるのである。

このアプローチはアルコール・スタディーズに寄与するところが大きい。このような研究は、特定の様式 ── アルコールに関わる論点が政治的・経済的・文化的な生活の主要な部分となり、土地固有のレベルだけでなく政治的・計画的な言説をも通して支えられ育まれる ── についての議論に関与する概念的枠組みを提供する。しかしながら、酒・飲酒・酩酊がこのような検討課題を追究するために結集される方法について、懸念を述べることもできる。一面では、地理学者による酒・飲酒・酩酊に関する多様な研究の増加によって、空間と場所および酒・飲酒・酩酊の関係の潜在的な仮定と概念化に批判的かつ独創的に取り組むための関連のある方法が提供されるといえる。それにもかかわらず、そのようなアプローチを追究するなかで、地理学者は地理学内にすでに存在した、もしくは新たに現れた概念的・方法論的・政策的な検討課題を精査するための実践と過程の経験的な装置として、現在、酒・飲酒・酩酊を利用しているだけと論ずることも可能である。

これらのアプローチは確かに関連性があるが、われわれは、より詳細かつ持続的な方法によって、酒・飲酒・酩酊を考察するために援用される理論的・方法論的なアプローチを問い始めることが地理学者にとって必須だと主張する。人文地理学研究の正典に酒・飲酒・酩酊の研究を加えることは、当然ながら、理論上・方法論上の重要な目標である。とはいえ、人文地理学に酒・飲酒・酩酊の研究を加えていくことで、人文地理学者は、自らの研究を構成し支えていくために、自身が引用するアルコール研究の長所と短所についてもっと全面的に関与しなくてはならない。われわれが主張したいのは、この挑戦的な検討課題を通じてこそ、人文地理学はすでに達成された成果に価値をつけ加えることになるだろうし、アルコール・スタディーズの課題にきわめて意義深い概念的かつ経験的な貢献をなす研究を牽引していくだろうということだ。

本章全体の事例は、普遍性と特殊性（もしくは両者が組み合わされたもの）の認識論が、地理学者に地理学自体の議論とより広範な議論の両方へ寄与する機会を与えたことを示している（Castree 2005; Massey 1995を参照）。だが〔これまでも〕、トランスナショナル、ナショナル、リージョナル、ローカルの空間スケールのつながりを作り出し、それらの空間スケールの類似性・差異・流動性を解きほぐすことによって、地理学者はまた概念的・経験的に画期的な研究を生産している。こうした意味において、人文地理学者は現在、アルコール・スタディーズの研究におけるいかなる理路整然とした持続的な方法でも達成されていない水準で、政治的・経済的・社会的・文化的・空間的な論点の複雑な相互浸透を研究しているのである。

しかし、本章では同時に警鐘も鳴らしておく。地理学者は〔アルコール・スタディーズという〕発展中の新しい研究分野に着目してきた――人文地理学はこの分野の研究へ介入するために画期となる研究を生産している——が、より広範囲なアルコール・スタディーズの研究の認識論的・存在論的・方法論的な系譜についての詳細で明確な考え方へ関与することには失敗してきた。このような検討課題を追究するのはもちろん決して容易な仕事ではない。すなわち、学問分野の境界の内と外の両方で研究を結合しかつ分離する定説と仮定に立ち向かうことは、著しい挑戦となるからだ。実際、われわれは、断片化という問題へのうまい対応策や、アルコール・スタディーズの研究の特徴である競合的アプローチへの解決策を提供することを主張していない。しかしながら、はっきりしているのは、人文地理学と酒・飲酒・酩酊についてのより広範囲な研究との対話のために、地理学者が「翻訳規則（translation-rules）」を確立することに携わる必要性である（Castree 2005, 544）。地理学者は、アルコールに関連する論点が考察され、評価され、着想され、理論化される異なった様式に取り組む必要がある。そのうえで、理論的・経験的な枠組みやアルコール・スタディーズの研究に存在する袋小路にも関与していかなければならない。この目的を達成するために、本書では、酒・飲酒・酩酊についての地理学的研究が、地理学自体の検討課題と、より広範なアルコール・スタディーズの研究課題の両方を進展させるうえで果たすことができる重要な役割を浮き彫りにしていきたい。

秩序ある／なき空間を読み解く

本書の鍵となる特徴は、イギリスで行われた調査プロジェクトからの量的および質的な調査結果が各章に含まれていることである（付録1を参照）。参与観察とともに得られた資料は、インタビューについては録音して文字に起こし標準的な質的技法を用いて分析した。本書全体を通じて提示された引用は匿名化されているが、逐語的に記載しており、編集を加えた箇所は明示してある。世界中のさまざまな空間と場所に着目している研究や著作物とわれわれの研究結果を組み合わせることによって、抽象化や過度の単純化を避けようとしている。その代わり、本書ではより広範な傾向をとらえることをためらわず、飲酒と酩酊の複雑性と微妙な差異（nuances）の理解を深めようとしている。

第1章では、都市域における酒・飲酒・酩酊に焦点を合わせる。ここでは、「飲酒の害悪（evils of drink）」とアルコール関連の暴力と無秩序が、18世紀後半から現代にいたるまで、政治的・政策的な関心、大衆的な議論、そして日常生活の主要な特徴であった様相を考察する。われわれは、飲酒実践とそれに関連する立法・政策・取り締まりの戦略がどのようにして都市の構造的変化と結びつけられるのかを記述しようとしてきた著作物を概観し、アルコールが社会的もしくは医学的な問題としてどのように概念化されてきたのか、あるいは、アルコールが都市生活の社会的・文化的な実践においてどのようにして必要不可欠の要素とみなされてきたのかを浮き彫りにする。都市におけるアルコールと酩酊を理解するためのアプローチが過度に二項対立的であったことを論じ、都市のアルコール消費の複雑性と多様性に目を向ける研究の必要性を明らかにする。

第2章では、都市から離れ、田園での飲酒を考察する。われわれは、酒・飲酒・酩酊に対する態度が、「農村の田園風景（the rural idyll）」や人間と自然のつながりというイデオロギー上の概念と固く結びつけられている様相に着目した著作物を概観する。世界中の異なる農村地域からの論拠を示しながら、この章ではアルコールの消費がどのように階級・ジェンダー・孤立などと関連した個別の論点と結びついているのかを浮き彫りにする。さらに、本章では、イギリスにおける若年者の飲酒を取り巻く懸念がどのように農村の再編成と併せて読みとることができるか、そして都市の飲酒と結びつけられた「モラル・パニック」をめぐる懸念がどのように田園のなかに移行され変換されるかに焦点を合わせる。

第3章では、自宅《ホーム》における飲酒を考察し、なぜ家庭の領域がしばしば見逃されるのかを探究するために、学術文献と政策関係の文献を概観する。その際に、われわれは、前章でなされた公と私の飲酒環境が密接に結合しているという主張に立脚し、家に出入りする人びとにとってアルコールが何を意味するのかを探究する。この章では、誰が自宅で飲むのか、それはなぜか、そして誰と飲むのかに着目する。ここでは自宅《ホーム》のイデオロギーがどのように家庭内の飲酒実践を支えているのかを強調して締めくくる。家庭内生活に関する理解に介在する深刻な影響と、それらがどのようにして家庭において有害あるいは危険な水準で飲酒している人びとを懸念から遠ざけてしまうのに役立つのかを明らかにする。

第4章では、飲酒実践や行動がどのように男性と女性にとって異なる方法で差異と言説に基づき構築されるのかを考察するために、ジェンダーに焦点を合わせる。ふさわしい男性性《マスキュリニティ》と女性性《フェミニニティ》についての考えというジェンダー化されたレンズを通して、どのように飲酒行為が形成されるのかを浮き彫りにする。この章での目的は、一見したところうまく受け入れられている事実を問い質し、これらのジェンダー化された飲酒実践が現れる方法やそれらの形態を見出すことにある。われわれは研究領域における現代の飲酒実践のスナップショットを提供し、ジェンダー化された性質だけではなく、さまざまな女性の集団と同じように、さまざまな男性の集団のあいだにおける重要なジェンダー内の差異をも浮き彫りにする。公的・私的な場における飲酒実践を形成するうえで、そのジェンダー化された道徳性が持つ重要性を調査すると同時に、多様な飲酒文化における他の形式の社会的差異の意味を明らかにする。

第5章では、北アメリカ以外の地域で、エスニシティと酒・飲酒・酩酊の関係が相対的に見逃されてきたという懸案事項に注意を払う。その際、われわれは研究対象とする都市の事例地区において、パキスタン系ムスリムの生活におけるアルコールの役割を理解しようとする。かなりの水準のアルコール消費がありながらそこに結びついた対立《コンフリクト》と緊張があり、このことが公共空間へのアクセスや利用にいかに影響するのかを理解するために、節制（abstention）の文化における「不在の存在（absent present）」としてアルコールを理論づける。パキスタン系ムスリムがかれら自身および他者が飲むことと飲まないことに折り合いをつけ筋を通す、複雑で洗練された方法を明らかにし、現代都市の夜間経済《ナイトタイムエコノミー》における社会的結合についての議論に新たな視点を加える。この章はさらに、禁欲の文化に対して脱アルコール支援活動ができることを検討する。

第6章では、アルコール研究において長く続いてきたライフコースと家族への関心に基づき、アルコール消費への態度および実践における世代間の変化という、しばしば見逃されてきた論点に焦点を合わせる。われわれは、飲酒実践における世代をまたいだ連続性と不連続性を浮き彫りにするとともに、異なる世代間の家族の文脈においてアルコールを取り巻く態度と実践がどのように伝達されるのか、家族構造と変化する子育てのあり方がそれにどのように影響を与えているのかを考察する。ここではさらに、連続性と変化のパターンにどれほど多くの重要な政策的意味合いがあるのかも論じる。

第7章では、酒・飲酒・酩酊に結びついた感情と身体の地理に注意を向ける。酒・飲酒・酩酊についてのきわめて多くの著作物では感情と身体に焦点が合わせられている一方で、そうした話題が目立たない形でしか取り上げられない傾向にあったことを明らかにする。酒・飲酒・酩酊と固く結びつけられた生物学的・心理学的・生理学的な実践と過程、そして政治的・経済的・社会的・文化的・空間的な実践と過程、これら2つの複雑な相互浸透をつなげるために、「記憶」「通過儀礼（rites of passage）」「感情的会話（emotional talk）」について議論する。われわれは、より広範なアルコール研究に多くを提供するような豊かで生産的な研究課題を地理学者が発展させていることを論じる。

あとがき「もう1杯いかが？」では、酒・飲酒・酩酊を研究する地理学者によって成し遂げられた進展に乾杯のグラスを挙げよう。ここでは、本書で取り上げた鍵となるテーマの概要を説明して要約し、重要な議論と事例研究を再検討するとともに、各章を横断するつながりを引き出して未来の研究課題を浮き彫りにする。われわれは特に、地理学者が理論的・経験的な進歩を追究して、地理学の内外で酒・飲酒・酩酊の研究に意義ある貢献をするとともに、政治的・政策的・大衆的な議論に重要な介入を行うよう挑戦していく。

第1章 都市

18世紀後半から現在にいたるまで、酒・飲酒・酩酊は、都市域において政治的・政策的な関心や大衆の議論、そして日常生活の主要な特徴であった。18〜19世紀のブルジョア近代主義者のプロジェクトや都市生活の構想にとってアルコール消費や酩酊は重要であり、「飲酒の害悪（evil of drink）」への恐怖およびアルコール消費や酔っぱらった行動を規制し取り締まる試みは、アルコール関連の暴力と無秩序によって荒廃した都市域に関する同時代的な描写のなかで映し鏡のように示されている。相当数の研究が、人びとの飲酒実践および関連する法令、政策、取り締まり戦略がどのように都市の構造的変動と関連づけられるのかを描写しようとしてきた。こうした研究は、酒・飲酒・酩酊が、私たちの都市における政治的・経済的・社会的・〔文化的・〕空間的な諸変化といかに結びついているのかについて貴重な理解を生み出してきたものの、大半の研究が社会的あるいは医学的な問題としてアルコールに着目してきた。それらとは対照的に、酒・飲酒・酩酊が、社交性や懇親性《コンヴィヴィアリティ》、社会集団の混交、そして、見知らぬ者との交流と結びついた社会的・文化的な実践なのだと示そうとしてきた理論家たちもいた。本章ではこうした競合する諸概念について考察する。

「飲酒の害悪」と近代都市

1840年代の若きフリードリヒ・エンゲルスからの以下の引用に言及しつつ、ヴォルフガング・シヴェルブシュ（Schivelbusch 1992, 147–148）は、近代産業生活の出現にもかかわらず、文明化していない16世紀と結びつけられた過度の飲酒が人びとの生活を支配し続けたことを、当時の評論家がどのように観察したのか回顧している。

労働者が大量に飲むのは驚くことではない。アリソン行政長官（Sheriff Alison）は、グラスゴーでは毎週土曜の夜に3万人の労働者が酔っぱらっていると断言している。そして、これは過小評価などでは全くない……あらゆる野蛮な行為のなかに中毒状態が見受けられるのは、特に土曜の晩だ。すなわち、労働者たちは賃金を受け取るや否や、週の他の日よりもずっと早い時間から楽しみのために出かけていくのである。土曜の晩には、すべての労働者階級が、スラムから街のメインストリートに溢れ出す。マンチェスターでのそんな晩には、道路でよろめいていたり、排水溝のなかで無力に横たわっていたりする多くの大酒飲みと会わずに帰宅することなどほとんどなかった……蔓延した酩酊の帰結 ―― 個人的境遇の悪化、健康とモラルの破滅的な減退、家庭の崩壊 ―― を見出すのはたやすいことだ。

過度の飲酒へのこうした恐怖は、社会改良主義的かつ近代化するブルジョア主義的な計画に帰結した。ここでは、工業生産性を向上させ財とサービスに対して可処分所得が（責任を持って）消費される市場を生み出すために、都市の物的な再開発に影響を及ぼそうとしたのだった（Becker 1966; Thompson 1967; Malcolmson 1973; Sennett 1977; Frisby 2001）。下層階級の敬虔さ〔が不足していること〕に対する中流階級の宗教的な懸念および不道徳が都市生活を支配しているという見方と並んで、労働者階級の教育や健康、娯楽趣味を改善しようとする父権主義《パターナリズム》的な関心は、過度の飲酒を減少させようとする試みによって政治的・大衆的な議論の中心に据えられたのである（Miller 1958; Hagan 1977; Bakhtin 1984; Stallybrass and White 1986; Malcolmson 1973; Rojek 1995）。都心部の空間や場所から労働者階級の消費文化を追放するブルジョアの試みは、規制、都市の基本計画《マスタープランニング》、酒類販売許可法、計画指針《プランニングガイドライン》、そして公的な取り締まりへといたる。それらはすべて、社会的悪習や道徳の低下、工業生産性の阻害の源泉であるとみなされていた労働者階級の飲酒文化を標的としたのだった（Cunningham 1980; Harring 1983; Cohen 1997）。この立て直しは、飲酒の規制の特徴である「文明化」という道徳の論理によって支えられていた（Valentine 1998を参照）。

たとえば、アルコール消費に関するもっとも有名な大衆的論議のひとつは、ジン横丁（Gin Lane）（不道徳な振る舞い――とりわけ女性による――、暴力、スラムの生活、無秩序、革命が潜む場所）とビール通り（Beer Street）（陽気さ、ビジネスの成功、進歩、そして近代的で文明化された街路・家屋・店舗の場所）という空間的な隠喩を通じて浮上した。労働者階級の好む酒類が安価でありふれたジンだったのに対して、ビールはより健康的な代替品だと考えられていた。ジンは、労働者階級の酩酊や道徳性、野放図な群衆への恐怖などをめぐる中流階級の懸念の中心的な存在となった（O'Mally and Valverde 2004を参照）。いわゆるジン・パレス（gin palaces）〔大型化した建物の内外に華美な装飾をほどこすようになったパブの呼称〕は産業革命の純粋な産物であった。ここでは工業化された生産技術が、アルコール度数の高い蒸留酒を客に提供することを可能にし、アルコール依存になる過程と飲酒者がバーに居座る時間を共に短縮させた（McAndrew and Edgerton 1969 を参照）。

しかしながら、工業化された近代都市生活の合理化という概念――都市での飲酒と公共空間に関わる都市中心部の発達、空間的居住分離《セグリゲーション》、文明化の過程――の形成は、都市変動への価値ある展望を提供するものの、それらの増殖と影響を単純化し過ぎてしまう傾向があることは疑いようもない。たとえば、飲酒と近代都市の発展とのあいだの関係を特徴づけるそうした大まかな類型論は、有益かつ一般化が可能な雛形（たとえば、フォード式生産様式と消費文化の拡散、中流階級の改良運動の成功、そして、飲酒の社会的・空間的な統制の巧妙な結合をもたらした）を提供するが、これらの実践や過程にとって中心となる、人びとと場所の特定の文脈内の関係に対する理解は進んでいなかった（Savage and Warde 1993）。加えて、飲酒を取り巻く社会関係および文化的な実践と過程は概して見落とされてきた。これでは、工業化された資本蓄積、ブルジョアの政治的支配、野放図な労働者階級の余暇活動の抑制、そして、政治的・経済的・社会的・文化的・物的な都市の再開発が、さまざまな場所とさまざまな時代において、差異と言説に基づいて構築されたということが否定されてしまう（Miles and Paddison 1998）。

実際、モンコネン（Monkkonen 1981）は、無秩序かつ暴力的で騒がしく混沌としたものとして表象される近代初期のアメリカ都市の興味深い事例研究について言及し、都市中心部や主要な近隣を「文明化」しようとする試みは、公共交通が利用可能となり飲酒施設が集中したことによって台無しにされたと主張している。モンコネン（Monkkonen 1981, 540）は、19世紀後半および20世紀初頭の都市の特徴は「あらゆる階層の人びとによる相対的に集中した公共空間の利用」ということができ、とりわけ夜間の飲酒に対するブルジョアのコントロールが都市中心部において完全に確立されることは決してなかったと指摘している。近代都市において、都市のさまざまな地区から合流するさまざまな社会集団に属する膨大な数の人びとによって、酩酊と無秩序が都市生活と公共空間の不変の特徴であることが確かになった。モンコネン（Monkkonen 1981）は、22のアメリカ諸都市において1860年から1920年までに発生した公共空間での酩酊による検挙率を検討することで、こうした状況について詳しく述べている。統計的な情報源はその時期の検挙数の全般的な低下を示しているものの、モンコネンは、いくつかの都市（サンフランシスコ、セントルイス、バッファロー、ルイビルなど）で酩酊による検挙数が一貫して増加し、さらに9つの都市ではこの期間を通じて検挙数が何度も増加したことを示している。彼はさらに、そうした統計から読み取れる図式に対し異議を唱え、政治的関心および関連して変化する法的定義（そしておのおのの場において異なる取り締まり戦略）こそが個別の諸都市における酔っぱらいの増加や減少をより適切に説明するものであると指摘している。同様に、〔こうした〕アルコールと酩酊を取り巻く政治的関心が「問題のある飲酒」を定義し測定して表象することでイギリス諸都市におけるアルコール取り締まりの増加に結びつく様式についての概念化は、固有の政治・経済・社会・文化の地理によって根拠が与えられるということを示している。ベッキンガム（Beckingham 2008）は、1878年当時、リバプールがイングランドにおいてもっとも酔っぱらった都市として描かれていたことを示し、違法な酩酊がはびこっていると表象された都市——「極限にある」「統制できない」都市——として、リバプールに関する地理的想像力を説明している。

われわれの事例研究の対象都市についても同じことが主張できる。たとえば、ホリデイとジェイン（Holliday and Jayne 2000）は、18世紀後半および19世紀のストーク・オン・トレントにおける飲酒の歴史的表象が、いかに社会的区分を過剰に強調し、アルコール消費を通じた都市中心部における階級や年齢、ジェンダーの複雑な混交をどれだけ軽く扱っているかを明らかにしている（Holliday and Jayne 2000）。ホリデイとジェインは、「アルコール漬けのポッタリーズ」〔The Potteries は窯業集積地域の通称〕（Edwards 1997, 25）において、アルコール関連の無秩序に関わる社会問題がいかに都市における政治的議論や日常生活の顕著な要素であったかを示している。18世紀後半にはアルコールを購入できる場所の数が急増した。たとえば、1850年には800を超える酒類販売店が存在し、1857年に治安判事は全犯罪の80〜90％が飲酒に関連していると結論づけた（実際には飲酒関連の犯罪による検挙は比較的低レベルであったにもかかわらず）。しかしながら、イギリスの他所とは異なり、ポッタリーズにおける禁酒運動は小規模で断片化していたので、地方政治や社会生活に影響を与えるという点では限定的に成功しただけだった。禁酒運動の相対的な失敗に関わる主要問題のひとつは、支配的な中流階級や改良主義的アジェンダが欠如していたことであり、さらに、地方実業家、地方自治体、教会、他の諸団体による父権主義《パターナリズム》的な活動も不十分であった。窯元や他の地方実業家は、パブで労働者におごる行為や常習的欠勤、仕事中の飲酒の根絶に向けて対応する動きが鈍かった。

同様に、ポッタリーズにおける人びとの健康および労働生活の質が劣悪であり、関連する社会問題が非常に深刻だったため、当時の大衆的論議は、飲酒は都市における生活状況への当然の対応なのだとする理解を示していた。実際のところ、政治の無力さ、劣悪な労働条件、低い賃金、無給の休暇、そして、安価なアルコールが入手可能であったことによって、騒がしく酔った行動が都市の街路を支配することになったのである。さらに、ストーク・オン・トレントの人びとにとって余暇の機会は圧倒的に過度の飲酒によって占められていた。そのことは、「パウエルのポットバンク〔陶器窯の一種。ここではある陶器工場のこと〕の絵に描いたような筋肉質で陽気な荷造り人の老人——なぜ週末にいつも酔っぱらっているのか尋ねられた際、酔っぱらっていないなら週末ではないと答えるような——」への広く共有された態度を説明している（*Evening Sentinel* 12/1/1978）。

1896年におけるイブニング・センチネル紙のルポは、ストーク・オン・トレントのシティーセンター（City Centre）で、「クラウン・バンク〔市街中心部の広場〕は……暗くなったあとに破廉恥で不名誉な状態となっている。広場の周囲を一面に飾った蒸留酒の貯蔵所〔酒場〕は、夜ごとにほとんど見捨てられた輩で満ちていた……耳障りな叫び声、みだらな身ぶり、野蛮な暴力は、しばしばその場所を完全な悪魔の巣窟にしていた」ことを提示した。しかしながら、アルコールがらみの無秩序状態についてのこうした描写と並行しているのは、「モンキーラン（The Monkey Run）」——金曜と土曜の夜に、劇場や映画館、パブの集積地の周囲で数千の人びとが都心部街路を歩き回ること——についての同時代の記述である。モンキーランは、（主に）若い人びとに、群衆の一員になることを楽しみながら都心部周囲を散策する機会や、「見たり見られたり」する機会を提供した。この世紀の変わり目の「はしご酒（pub crawl）」に関する描写は、アルコールや「大がかりな夜遊び（big night out）」がいかに多くの住民の楽しみであったのかを強調しており、酩酊という無秩序状態や暴力が優位を占めるという夜間経済《ナイトタイムエコノミー》の見方と対立している。こうした対照的な表象は、後ほど立ち戻ることになるアルコールと都市生活についての現代的（同時代的）関心と明らかに共鳴している。しかし、こうした証拠から引き出される鍵となる点は、「統制できない」暴力的で無秩序な都市についての政治的・大衆的な関心にもかかわらず、多数の人びとが都市生活の不可欠な要素としてアルコールの消費に携わり、楽しんでいたということなのだ。

日常の飲酒行為を理論化するなかでメアリー・ダグラスは、社会的・医学的な問題としてアルコールをとらえる単純化された見方に対して重要な異議を申し立てている。著書*Constructive Drinking*〔建設的な飲酒〕（Douglas 1987）において、ダグラスはアルコールに関する大衆的・学術的な言説を支配する「病理学的」で治療を目的とした概念化を克服しようと試みており、より「中立的」で、それでもなお批判的で生産的な「人類学的」アプローチを導入したのだった。ダグラスは、アルコールの身体への影響や、アルコールによる常習的欠勤で失われる労働日数の量のような課題に傾注する文献は、個人的・社会的レベルの両者において抽象的なもの〔にすぎない〕と主張した。しかしそれにもかかわらず、（医学的言説によって支持された）「社会問題」としてのアルコールという一般的理解は、合理的な都市計画を支えることを助け、19世紀の都市から飲酒を撲滅しようとする禁酒運動の試みを勢いづかせたのである。

メアリー・ダグラスにならい、地理学者のジェイムズ・ニール（Kneale 2004）は、19世紀中のイギリス全土のさまざまな都市におけるパブライフや都市変動、公共空間に着目している（McAndrew and Edgerton 1969; Giroud 1975; Clarke 1983も参照）。ニール（Kneale 2004）は、1937年から1948年までに集められたマス・オブザベイション（Mass Observation）〔1937年にイギリスで始められた世論・大衆・世情の調査〕研究の資料を活用しつつ、「酔っぱらった地理」の社会関係に目を向けている。マス・オブザベイションは、民意を反映しない政府や偏向報道、加えて広告によって破壊された公共圏を活性化させることを目的とした、イギリス、ヨーロッパ、アメリカ（合衆国）における広範な記録運動の一環であった。1936年1月に、マス・オブザベイションは、日々の記録をつけ、新聞の切り抜きを集めるためにアマチュアの調査者を採用するとともに、陰に陽にわたる参与観察を実行するため、プロの観察者を採用した（Kneale 1991, 2001, 2004）。マス・オブザベイション・プロジェクトが着手されるようになった主要な理由のひとつは、公式統計によって飲酒が報告される方法に当時不満があったからであり、酩酊を抑制するための公的手段が、飲酒の経験と文脈を把握できていなかったことに主たる関心を寄せていたからでもあった。このことは、パブが、階級およびジェンダーのアイデンティティが構成され再生産される複雑な社会空間であるという見解によって支持された。パブライフについてのマス・オブザベイションに関する研究が、ボールトン、ブラックプール、プリマス、リバプール、フラム〔などの都市〕において着手された。

ニールは、酩酊の経験が社会化を通じてどのように学習されるかについて述べるとともに、飲酒者は道徳に背いた実践に関わっているなどとは考えておらず、むしろ、飲酒するということが共同体の一員になることであると同時に良い客になることでもあると考えていたと主張した。パブは、常連客から相対的に親密な社会関係のための空間と考えられており、加えて、この内部に包含されていることは、抑制からの解放を促す親交・信頼・互酬性を伴う、酩酊の結社に所属することなのである。ニールはまた、パブ内の各部屋が厳密にジェンダー化されていたことを示している。すなわち、貯蔵庫(vault)やバーカウンター周辺(taproom)は男性的な空間であり、他方で、ラウンジやパーラーはカップルや男女が交じった集団によって占められていたということだ。ニールは、バフチン(Bakhtin 1984)を引いて、パブライフと飲酒が対話の一形態であるとともに、多様性と異種混交性を提供する取り組みであったことを示唆している。パブの従来の意味を乗り越えたことが、飲酒と公共空間に関するマス・オブザベイション研究のもっとも重要な特徴のひとつである。酔っていたりそれほど酔っていなかったりする群衆——飲んでいる人同士であるいは公共空間の他の利用者と関わり合っている——の構成体が、酔っぱらった行動の鍵となる特徴だとみなされた。とりわけ、閉店時間後の(ストーク・オン・トレントにおけるモンキーランのような)人びと——概してしばしば人びとの一時的な集団——の練り歩きは、都市の飲酒の鍵となる構成要素であることが示された。

マス・オブザベイションはまた飲酒の象徴的重要性を述べており、飲酒が、信頼や互酬、公的な社会関係を緩和させることを通じて人びとのあいだの社会関係を創造し変容させる手段であったことを知らしめた。たとえば、お互いに「ラウンド(round)」を受け持ち「奢る」といった労働者階級の飲酒行為〔1人が全員分の酒を購入するのを順次繰り返す慣習。グループの人数と同じ数の杯を重ねることになる〕は、社会的な紐帯と義務を再生産してきたのであり、そのために、飲酒は人びとのあいだにつながりを作り出すうえで重要な役割を演じてきたとみなされた。酒類は社会的価値や信頼・互酬・友愛に等しかったのである。酩酊は、集団的な陶酔と結びついており、マス・オブザベイションによって平日の労働日課や時間規律から自己を解放する社会的現象として記述された。本章のはじめの引用のなかでエンゲルスがまさに述べたように、〔酩酊は〕人びとに社会的抑制を解体することを許したのである。節酒と酩酊が、社会階層を通じて、とりわけ年配の飲酒者の助言を通じてコントロールされていたことも主張された。すなわち、酔うことは飲酒者のあいだに特定の社交性の絆や特定の社会的区分の一時的な留保を創り出したものの、依然として忠実に守るべき社会的規範が存在した。茶、コーヒー、ミルクのようなノンアルコールの飲料の人気が高まり、初めて「飲用」水の供給が急激に広まったにもかかわらず、日常生活と親睦の形式に飲酒が深く根づいている労働者階級の地区で過度の飲酒を抑制することは、中流階級の改良主義者にとって大きな挑戦課題であることが判明したのだった（Burnett 1999 を参照）。

さらにニールは、19世紀のあいだ、公共空間の構築を取り巻く大衆的論議が、飲酒の懇親性《コンヴィヴィアリティ》と酒類業界の役割に関連した社会問題への感度と結びついていたと主張している。ニールは、1856年から1914年のあいだの禁酒公文書が、公共空間についての2つの異なる地理的想像力を跡づけていることを示している。彼は、贈与交換の一形態としての酒に根ざした公共空間の慣習的な感覚（それは互酬の強固な結束を象徴していた）が周縁化されるようになっていったことを示唆している。このことは、自由民主主義という政治的な教義によって規定されており、個々人が市民としての責任を認識するところである公共圏の特性を支持するものであった。禁酒〔運動〕は、謹厳な市民権を包み込む場所という公共圏の理想化された特性によって支持され、特定の集団や活動は排除されなければならなかった。それゆえ、酒類や酒類業界は問題のあるものと定義され、地理学的・科学的な知は、法の制定や国の行為を導くうえでおのおのの役割を果たした。しかしながら、公共空間のそうした概念に対し、アルコールの消費のような日常生活における実践を通じて異議が唱えられた。このように、中流階級の支配的なアジェンダと強力な禁酒運動にもかかわらず、ブルジョアによる政治的コントロール、労働者階級の野放図な余暇活動の抑制、そして、「飲酒の害悪」への恐怖に起因する都市の再開発は、個々の都市においてさまざまな方法で差異を保ちつつ構築され経験されたのである（Miles and Paddison 1998）

ビンジ・シティ？ 酒・飲酒・酩酊と現代の都市生活

過去30年間にわたって、多くの都市が自らを消費の場として再構築してきた（Zukin 1998; Hannigan 1998; Jayne 2005）。このことは、フォーディズム、ポストフォーディズム、そしてネオフォーディズムに関わる政治的および社会‐文化的な変動と結びついてきた（Kumar 1995）。すなわち、地方政府における諸変化と企業家主義的都市（entrepreneurial city）の勃興（Hall and Hubbard 1998）であり、鉱工業製造業の減退であり、よりサービスに根ざした文化的で「象徴的」な、レジャーや夜間経済《ナイトタイムエコノミー》の支援を含む経済への移行である。これらの諸変化と並行していたのは消費の重要性の高まりであった。それは、拡大したグローバル化や企業化と同じく、とりわけ市場の細分化、ジェントリフィケーション（街区の高級化）、ブランド化と関係していた（Featherstone 1991; Klein 2000）。まさにこの文脈において、アルコール消費は、エンターテインメント・エコノミーを通じて富の創造のための新しい道を求めた、都市域再生戦略の一部となったのである。デイヴィッド・ベル（Bell 2005, 26）が記しているように、「都市と街区の経験経済」にはほとんどの場合、アイルランドをテーマとしたパブによって提供される演出された真正性〔観光研究の古典であるマキァーネル『ザ・ツーリスト』（1976）で提示された概念〕からソヴィエト様式のウォッカ・バーまで、多岐にわたるテーマ化されたバーやパブのような飲酒アトラクション〔加えて、劇場やレストランなどその他の現代的なランドマーク〕をもとにした「ドリンカテインメント（drinkatainment）」〔drink と entertainment を合わせた造語〕の供給が含まれている。

飲酒と現代的な都市変動のあいだの関係と結びついた、政治-経済的・社会的・文化的・空間的な実践と過程を概念化しようとする多くの試みがあった。しかしながら、本質的には、18世紀後期と19世紀前期の酒・飲酒・酩酊を取り巻くものとして書き留められた、ある種の二元論的な一連の主張が〔今日の私たちの諸都市において〕残存しているのである。たとえば、ポール・チャタートンとロバート・ホーランズの *Urban Nightscapes: Youth Cultures, Pleasure, Spaces and Corporate Power*〔アーバン・ナイトスケープ —— 若者文化、快楽、空間と企業の力〕（Chatterton and Hollands 2003）、ディック・ホッブスほかの *Bouncers: Violence and Governance in the Night-time Economy*〔用心棒 —— 夜間経済《ナイトタイムエコノミー》における暴力と統治〕（Hobbs et al. 2003）、そして、サイモン・ウィンローとスティーブ・ホールの著作 *Violent Night: Urban Leisure and Contemporary Culture*〔暴力の夜 —— 都市のレジャーと現代文化〕（Winlow and Hall 2006）といった書籍が、討論の枠組みを提示するとともに、夜間経済《ナイトタイムエコノミー》と飲酒に関する理論的な議論を進展させようと試みてきた。これらの著者が考察してきたのは、すなわち、誰と何がナイトライフ空間を生産するうえで関わっているのか（たとえば、設計、マーケティング、販売、不動産市場、企業戦略など）、誰と何がそれらを規制するうえで関わっているのか（たとえば、法と立法、監視、エントランス・ポイント〈entrance point〉〔入口のチェックポイント〕、行動規範）、誰と何がそれらを取り巻く消費実践のなかに現れる消費者および消費実践なのか（たとえば、生きられた経験、知覚、固定観念《ステレオタイプ》）である。

この研究は、都市のナイトライフが多くの矛盾した傾向を通じて構築されていることを有用にも結論づけてきた。片方には規制緩和と（再）規制が、もう片方には享楽と無秩序を目指す対をなす衝動があり、その矛盾のあいだで都市ナイトライフは構築されているのだ。一方では、週末の晩のあいだ都市の街路は、楽しんだり、散財したり、ドラッグを使用したり、踊ったり、出会ったり、破壊したりすることに没頭する非常に多くの飲み騒ぐ若い人びとを迎え入れている。これはまさに快楽の経済であり、24時間都市は経済成長や富の生成、企業家精神にとっての目的達成手段となっている。しかし、飲酒の金銭的な成功がさらなる規制緩和の需要を求めてきたその一方で、延々と続くモラル・パニックや無秩序への恐れに起因する、より厳しい規制、社会的コントロール、ゾーニングを求めるフォーディスト的な関与によって、夜間は大きな影響を受け続けてきた。都市は、とりわけ夜に、矛盾した様相――〔すべて〕同時に、対立し棲み分けられ、商品化され浄化され、感情的な要素（アルコール、ドラッグ、ダンス、セックス、出会いを通じて強化された）および合理的な要素（プランニング、監視、取り締まり）の両者で飽和状態にされている――を呈しており、そうした緊張は必ずしも簡単に理解されたり調和されたりするわけではない。

たとえば、4つのヨーロッパ都市の飲酒「街区」――ソーホーとコベントガーデン（ロンドン）、テンプル・バー（ダブリン）、ニューハウン（コペンハーゲン）、ハッケシャー・マルクト（ベルリン）――を比較するなかで、ロバーツほか（Roberts et al. 2006）は、イギリス政府の〔アルコール〕販売許可政策が、販売許可時間の再規制に対する自由放任主義（*laissez-faire*）的態度と、「大陸的」あるいは「分別のある」飲酒文化とのあいだに形作られた、単純で一元的な因果関係を通じて進展してきたと有用な主張をしている（Roberts et al. 2009, 1109）。そうすることでこの研究は、どのようにアルコール関連の暴力や無秩序がそれぞれの位置において異なった方法で展開するのかを考察するために、計画統制、販売許可システム、取り締まり、店舗の密集度、店舗の形態（立席／着席の酒場、レストランなど）、監視カメラ（CCTV）設備などのような、相互に関連した数多くの論点に光を当てている。

ロバーツほか（Roberts et al. 2006）は価値ある主張を行ったにもかかわらず、ヨーロッパ／大陸の飲み方と、それとは対照的なものとして暗示される「他者」としてのイギリスのビンジ・ドリンキング文化〔付録2参照〕というような用語の使用を、批判するのではなくむしろ受け入れてしまうという罠に陥っている。ことほどさように、周囲の騒音、無秩序、暴力を取り巻く争点がそれぞれの事例研究地域においてどのように異なって構築されるのかを強調してきたものの、主張されることといえば、それぞれの場（location）での飲酒実践について一般化可能な記述を超えることはなく、それらの場所における飲酒経験の多様性を考察することに失敗しているのである（Jayne et al. 2006; Latham 2003を参照）。さらに、「北ヨーロッパの飲酒習慣は、地中海沿岸のすなわち圧倒的にワインを飲む文化よりも、イギリスとの方がはるかに比較しやすいという想定に基づいた」事例研究の選択を正当化するなかで（Roberts et al. 2006, 1109）、著者たちは明らかに、特定の国（国民）の「固定観念《ステレオタイプ》」に結びついている過度に単純化された飲酒実践の類型化を解体することに失敗している（Jayne et al. 2008bを参照）。比較可能な事例研究地域（飲酒地区、観光地、首都）の選択の仕方がこのことをよく示しているが、他方で、理解可能であることは、これらの都市内部における、あるいは諸都市をまたいだ飲酒の場と文化の多様性が示されるようになることを意味するわけではない。

したがって、都市生活を席巻する現代企業の成功にもかかわらず、飲酒が日常生活のなかで重要な役割を演じている様式を取り巻く対立が、18世紀後半と19世紀前半においてそうだったように、今日でも注目を浴びていると主張できる。実際にイギリスでは現在、「飲酒の害悪」に関する長期にわたる「モラル・パニック」が、都心部の飲酒文化をめぐって——最初は「ラガー・ラウト」〔酔っぱらって騒ぐ人びと〕への関心を通じて、より最近では「ビンジ・ドリンカーズ」〔短時間に大量飲酒する人びと〕の人物像に関して——再燃している（Gofton 1990; Hobbs et al. 2000; Lister et al. 2000）。このようにして、〈公共空間を侵害し商品化していると論じられている〉多業種企業によるカフェ／バー／クラブ店舗を特徴とする、新たな消費景観に根ざした夜間経済《ナイトタイムエコノミー》を進展させている都市再生のイニシアチブの真っただなかで、酒で勢いづいた無秩序、酔っての乱闘、公共空間での性的行為、そして、街路にまき散らされたテイクアウト食品包装紙のゴミといった問題が持ち上がってきているのである。ウィンローとホールによる *Violent Night*（Winlow and Hall 2006, 1）はこうした論調を支持しており、「不安、ドラッグ、暴力、自殺、アイデンティティの伝統的形態の喪失、消費者圧力など〔とアルコール消費とのあいだの関係を考察することによって〕……、若い人びとに絶えず付きまとう深刻な問題をごまかしている……消費資本主義の美化、および道徳的判断を避ける衝動」を乗り越えようとする理論的な視点を特に提供しようとしている。私たちは画期的な変化と過去からの分断を経験しているのであり、アルコール関連の暴力や無秩序が、現代世界において「自分の場所を意味あるものにしようとする」若い人びとと深く結びついていることをウィンローとホールは示唆している。連帯に根ざした伝統的な階級の崩壊、教育機会の改善とそれと並行する低賃金経済、労働組合の力の低下、そして、永久に排除されたアンダークラスの出現が、夜間経済《ナイトタイムエコノミー》におけるアルコール関連暴力の根源であることが示されている。今日を席巻する消費文化は、若者のアイデンティティと生活感情を支配し、ネオ資本主義的必要性に迎合するべく若者文化をモデル化するのであり、今日の若い人びとはまさにこのような傾向に対して文字通り拳をもって逆襲しているというのが *Violent Night* の主張なのだ。

対照的に他の理論家たちは、都市の変動と再生は競争的な過程なのであり、先に確立した空間やアイデンティティ、あるいはライフスタイルの衰退もしくは終焉に必ずしも結びつくわけではないと論じてきた。このことは、都市変動の個別の事例に関わる特定の種類の社会的実践の出現を探究するためには、ジェントリフィケーションによって影響を受ける空間をより厳密に読み解く必要があることを示唆している（Latham 2003; Bell and Binnie 2005）。つまり、都市変容の上辺の理解を剝ぎ取ることは、均質化され純化された空間と経験ではなく、より複雑で競争的な何かを記述することを可能にするのである。アルコールと都市生活についての政治経済的な説明は、世界中の都市のなかでローカルな独自性が消し去られ、面白味のない景観（blandscapes）が再生産される傾向を過度に強調しがちである。さまざまな都市において、（再生スキームを支配するモチーフの一連の再生産という観点から）再生を通じた標準化が実際に増殖している一方、既存の景観やライフスタイルと、再生やジェントリフィケーションによって促進された景観やライフスタイルとのあいだに相互の交流があるということは、飲酒と都市再生が複雑に結合していることを示唆している（都市的な食の景観《フードスケープ》について同様の点を指摘している Bell and Binnie 2005 を参照）。再生計画によって均質化される以上に、飲酒は多様な実践と経験を通じて構築される変化に富んだ活動なのである。

この点については、アラン・レイサム（Latham 2003）によって細部まで詳しく述べられている。彼は、現代都市は社会的分断に満ちているとみなす政治経済学者によって、西洋の産業化による都市性がもたらした都市再生が頑なに批判されてきたことを示している。レイサム（Latham 2003, 1709）によるニュージーランドのオークランドにおける2つの街路の民族誌的研究は、寛容な多様性や創造的な活力によって支えられたひとつの公共文化を見出している。それは、ポスト工業主義的なライフスタイルの混交、すなわち、ホテルやパブに存在する性的に多様な形態をとり、かつ工業〔社会〕の男性的な公共文化を伴っている。彼は、「自己を意識した世界的な空間」と伝統的なパブの混交が存在していることを示唆している。そこでは、「諸集団は男女が交じり合い、たいていセクシュアリティは公然と交じり合っていて、仮に人びとが酔っぱらったとしても、それが宵の主な目的であることはまれで、むしろ夜の社交（night's socializing）のより好ましい副作用」（2003, 1712）なのである。これらの記述のなかでレイサム（Latham 2003, 1719）は、「思いがけないこととごく普通のことを結びつける巨大な機械」として都市を描いている。このことが示唆しているのは、都市というものがさまざまな背景・収入・富・価値を持つ人びとがいかにして共存できるのかについての継続中の実験であるということだ。レイサムは、こうしたことが区分を生み出す一方で、新たなつながりや混成物、そして、思いがけない意味をも生み出しうることを認めている。彼は、オークランドの状況が、ズーキン（そして後の多くの著者たち）によって断定されたようなジェントリフィケーションのモデルには一致しておらず、土地固有のものと刷新されたものの混交が見受けられると述べている。オークランドに見られる懇親の生態学（convivial ecology）は、もはや街路に溢れ出し、「新たな連帯や新たな集合性」とより強い帰属意識を生みだしているように見受けられるのだ（Latham 2003, 1719）。

レイサムの記述は、チャタートンとホーランド、ホッブスほか、ウィンローとホールや、そのほかの著者たちの仕事だけではなく、メルボルンに比較的近い近隣都市において行われた民族誌的研究とも著しい対照を成している。たとえば、リンゼイ（Lindsay 2005）は、市場と社会の分節化やブランド化に留意している一方で、商業施設と相まって公共空間において出現した新しいパブやクラブが、アルコール消費と深く結びついた長年のストリート文化を根本的に革新したというインパクトを考慮に入れていない。同じように、モーラン（Moeran 2005, 25）は、日本においては、特定の地域の場（venue）のブランド化やクラスター化とは、あらゆる都市のさまざまな箇所でさまざまな種類の飲酒施設が混在して見受けられる傾向のことだと指摘している。政治家やメディア業界人、若年者、学生、学者などのような市場区分ごとに応じた飲酒地区が生まれるようにみえるのだが、モーランはこれらの場もしくは立地の内部、周囲、相互間での複雑な社会集団の混交を描いている。

都市の環境《ミリユー》（milieu）についてのこれらの競合する批判のなかで明らかになっているのは、都市生活と酒・飲酒・酩酊のあいだの関係について私たちの理解を進めるためには、社会的・文化的・空間的により詳細で機知に富む政治‐経済学や諸研究が採用されなければならないということだ。そうした統合は、学術的な研究課題という観点からのみ重要というわけではなく、都市政策の決定や計画を導くための基礎でもある。たとえば、政策立案、取り締まり、都市の飲酒を取り巻く両義性が存在する。公共空間の構築は一方で、増大する商業化、ならびに社会的分断を強化し深化させる（非消費者の）排除と結びついていると主張されている（Hannigan 1998）。こうした観点から、結果として公共空間が表象するのは、都市の社会生活に関する特定の展望の枠組みや、セキュリティへの脅威を評価するなかで公式化される再生のアイデアによって支えられた「受容可能な」文化的実践であり、さらには、公共空間を飼い慣らし、多様性を管理し、異なる社会集団の「リスクのある」混交を減らそうとする、新たな中流階級の抱く関心なのである（Merrifield 2000）。同じように、アトキンソン（Atkinson 2003）は、公共空間のジェントリフィケーションが、コントロールと権限付与に裏打ちされつつ、包摂的というよりむしろ恐れを抱かせる公共空間や排除的な政策を促進させてきたと述べている。それは、彼が「カプチーノによる飼い慣らし（domestication by cappuccino）」と述べる過程であり、ブルジョア向けのカフェバー、レストラン、デリカテッセンなどの増殖に貢献してきた（そして、それによって支えられてきた）。

こうした観点からすると、私たちの都市において飲酒することは、飲酒者はしばしば粗野に振る舞い、礼儀正しく文明化した世界市民の都市性という言説に従おうとしない消費者であるという考え方を生み出すことになる。私有化とセキュリティ、用心棒、監視カメラ、監視員、反・物乞い戦略、野宿者の締め出し戦略、そして、スケートボードを防ぐ街路備品と手を取り合っているのは、「ドリンカテインメント」の増殖であり、社会的に多様な酔っぱらった消費者の存在なのである。そのため、ドリンカテインメントは、「興奮と喜びをテーマとしたエンターテインメント体験型経済」の上に成り立ちながらも、「酔っぱらった群衆の存在［に包囲されたなかから現れるのであり］……今にも統制不可能になりそうな、統制された統制解除の空間として空間を（再）構成する」（Bell and Binnie 2005, 28）。同様に、歩道脇のカフェバーやレストランの机と椅子、そして「安いラガーの缶をすすっている、もしくはただ陽だまりで座っているホームレスの人びと」の存在も、社会的混交やさまざまな集団による共生の例である（Bell and Binnie 2005, 29）。

反社会的行動を撲滅しようとする試みにとって鍵となるのは、ゼロ・トレランス・ポリシング（ZTP）である。それは、望ましくない社会集団の存在に対処したり、非合法活動と「不品行（bad behaviour）」の両方を排除したりするために、世界中の都市において始められている（Belina and Helms 2003）。ZTPはそれゆえ、政治・経済的な再編成の構成要素なのであり、都市の競争力やイメージ・プロモーションの要求に結びついている（Hall and Hubbard 1998）。この着想は、ニール・スミス（Smith, N. 1996）によって、「報復都市（Revanchist City）」という描写のなかでもっとも効果的に展開されている。スミス（Smith, N. 1996, 1）は、都市の再編成と報復主義イデオロギーとのあいだの相互関係を、「報復と反動の混合」として描写している。この言説は、あらゆる種類の少数派によって白人中流階級から盗み取られているものとして都市を描写し、犯罪がその中心的な指標とされている。しかしながら、ラコ（Raco 2003）は、空間の私有化により生じる事態を一般化することには慎重であるべきだと主張する。たとえばイギリスにおいて、ZTPへの動きと並行して、「取り締まり無き」取り締まりについてのより「思いやりのある」着想についての議論や、近隣地域ならびに都心部への監視員展開がなされていたからである。ボディ＝ジェンドロット（Body-Gendrot 2000）によれば、そうした政策は、権限を委譲し脱中心化された政府への、ローカルなコミュニティで都市の暴力に対処することが目標の自由裁量的政策決定への、より広義の新自由主義的移行の一部なのである。このように、治安対策の実施は、広範で制度的な言説と実践に埋め込まれているものの、部分的にはローカルな社会‐政治的かつ文化的な関係によって仲介されてきた。ラコ（Raco 2003, 1840）は、「私たちは、公共空間への接近手段がどのように変化しているのか注意深く考えなければならない」と主張している。

たとえばイギリスにおいて、ホッブス（Hobbs 2003）は、週末に発生する暴力犯罪に飲酒が高い割合で関係していることを描いている。酒販許可を受けた店舗の内部あるいは近傍でその割合は30％であり、そのうち68％が21時から3時までのあいだに起こり、ピークは23時頃である。しかしながら、そういった暴力への政治的対応としては、飲酒者が23時に一斉に路上に溢れるのを避けるため、パブやバー、クラブの閉店時間をずらせるように、酒類販売許可時間を延長する計画に焦点を合わせてきた。こうした政策立案は、飲酒の文化経済が富と都市の評判の重要な発生源であること、加えて、取り締まりが一方で秩序と統制を維持しつつ、他方で大勢の消費者を惹きつけるまさにその条件の息の根を止めないというデリケートなバランスをとる行為であることを評価する文脈において実施されている（Hobbs et al. 2003 を参照）。

ホッブスが示すところによれば、都市部の飲酒ならびに酩酊に対する警察介入の焦点は、公共の場での暴力的な無秩序に対し、迅速かつ労働集約的な反応ならびに複数部隊の一気終結という手段によって抑止・介入を行うことにある。ここで明らかなのは、犯罪が増加しているにもかかわらず、飲酒や酩酊に関してZTPというものはほとんどなく、むしろ、個人の安全もしくは公共秩序への違反が生じた場所において標的を定めた対応が実行されるということである。イギリスにおいて広範に用いられたさらなる方策は、飲み騒ぐ人たちを（手持ちのビデオカメラを携えた警官が）撮影することであり、それはあらゆる違反が行われる前に、個々人に自身の振る舞いの責任を思い起こさせようと試みる「沈静化策」として開始されたのだった。実際、そうした反社会的行動（他人の「生活の質への違反」とは異なる）が、活発な消費者によって企てられるきわめて社交的な活動にみえることを考慮すると、消費社会においては、活発な市民の酩酊への介入に警察が気乗りしないことは明らかである。

さらにバランスを取るために、アルコールが、多くの人びととの仕事以外の活動において中心的な役割を担っており、それゆえ、労働者の生産性を維持するうえで大きく寄与しているとする暗黙の理解と結びついた動きも現われている。この点において、アルコール消費は、個別の空間のなかで個別の身体と感情に焦点を合わせた個別の方法によって、政治的・社会的な改革によって「解決される」べき問題であり続けている（Jayne et al. 2006; 2008を参照）。そのために飲酒は、少なくとも部分的には、法規制の改正によって手当できうる問題として描かれてきたのだが、都市再生を達成する試みにとって中心的なものとしても描かれてきたのである（Jayne et al. 2006; 2008aを参照）。とりわけ、問題のある飲酒文化の特徴とされてきたのは、（伝統的ではない）立ち飲みの店舗で「新しい」タイプの酒を飲む若い人びと（そして、特にとても「性的魅力を強調した〈sexualized〉」女性たち）であった。しかしながら、「ストリートレベル」では、暴力と無秩序を心配する声はごく少数であることがすでに示されているし、大勢の人びとが都市で飲酒を楽しむという文脈ではとりわけそうであった（Valentine et al. 2007aを参照）。実のところ、取り締まりとアルコール消費に伴う人員および財源の浪費に警鐘を鳴らす政治家や警察幹部、国民健康保険当局者のレトリック以上に、「現場の」警察官による告白は、自分たちや他者あるいは所有物に対して有害でなければ、警察は個々人の飲酒に関わることに消極的だということを示している（Valentine et al. 2007b）。

確かに、媒介要因としてアルコールが含まれる犯罪の割合をざっと見る限り、ポッタリーズにおける飲酒に関連した犯罪は高い水準にある。そうした数字はより広くイギリス全体の傾向を反映している。イギリスの354の地方行政区域のなかで、ストーク・オン・トレントは、アルコールに関わるものとして記録された犯罪およびアルコール関連の暴力犯罪に関して、上位10％に入っている（North West Public Health Observatory, Local Alcohol Profiles for England, 2006）。しかしながら、政治的・大衆的な議論の両者が、ここでわれわれが探究しようとしているいくつかの興味深い矛盾を投げかけてきた。簡単に言えば、仮に街路が反社会的行動と暴力に悩まされているのであれば、なぜそれほど多くの人びとが定期的に余暇時間を公共の場所での飲酒に費やすのかという矛盾である。公共の場での飲酒に関係するリスクと利益《ベネフィット》を、人びとはどのように経験し知覚したうえで管理するのだろうか、また、これらのリスクと利益《ベネフィット》が、人びとの飲酒についての当局者による描写や管理、取り締まりとどれほど対照をなしているのだろうか。

それにもかかわらず、政策形成および関連する取り締まり技術のレベルにおいて、飲酒と無秩序のあいだの関係はきわめて明白であるようにみえる。すなわち、過度の飲酒は「手に負えなく」なっており、夜間経済《ナイトタイムエコノミー》のさらなる拡大を止める方策と、この問題に対処するより一層の財源・人材が必要とされているということだ。実際、都市の飲酒と酩酊の問題に関わり介入する警察の能力が人員および財源の欠如によって阻まれていることを示唆してきた解説者もいる。それゆえ、警察は、予防的な取り締まり戦略を進展させるよりも、火種に対処するために（Hobbs et al. 2000）、個別の事件に対応したり、部隊を集団で派遣（労働集約的な反応）したりすることができるに過ぎないのだと主張される。スタフォードシャー州警察（ストーク・オン・トレント局）の幹部は次のように示唆している。

暴力犯罪に関する状況は、特に都心部の環境では、ストーク・オン・トレントだろうとカーディフだろうとマンチェスターであろうとリバプールであろうと、それにブラックプールであろうと、とても似ています。こういった地域を訪れて状況を比較してみました。ストーク・オン・トレントの状況と比べて、マンチェスターやブラックプールについて言えば、マンチェスターやブラックプールの街路で見られる諸問題については多くの類似点があるのです。ストーク・オン・トレントで見られるのと同じようなものです……可処分所得を得ている若い人びとの悪いところは、酒の宣伝に誘惑されて、酷く飲《ビンジ・ドリンキング》んで、それが諸問題に結びつくことです。とても混み合った地区に、夜に店から出てきた人たちが集まっていて火種だらけなんです。だから、私たちは、いくつかの戦略を立てて、これら全部の影響を最小限度に抑えようとしていて、いくらかは成功しますが、でも、もっとやるべき仕事が多くあります。［この後も彼は続けた……］そしてこれからもさらに都心部に投資が続いて、アルコール販売許可証を持つ店舗がさらに増えれば、そこでの警察による取り締まりも強化しないといけなくなるでしょうね。［編集］。

しかし、ストーク・オン・トレントにおける「現場」の警官が実際に用いる多種多様の方策やアプローチを見る限り、警察幹部が取り締まりに対して用いる言葉遣いと、現場警官が街路で酩酊を取り締まる実態とのあいだにはずれがある。実際、街路で下位の警察官と行われた会話は、上司によって描写される態度とは非常に異なる酩酊に対する態度を示している。巡査クラスの警官3人の発言を見てみよう。

酔って騒ぎを起こしている人を捕まえたいなんて思いません。えらく厄介なだけですよ、何の面倒もなく帰してやりたいものです。

ここは悪くはないですよ……よそほどはね。私たちのうち10人ぐらいが路上で見回り、10人がサポートに配置されています。

ちょっとした騒ぎになるし、興奮している人もいるけど、そんなに大変ではないです。ビンジ・ドリンキングが関わっている暴力沙汰の多くはメディアの煽りですよ。多く飲んだり、酷い態度を取ったりする人がいないわけじゃないけど、いても大したことないです……ストリートは手に負えないわけじゃないし、実際の逮捕率は低いですよ。

政策レベルで「反社会的」とみなされる行動は、大半の回答者にとって「楽しく過ごしている」とみなされており、実際、警察官はストリートレベルで、人びとの酩酊が個人や公共の安全への深刻な脅威となっていないところでは不必要に介入するのをためらうことを明らかに示唆している。ゼロ・

トレランス・ポリシングが公共の場での飲酒を管理するために適用されることはないのである。

加えて、飲酒を取り巻く複雑で不平等な社会関係についてのレイション（Leyshon 2005, 2008）の描写に留意しておかなければならないとはいえ、ほとんどの回答者は、「居場所がある（belonging）」という感情的で身体化された感覚の観点からアルコール消費を肯定的に述べている（このことについては第7章で立ち戻ることにしたい。Holloway et al. 2008, 2009; Valentine et al. 2009; Jayne et al. 2010も参照）。実際、平均年齢層より自分が上過ぎ・下過ぎるようだ、またはよく知らないところに来てしまったという理由で、その場で「場違い（out of place）」だと感じることもあると示唆する回答者もいたし、性差別的発言、人種差別主義的あるいは同性愛嫌悪的な発言や暴力に恐れを抱いている回答者もいたものの、ほとんどの回答者は、アルコールを消費していたために、種々の場所で「家にいる（at home）」ように感じると語ったのである。実際、暴力と無秩序に関連したリスクの経験ならびにそれらに対する態度をみると、いいろいろなことがわかる。個人的に暴力事件に巻き込まれたことがあるのは、深層インタビューを受けたうちたった1人か2人であり、乱闘や喧嘩を目撃したことがある者は多いものの、圧倒的な反応は先述の語りのようなものであった。こうした発言から明らかなのは、暴力が問題だと理解されている一方、人びとは、個人の安全を確保するべく、様々な回避・警戒戦略を用いているということである。

われわれの研究では、異なる年齢やジェンダー、社会的背景の回答者たちが、暴力の促進剤としての飲酒というよりも、圧倒的に夜遊びの特定の性格や機能に関わるものとして飲酒を語っている。比較的若い人びとが、仕事のプレッシャーや時間的制約から逃れて友人たちと「遊び回っている」という場合もあれば、若い家族が子どもの面倒を見ないでくつろいでいる（let their hair down）という場合もある。より年配の人たちも同様に、夜遊びという「出来事」、着飾るという「パフォーマンス」、そして飲酒が可能にする硬軟両方の社交機会について語っていた。飲酒経験のなかで「外出すること」に含まれるすべてのもの——ドラマ、着飾ること、公共空間や「適切な」街路および公共の広場や彫像の占拠、さらには、「不適切な」活動に夢中になっている群衆の存在——が、「大がかりな夜遊び」にとってもっとも重要なのである（Hubbard 2002を参照）。

これらに関して、都市空間はそのような実践によって活き活きとしているとメリフィールド（Merrifield 2000）は適切にも主張している。実際、ローリエとフィロ（Laurier and Philo 2004, 4）が示唆するように、「群衆の騒々しさ、そして個人の私欲が新たな種類の社会性へと変容する」のであり、カフェ（あるいはここでのトピックに置き換えれば飲酒施設）のような場所は、都市における共同生活のための空間と支援を提供しているのである。リスクのないリスク（riskless risk）を査定するものとして、郊外の複合商業施設の常連客を描くハバード（Hubbard 2003）の描写や、あるいは、ハニガン（Hannigan 1998）が示唆するような、危なくないレジャーや浄化された都市空間に行くことによって「都市の他者」を避けることを可能にするという「疑似境界的（quasi-liminal）」体験とは対照的に、飲酒とは、リスクのある都市とうまく付き合いながら泳いでいくことと切っても切り離せない実践であるようだ。それだけではない。都市の構造再編によりパブ、クラブ、バーが（一般店舗と同様に）しばしば1カ所に集中させられ、その結果、消費者達が選り好みをしながらパブやバーの外をうろつけるようになっている現在、ドリンカテインメントという実践が、酩酊と個人的・社会的な羽目外しと切っても切れなくなるのは必定なのだ。しかしながら、おそらく都市部での飲酒に伴う了解済みのリスクと、そのリスクをあえて冒すことこそが、集団的で公共的な活動としての飲酒を成り立たせているのである。レイサムによって路上の社会集団の混交として記述された飲酒とは、それゆえ、高いリスクを伴う集合性ということなのだが、都市空間において、その一部である酩酊や集合性は（暴力事件にもかかわらず）明らかに魅力的なのである。これらの緊張を理解し平衡を保つことは、当然ながら政策立案者にとっての挑戦課題である。

公共空間を取り巻くこの両義性は、東南アジアにおける興味深い事例研究を検討するなかで、ベトナムのハノイにおける公共空間の本質の諸変化を指摘したトーマス（Thomas 2002）によって十分に立証されている。トーマスは、経済的・社会的な変容が、街路、舗道、市場が〔人びとによって〕経験され想像される様式を劇的に変化させる下地を作ったことを示している。彼女は、新たに出現した活気溢れるストリートライフが、公共空間における目的を求める国家のコントロールや奮闘をより不安定にしたと主張する。まさにこうした文脈のなかで、一見非政治的にしか思えない活動のために多くの人びとが公共空間に集っているにもかかわらず、国家がそれを逸脱的であるとして非難している様を、トーマスは書き記している。アルコールの消費、バイクで競争する若い人びと、宗教的集会、サッカーの観衆、国民的なポップスターの葬送を通じた悲嘆の噴出といったものは、公共空間における行為が政治的な関心を引き起こす様式のほんの一部に過ぎない（Thomas 2002）。

同じように、エデンサー（Edensor 2006）は、モーリシャスのポートルイスにおけるウォーターフロント地区の開発を記述し、パブ「ケッグ・アンド・マーリン（Keg and Marlin）」が、厳格な人種的・宗教的な居住分離《セグリゲーション》を克服することで、どのようにして地元の人たちが交わるための新たな場所を提供してきたのかを記している。このパブは、共同体参加への門戸を開き、いまや「酒で勢いづいた大声での会話と表情豊かな振る舞いといった、家族や共同体を前にした社会実践に伴う通常の制約からは逸脱するような行為を可能にする懇親の場」(Edensor 2006, 17) となっているのである。他方で、ハントほか (Hunt et al. 2005) は、サンフランシスコにおいて、若い男性からなるエスニック・ギャングによる街路での飲酒が、経済的・文化的・空間的に周縁化された人びとに対して、都市のストリートライフへ目に見える貢献をする機会を与えることを示している。同様に、アルタイ (Altay 2008) は、トルコのアンカラにおいてビルの周囲および谷間に現れた「ミニバー」について記述しており、そこでは、バーやクラブへ出入りする経済的余裕のない若い人びとが、「たむろ」したり飲酒したりするために舗道や低い石造りの外壁を利用しているという。

こうした例は、飲酒のような日常的活動のために公共空間を利用することが、どのようにして群衆の形成にとっての触媒となるのかを示している。たとえば、トーマス (Thomas 2002) は、ハーバーマス (Habermas 1974) の研究を援用して、共に集まり情報や着想を交換することは18世紀のヨーロッパで生じたこととほとんど同じ方法で「公共圏」の発達を促すと主張している。ハーバーマスは、都市文化――飲食、余暇、出会いの場所――の成長が公共圏の発達を後押ししたと主張した。しかしながら、若い人びとによる公共空間の占拠に関するマイルズ (Miles 2000) の主張がここでは有益かもしれない。マイルズは、モールもしくは街角でたむろする、あるいは、スケートボードをするという、若者の一見したところ逸脱的な実践が、逸脱や対立とはほとんど関係がなく、むしろ、都市のなかで自分たちのために場所を作り上げるとともに、消費社会のなかで能動的な参加者として自分たちのアイデンティティを主張する試みなのだと論じている。もし、バーやパブ、他の施設におけるアルコールの消費の媒介要素が、能動的な市民であると主張することを飲酒者たちに可能にしたのだとするなら、飲酒や酩酊は、公共空間のなかで生み出されるつながりや帰属意識という観点から、さらにまた、異種集団の人びとが受け容れがたいまでに混交する都市空間——受け容れがたいと感じるのは本人たちであることもあれば、市当局であることもあるが——における「危なさ（riskiness）」に根ざしたものとして、おそらくは考察されるべきなのである。

おわりに

社交性とアルコール消費、酩酊、都市生活の関係は、２００年以上、政治的・政策的・大衆的な議論の最前線であり続けた。このあいだに、労働者階級や女性、若年者は、暴力的で無秩序で手に負えないものとして都市中心部をめぐる関心の中心となった。そうした表象にもかかわらず、非常に多くの人びとが、私たちの都市のなかの商業地や公共空間における飲酒や酩酊の懇親性《コンヴィヴィアリティ》を楽しむことを続けている。これらの点において重要なのは、理論家たちが、本章で概要を述べた一種の二元論的な様式でアルコールと都市生活を考察することを乗り越えようとし始めていることだ。この目的のために今後の研究に不可欠なのは、世界中の諸都市のさまざまな都市的な空間や場所において、酒・飲酒・酩酊をめぐりさまざまな社会集団に生起する対立や緊張をより一層理解していこうとするだけではなく、問題のある（ない）飲酒や関連した行動が言説と差異に基づいて構築されることを解き明かそうとすることなのである。

第2章　田園

農村地域における酒・飲酒・酩酊について考察した著作物は、都市に関するそれに比べて数は少ないものの、「田園（the countryside）」というイデオロギー的構築物を構成する政治的・経済的・社会的・文化的・空間的な実践と過程を明らかにしようと試みてきた。広い意味では、農村景観は〔人びとが〕成長するうえでの牧歌的な場所として描かれるのが一般的である（Bunge 1994; Short 1991）。クラークとケンウェイ（Kraack and Kenway 2002）は農村を想像することを「審美的かつ道徳的な構成要素」と表現した。かれらがいう審美的な構成要素とは、「農村なるもの（the rural）」が樹木・野原・空閑地を特徴とする絵のように美しい、天然の自然環境であると一般的に理解されることを示している。また、道徳的な構成要素とは、農村コミュニティは都市の生活にあるようなストレス・危険・腐敗とは無縁な単純／純粋な存在として住民が生活でき、結束が強く調和的な環境であるとの固定観念《ステレオタイプ》化がなされることを暗示している（Ward 1990）。われわれは本章においてこのような議論を引き出しながら、「農村」が歴史的に都市のアンチテーゼとして位置づけられてきた一方で、アルコール消費を研究する理論家たちが農村と都市の関係のより微妙な理解に貢献し始めてきたことを示していく。

田園における飲酒の理論化

近年、農村生活における酒・飲酒・酩酊の場所を理解しようと試みる著作物が増加している。たとえば、「途上国」の農村地域に焦点を合わせた人類学的研究は、農業生産の「自然のリズム」とそれに関連した男性性《マスキュリニティ》・女性性《フェミニニティ》の構築の関係について検討してきた。アルコールを取り巻く社会的な取り決めに関して、受胎能力と身体的強さの言説を通した農作業における男女の関係が調査されてきた。男性にとっての酩酊がより生産的な農業者になるために日常の緊張を緩めるものとして賛美されてきた一方、女性の自然との関わりは月経と出産を通して表現されてきた。このような物語において、飲酒の時間、量、そしてアルコールの種類がジェンダー役割や取り決めに帰するものとして検討されてきた(De Garine and De Garine 2001, Gefou-Madianou 1992 を参照)。たとえば、研究者たちはアフリカやヨーロッパの農村で受胎能力に関するアルコールの象徴的な役割を調査してきた。ド・ギャリーヌ(De Garine 2001)によるカメルーンの部族生活に関する研究では、儀式と日常生活におけるビールの役割の区別を提示している。ここでは、男たちが酔っても良いような異なる場面――「彼は右から左へ歩き、倒れ、時には嘔吐し喧嘩する」――、そして異なるレベルの酩酊によって、男性性《マスキュリニティ》が構築される。似たような例として、パパガラファリ(Papagaroufali 1992)は現代ギリシャ農村における祝賀の飲酒実践で、ジェンダーの差異がどのようにみられるかを説明している。ここではウーゾ(Ouzo)〔アニスの香りを持つ、ギリシャとキプロスで生産される無色透明のリキュール〕が「男性的」な飲料として理解される一方、女性は果実味のリキュールやビールを「ちびちび飲む」こと、ソフトドリンクで割ったワインを好むことが良しとされる。

ヨーロッパのそのほかの地域では、ジェンダー化された飲酒は特定の農村空間や場所と深く関係している。アバド（Abad 2001）が示すように、スペインでは土地の肥沃度を保証し、豊作を祈願し、年に何度か、男性は公共空間で1日中飲酒する。対照的に、女性の公共空間でのアルコール消費が認められているのは祝日に限られており、もしくは近くの街への移動の際に隠れて飲むだけである。ジェンダーと農業的伝統の関係については、フランスのアルザス地域における飲酒実践が農業暦に沿ってどのように異なるかを論じたビアンキ＝ガセール（Bianquis-Gasser 1992）の研究が明らかにしている。アルコール消費は「男性の要件」と関連しており、しばしば寒い、円天井の静かで暗いチャペルのような地下貯蔵室で男性たちは礼典として酒を飲む。不死を実現するため、男性たちは日常の緊張や俗世への覚醒から解き放たれるよう深酒せねばならない。女性はこの状態を出産時に獲得し、男性はワインを生産し飲む時に獲得するのである。

生産性との関係は、アイルランドにおける飲酒と農村アイデンティティに着目したピース（Peace 1992）によって考察されている。この場合、男性の大量飲酒は漁師が頻繁に通う数少ないバーで起き、そこでは漁業における競争的な実践をめぐるドラマと武勇伝が姿を現す。男性たちは対話の出会いの可能性を確保したり仲間意識を育んだり、さらには諍いを収めるため、頻繁にバーをはしごする。このような動きは社会的結合だけでなく雇用機会を守るうえで重要である。同じように、「会話の闘鶏（conversational cockfighting）」や「酒に強くいられること」の規律を描写し、パブを男性の仲間意識における最後の拠り所と表現することによって、キャンベル（Campbell 2000）はニュージーランド農村におけるジェンダー的行為遂行性を検討している。

パブにおける男性の場所は、田園の再編成に伴う周縁化と農村の男性性《マスキュリニティ》の主張にとって中心的な存在であることが、ニー＝レーリャ（Ní Laoire 2001）によっても示されている。たとえば、ヘレイ（Heley 2008）は農村のパブにおける情勢の変化を述べている。そこでは、ごく少数の新参者が地方の過ぎ去った時代の懐古的な作り話を伴う典型的な英国紳士（ニュー・スクワイア〈New Squires〉）をどのように（再び）作り出そうと試みてきたかが表現されている。「木樽の」エールビール、棚にあるタンカード〔蓋つきのジョッキ〕、そしてかつて地元の農家に支配されていた「オフィス」と呼ばれたパブが影響を持った地域は、この私的なバーの歴史的役割を認識した新たな労働者主体の運営共同体が選択する目的地となっている。同じように、ブラワヨにおけるアフリカのビアガーデンに関するウォルコット（Walcott 1974）の記述、ニューファンドランドの港湾労働者に関するマー（Mar 1987）の研究、そしてハンセン（Hansen 1976）によるカタロニアのバーの研究は、人びとを不快にさせて特定の男性アイデンティティを主張するために、どのような「締め出す」技法が使われているかを示している。それゆえ、このような研究はアルコール消費に関連してどのように支配的な男性性《マスキュリニティ》が構築され、理想化された地元農村のアイデンティティが正当化されるかの検討に焦点を合わせている。この点は、イングランド農村における男性性《マスキュリニティ》と女性性《フェミニニティ》の両極と、「女の子のように飲む」といった侮辱の応酬を記述したレイション（Leyshon 2005, 2008）によってさらに深く取り上げられている。さらに、レイション（Leyshon 2005）は身体的な飲酒のパフォーマンスと男性たちの集まりが排他的、階層的、同性愛嫌悪的、そして性差別主義的になるあり方を検討している。そこで男性たちは酔ったようにみえないまま大量のアルコールを消費し、パブの決まった空間をあからさまにかつ大きな声で占拠する。

先行研究は階級対立の視点から農村経済の再編成についても着目してきた。イギリスでは、ハントとサタレー（Hunt and Satterlee 1986）が、「パブ」は複数の社会集団が同じ空間を占拠する場所となる一方で、社会的障壁がこれらの空間で強化されることを議論している。特に、ハントとサタレーは、産業再編成と中流階級給与所得者による都市生活が農村に与える影響を論じている。ケンブリッジシャー州における7軒のパブの調査をもとに、かれらの研究はアルコールがどのように社会的団結を強化するか、そしてどのように社会的境界と分断を固定化させるかを明らかにしている。労働者階級のパブは近隣の社交の中心地と表現され、そこでは親しい集団がラウンドで酒を買ったり（round buying）、皆でお金を出し合ったりして、子どもや親類と飲むことが一般的である。労働者階級のパブは既存の団結を再確認する場であり、給与所得者たちはもしかれらが「正しい」地所に住んでいる場合はしだいに受容されていくが、かれらは地元やパブとの共有する知や歴史的なつながりを持たないため、決して完全に受け入れられることはない。

対照的に、中流階級が集まるパブでの飲酒は、程良い仲間意識と、人びとの「適切な集団」の一員であることに重点が置かれていることが明らかにされている。「所属しているという感覚」を築く過程において、ハント（Hunt 1991）は公的／私的な飲酒の特定の言説と、労働者階級が中流階級の飲酒実践から学ぶことができる「文明化させる」考え方を記述している。ハント（Hunt 1991）の深層調査は、特に週末に地元のパブで定期的に集う26人の中流階級の夫婦たちに着目している。このグループは「かれらの地元」のパブ以外にも、レストランや他の近くのパブへ行ったり、保守党のクラブ、ワインとチーズの試食会、サッカークラブの年1度のダンスやバーベキュー会など村内の社交的な催しへ行ったりしている。ハントはグループ皆のためにラウンドで酒を購入する行為が、個々の可処分所得や儀式的確約の地位や所属を示すうえでいかに重要な要素であったかを強調している。しかしながら、労働者階級のパブとは異なり、家庭内の飲酒を通して社会的紐帯を維持することの重要性は、多くの家庭内のしきたりを通した中流階級のアイデンティティ形成において必要不可欠であった。

第1に、フォーマルな夕食会が挙げられる。ゲストはワインのボトルを持ち寄り（別の機会に飲むことができるようホストはそれをキッチンに置く）、食事の前には食前酒（通常はウィスキーもしくはジントニック）が供され、夕食ではコース料理に沿ってそれぞれのワインが飲まれる。第2に、パブが閉店した後の土曜の午後はよりインフォーマルな昼食／夕食会が開かれ、そこには十数名の人びとが集まる。大量のアルコールが飲まれた後に、障害物のある庭で人びとが自転車を乗り回したり、クリケットやサッカーなどの球技が行われたりする酔態をハントは記述している。暗くなるにつれて、パーティーは屋内へ移り、大音量の音楽やダンスが始まると、わざと「倒れ」酔ったように見せかけ性交を装うなどのパフォーマンスにつながることをハントは明らかにしている。第3に、「フォーマルなパーティー」において、ゲストはブラック・タイを着用し、ホストに花束やチョコレート、リキュールなどのギフトを渡す。ゲストが到着した際にワインが渡され、夜間を通してスピリッツを飲みながらパーティーを終える。似たような話は日本の農村に関しても報告されている。しかしながら、ヴィッセル（Visser 1991, 189）は日本の中流階級の夕食会ではゲストが自分の日本酒（sake）を注がないことを示している。酒はゲストがお互いに注ぎ合い、それが社会意識と良識の印となる。夕食パーティーの日本酒のカップ〔猪口《ちょこ》など〕は小さいものであり、それゆえサービス〔酒を注ぐこと〕は常に繰り返され、他の人のカップに注いで満たす機会を誰もが窺っている。

最後に、「インフォーマルなパーティー」は最大50人ぐらいが集まる大きなものである。ゲストはワインや大きな缶ビールをパーティーに持ち寄り、すでにキッチンに並べられている酒の数々にそれらが加わる。高価なワインやスピリッツを持参した際、ゲストはそれが後から見つかるようこっそり隠しておく。ゲストはパーティーに着いてから自分のドリンクを選択し、自分たちでそれを自由に飲むこととされている。軽食やつまみはゲストが持ち寄るが、温かいソーセージロールや大鍋のチリコンカンはホストが提供する。ゲストは少人数で社交的に過ごし、夜を通して人びとは「循環」する。大半の人びとは23時までに退出するが、主要な少人数は明け方まで残る。要するにハント（Hunt 1991）は、親密性のレベルに関連したホスピタリティの度合いによるこうした社交的な集まりについて総括しているのである。

ハント（Hunt 1991）はさらに、インフォーマルな昼食／夕食パーティーにおける非暴力的な酩態は許容されるが、フォーマルなパーティーや夕食会での酩態は許容されないことを強調している。イベントがフォーマルなものになればなるほど、食前酒やコースに沿ったワインなどアルコール消費の実践もフォーマルなものになる。それゆえ、そのような場で酔っぱらうことは冷ややかな目で見られる。実際に、ハント（Hunt 1991）は夕食の前にウィスキーを飲み過ぎたあるゲストの話を記している。それによると、当初は他のゲストに無視されていたが、夕食の席で眠ってしまいイビキをかき始めたため、妻が「彼は今日は仕事が忙しかった」と弁明して2人で退席した。対照的に、よりインフォーマルなイベントでは、ゲストは好きなだけ飲むことが奨励され、眠ってしまうことや「ばか騒ぎ」は許容されていた。このような状況では、中流階級の者たちにとって飲酒実践の中心的な場所はおそらく自宅となるものの、適切な場で行われている限り、酩酊行為が許容されるという暗黙の取り決めや儀礼がある。とはいえ、規範としての中流階級の飲酒行為が「文明化されていない」労働者階級に目指されるべきであるという考えは、中流階級の飲酒行為における許容範囲を考慮しそこなう、とハント（Hunt 1991, 419）は評価を明確にしており、それゆえ「もし異なる社会的環境に転じられ、異なる社会集団によって行われたならば、当該行為のほとんどは許容できない問題のあるものと定義されるだろう」という。

研究者はさらに、農村地域におけるアルコール消費に結びついた周縁化と疎外に関わる重要な問題を指摘している。たとえば、ケリーとコワリツェン（Kelly and Kowalyszyn 2003）はオーストラリアの人里離れた僻地の先住民コミュニティにおける家族問題とアルコールの関連性を議論している。この研究では先住民の飲酒文化に関して広く信じられてきた知見に異議を唱え、オーストラリアのアボリジニの大半は過度に飲酒しないことを示している。しかしながら、深刻なアルコール問題を抱える少数のアボリジニにとっては、アボリジニ家庭の家族構造や価値観、義務が独特の形で家族問題とアルコール問題の関連に直面し経験されてきたことを確かにしている。それゆえ、ケリーとコワリツェン（Kelly and Kwalyszyn 2003）は農村地域におけるアルコール関連支援サービスの限界と、攻撃性とアルコールが兼ね備わる家庭環境では家族が団結していることは往々にして問題があらわにされていないことを意味するという家庭の文脈とが、どのように結びつくかを提示している。しかしながら、かれらは逆に家族の団結がそれでもなおアルコール関連の攻撃性に取り組むための有用な源であるとも提言している。

同様に、フィロほか（Philo et al. 2002）はスコットランド農村地域におけるアルコールとメンタルヘルスの関係に着目している。かれらの研究は地域アイデンティティに対する飲酒の重要な象徴的貢献だけでなく、過度の飲酒と酩酊がいかに地元の社会関係に許容された重要な要素となっているかも調査している。この立場を詳しく説明するため、フィロほかはどのようにアルコールが感情の地理と多くの問題とが結びついているかを明らかにしている。これに含まれるのはホスピタリティ、余暇機会の欠如、くつろぎとご褒美としての飲酒、孤立と所属への対処戦略である。かれらはこのような地理がジェンダー化された諸相を強調している。すなわち、男性の大量飲酒は公共の場で行われがちな一方、女性の大量飲酒はもっと私的な場や人が訪れることのない場で行われ、それゆえ排他的な社会関係の構成要素となる。

本節でわれわれは、アルコール消費と農村性の関係が概念化された過程を強調してきた。われわれは世界各地の多様な農村における興味深い幅広いトピックの研究を記してきた。このような進展にもかかわらず、これらの研究は序章で概観したように、調査に基づく事例研究に起因する限られたものになりがちである。農村のさまざまな空間と場所のあいだおよび内部における（そして都市での飲酒実践との比較における）類似性・差異・関連性・流動性の説明が、農村における飲酒についてより洗練された理論的な視座を発展させる機会をどのように提供するかを示すため、以下でわれわれはひとつの問題——若者とアルコール消費——を詳しく見ていく。

田園におけるアルコールと若者

前章で記したように、酔って暴力的になり手に負えない都市の若い人びとは政治的・政策的・大衆的な議論の中心的な存在であった。対照的に、農村地域では農村生活の「道徳的要素」(Kraack and Kenway 2002, 146) が、農村コミュニティは結束が強く調和的な環境として見られることを暗示している。それゆえ、田園においては大人も子どもも若者も、都市生活のストレスや危険、堕落とは無縁な単純／純粋な生活を送る。しかしながら、都市と農村の環境間における人びとや情報、影響の流れを強調する著者たちによって、この単純な二項対立はしだいに問題視されてきた (Lash and Urry 1994)。たとえば、ヤーウッド (Yarwood 2001, 2005) は「牧歌」の概念はしばしば、農村コミュニティ内で影響力のある「外からやってきた」集団によって構築され、維持されることを指摘している。そうした集団は自分たちの生活スタイルを保持し、そうすることで伝統的な生活様式を脅かすとみなされる人びとを排除しようとする。ヤーウッドは都市から逃れ農村で孤立して生きる夢を実現したがっている中流階級の引退者と別荘購入者たちの移入が、この過程における中心的な存在であることを明らかにしている。この議論をさらに発展させて、グレンディニングほか (Glendinning et al. 2003) は田園の若い人びとが今では公共空間における犯罪化と監視という都市の若者と類似した問題を経験していることを記している。この立論に関して、グレンディニングほかは孤立と公的な「声」の欠如がこれらの問題を引き起こすことを指摘し、農村に住む若い人びとが実際に都市の若者よりも排除に脆弱であることを示すことで、農村生活の牧歌的な理解を疑問視している。

たとえば、クラークとケンウェイ（Kraack and Kenway 2002, 148）は、オーストラリア・ニューサウスウェールズ州の小さな観光地パラダイスで若い男性たちがいくつかの異なる方法でレッテルを貼られる事例を検討している。パラダイスの公共空間は「男性性《マスキュリニティ》の劇場」と表現され、そこでは自信過剰で威張り散らし、無礼で、酒と薬物のパーティーを開き、パブでたむろする若い人びとはこのような若者の代表的な例とされる。海岸でのパーティー、騒音や混乱、嘔吐、割られたガラス —— 側溝で横になったり硬直した「ゾンビ」として表現されたりする若い人びとは、若者と結びついたイメージである。このような表象は動態的なグローバル化の過程と深く絡み合うものであり、それらがコミュニティや個人のアイデンティティに影響しているとクラークとケンウェイ（Kraack and Kenway 2002）は論じている。かつて伝統的な「よく働きよく飲む」捕鯨業の貧民街であったパラダイスが観光客や引退者の文化によって圧倒されるようになった広範な構造変化に伴って、新住民は海岸（ほとんどの引退者が住居を構えている付近）でのパーティーの禁止や厳重な管理を求める運動を展開してきた。これに対して若い人びと、特に「男の子たち」は、世代間の緊張状態を誇張し悪化させることで若者に否定的な街の雰囲気に抗い、反牧歌を象徴する人びととなった。ウェールズ南部の農村において、ジョーンズ（Jones 2002）もまた逸脱した無秩序な行動がどのように文化的アイデンティティのしるしとなり、そして人口流入がどのように給与所得者と地元の若い人びととの対立を刺激したかを記している。ヤーウッド（Yarwood 2001）は、こうした言説と犯罪の地理がいかに関係しているかを示す必要性を強調することで、酒・飲酒・酩酊の地理を概念化する方法を提供している。すなわち、犯罪の地理のなかでこそ、古き良き生活を「攻撃している」ととらえられる文化的脅威が何なのかという観点から犯罪不安に根拠が与えられるのである。

シャックスミスほか（Shucksmith et al. 1997）は、そのような農村地域ではどのように子どもや若者がレッテルを貼られ、誤解され、そしてかれらのニーズが不可視化され／満たされないようになるか、そのあり方を強調する必要性を示唆している。たとえば、イーデンでの事例は、公共空間における若い人びとの「ビンジ・ドリンキング」への国民的な関心に従って、都市地域において繰り返しとられている戦略や政策が現在では田園に対しても移転されていることを示している。例として、町や村における監視カメラ（CCTV）の導入は、若い人びととの酔態行動が増加し、田園のパブのイメージにそぐわない商業施設の開店が農村生活を台無しにしていることへの直接的な反応とみることができる。実際、農村の代理人からサービス供給者までの主要なステークホルダーへのインタビュー調査が強調するように、若い人びとのビンジ・ドリンキング（そして特に若い女性の行動と安全）が地元の中心的な懸念事項となってきている（Leyshon 2006, Tucker and Matthews 2001, および本書第4章を参照）。しかしながら、ここで同時に明らかになったのは、監視カメラを導入するうえで、イーデンを取り巻く主要な問題への対応よりも、全国メディアによるビンジ・ドリンキング〔のイメージ〕の構築がもっとも重要な影響を及ぼしたことである。全国的な議論の文脈でのこの地元の対応は、ヤーウッド（Yarwood 2001）がもっともうまく説明している。彼は田園の再編成が人びとの不安のレベルを高め、それがしばしば犯罪への恐怖として表現され、「都市の問題」が農村の生活様式を浸食するものとして提示されていることを強調しているのである。

イーデンにおける禁酒組織の歴史的な強固さも、反若者／反アルコール言説の本質を理解するうえで重要である。産業化以前の農村社会では、「村に1軒のパブ」は農村の住民に開かれた数少ない社会空間のひとつであった。しかしながら、政治や経済の変化と並行したキリスト教の成長は、これらの店舗を男性の排他的領域へ確かに変えていった(Dean 2002)。イーデンには農業生活の伝統の一部として労働者階級の男性らによる大量飲酒の歴史が長らくあったが、この地域におけるメソジスト主義の影響力の強さが、19世紀の積極的な禁酒運動の発展を確かなものにした。ここでもっとも有名な集団のひとつはバンド・オブ・ホープ(Band of Hope)〔19世紀中期に発足したキリスト教系慈善事業団体〕である。第2次世界大戦後は影響力が減少したが、かれらは20世紀後半までこの地域で活動しており、多くの地元住民は禁酒団体によって組織された毎年の行進とスポーツ試合に関する物語を今も語り継いでいる。それゆえ、伝統的な労働者階級男性の農村飲酒文化の名残は、現代のイーデンの消費景観に影響を持ち続けている。近隣のもっとも大きな街であるペンリスでは、中流階級・女性・若い人びとを顧客層としたより多様な「洗練された」「都市的な」飲酒の場の増加がみられたが、イーデンでは伝統的な労働者階級男性のパブの優勢が今も続いている。他方で、ペンリスまで行くには相当距離があり交通手段も限られているにもかかわらず、ペンリスは若い飲酒者を惹き付ける場所となっている。

公共空間における若い人びとと飲酒に焦点を合わせた政策および大衆の懸念とは対照的に、調査回答者は法定年齢未満の飲酒に対する明らかな許容性を強調している。しかしながら、農村コミュニティにおける結束が強い社会関係は、若い人びとが過度に飲酒し反社会的に振る舞うことへの抑止になるとの指摘もある。実際、あらゆる年齢と社会集団の回答者たちは、大半の〔アルコール販売〕被許諾者や経営者らは自分たちが接客している法定年齢未満の客を幼少時から(かれらの家族も含めて)知っているだろうと示唆しており、商業施設やインフォーマルな公共の飲酒空間における社会的コントロールを確かなものとしている。このような文脈で、いくつかの農村の商業施設では社会的に承認された法定年齢未満の者に対するアルコール提供を行っている。

私たちが見つけた、飲酒して青少年用のディスコに入ろうとしていた者たちの大多数は女性でした。酒を与えていたのはその母や父たちだったのです。まだ若いスージーは外出前にランブルスコ（スパークリングの赤ワイン）の瓶を飲んでいて、サラの家ではサラの親がアルコポップスか何かの瓶を何本か与えていました。スージーとサラを補導して酒を没収し、親たちを呼び出すと、親たちは「外出する前に酒を飲んだことの何が問題なの？」と言うのです。（カンブリア警察署長）

このような若い人びとの飲酒に対する親たちの寛大な態度の描写は、農村生活の制約への反応ともいえるし、世代間関係の性質の変化の産物ともいえる（第6章参照）。田園では他の夜間経済《ナイトタイムエコノミー》活動に乏しいため、パブや自宅での飲酒は農村の大人の社会生活にとって重要な一部とみなされている。それを踏まえて、われわれの研究において大半の親たちは若い人びとの社会生活の機会が等しく制約されていることを認識している。それゆえ、農村生活での孤立を補うため、かれらはしばしば（時には気乗りしないまま）子どもの飲酒活動を支えている。

実際、10代後半の若者が行くようなエンターテインメントの場は農村においてきわめて限られていることが、農村地理学の文献では定説となっている（Matthews et al. 2000）。都市の若い人びとには映画館やボウリング場、深夜の買い物先など選択肢がある（ただし時には高額過ぎて買えなかったり過度に熱心な警備員に追い出されたりすることもある）のに対して、農村地域ではそのような機会がほとんど存在しない。それゆえ、田園で育った若い人びとは農村の数少ない公共交通サービスに行動が制限され、友人や親の運転で連れて行ってもらうことに依存することになる（David and Ridge 1997）。そのため、田園の若い人びとは都市の同世代者と異なり、商業施設や目につく公共空間でぶらぶらし、親のまなざしから離れて自己のアイデンティティを発展させる機会が少ないのである（Matthews et al. 2000）。

この結果、大半の若い人びとが家族を伴う文脈で初めての飲酒経験を語るのは、決して驚くことではない。このような状況において、若い人びとは自分たちの飲酒が家族によって支援されているとみなす。家族は若い人びとが自宅のような安全な空間（第3章参照）にいることを勧め、集団で商業施設へ出かける前に集まる安全な空間を提供する。他の研究では、農村コミュニティにおける法定年齢未満の飲酒への暗黙の許容を明らかにしている。たとえば、レイション（Leyshon 2005, 2008）は若い男性たちがしばしば法定年齢前に親（通常は父親）と共にパブへ行き、どのようにパブでの「立ち居振る舞い方を身につけ」、村の経歴に関する知識を用いて「地元の人びと」の御機嫌をとるか、あるいはどのようにパブで仕事を見つけるかを紹介している。回答者たちはさらに、若い人びとは都市よりも田園において自己管理を行い、匿名性が限定されていることは過度な反社会的行動を慎ませることにつながると論じている。なぜなら、酔って暴れる行為が友人や家族、将来の雇用主に目撃される可能性が高いことを、若い人びとは十二分に理解しているからである。

〔若い人びとにとって〕……なんというか、雇用主とか誰かに話してしまうことに比べれば、私の母を知っているからどうってわけでもないですけど……非難する目で見る人もいるし、自分も仕事の機会が必要なことがあるかもしれないから、こんな狭い場所であまり馬鹿げたことをしたくないんですよね。

（アン・モイルス、イーデン、35〜44歳、女性、NS-SEC 3〔付録3参照〕）

〔若者たちの飲酒実践に関する〕全国的な議論や地元の政策への反応、地元メディアによる大衆の懸念の描写などとは対照的に、調査回答者の多くが、若い人びとの飲酒実践ははっきり異なる特徴を持つ農村の文化的生活と明確に関連していることを認めていたのは明らかである。

レイション（Leyshon 2005; 2008）はさらに、特に仲間集団内で許容されると考えられている酔っぱらう度合いと行動タイプなど、農村地域におけるアルコールをめぐる複雑な社会的ルールについても考察している。われわれの事例の農村地域では、はっきりとした理由は異なるものの、男性も女性も仲間内で冷やかしの対象になることを避けるために、飲酒をコントロールする欲求（たとえばどの酒を飲むかの調整や飲むペースの配分など）を示している。女性は飲酒によって性的に乱れたようにみられることへの懸念を口にする一方で、若い男性は「酒に強く」いられないために軟弱で子どもっぽく見られることを気にしている。たとえば、リサ・ターナー（18〜25歳）は、気分が悪くなった時や「自分自身を得意そうに見せている」と感じた時に酒を飲むのをやめるが、彼女の男友達は同じように自らをコントロールする様子を表に出さないと説明する。

女の子たちが気分が悪いと認めるような時でも、かれら〔若い男性たち〕はずっと飲み続けるの、そうじゃない？　男の子たちは女の子たちよりもずっと飲み続けて、それが当たり前のようになるの……私の彼氏はたくさん飲むのが好きだった。飲みに行けば必ず気分が悪くなるのに、夜通し飲み続けているの。でもそれは私にはできなかったわ……。もし私がその段階まで来たら、帰ると思う。

（リサ・ターナー、イーデン、18〜25歳、女性、NS-SEC 2）

しかしながら、われわれの調査に参加した男性のなかには、男性の行動に関する彼女たちの評価を共有しない者もいた。たとえば、リース・ホルト（18〜25歳）は同居する家族の反応や帰宅手段に関する現実的な懸念から、パーティーでの飲酒をコントロールしようとした。

僕は一度も泥酔したことはないよ。結構酔っぱらったことはあるけど、そこまでひどくない。自分で止めます、そこまで飲みたくないから。まあ自分で間抜けな醜態をさらしたくないし、ドブに落ちて取り残されたりしたくないからね〔笑〕。もしそんなことをしたら、うちの親はおそらく僕をボコボコにすると思う。

（リース・ホルト、イーデン、18〜25歳、男性、NS-SEC 2）

実際、帰宅問題は若い人びとの飲酒の重要なコントロール機能となる。夜にバスや流しのタクシーが利用できる都市の若い人びとと異なり、農村の若い人びとを遠く離れた村へ運んでくれる唯一のタクシーは事前に予約しておかなくてはならない。

田園において若者が創出するインフォーマルな飲酒空間は、酒・飲酒・酩酊の地理に関して重要な洞察を提供する。たとえば外出する前に友人の家に集まって飲み始めるといったインフォーマルな空間の使用は都市でも見られる実践だが、農村においてインフォーマルな公共空間で飲酒することは、都市でのそれとは異なり、法定年齢未満の違法な飲酒者に限定されるものではなく、パブが閉店した後に行ける店舗がほとんどない小さな町や村における成年の若者たちにも見られる行為である。公園や景色の良い小屋《シェルター》、墓地は、法定年齢未満の飲酒者や18歳から25歳までの若者たちが集まって飲む場の典型例である。そのような場所は住宅地から離れており、夜間に犬の散歩をする人たちをのぞけば人目にもつきにくい。このような点でみると、少人数の若い人びとが公共空間で深夜のアルコール消費に関与することで、かれらの乱暴かつ無秩序な行動（都市の「ビンジ・ドリンキング」と関連づけられる行動）は多くの場合「隠された」ままとなる。この可視性の相対的な欠如こそが、なぜ農村住民のあいだでビンジ・ドリンキングへのモラル・パニックがあまりみられないかを説明するうえで役立っている。

このような実践は、多様な年齢層から成るインタビュー調査対象者の大半が、ビンジ・ドリンキングに由来する治安悪化は都市のものであり農村の現象ではないと回答したことを説明するのに有用である。イーデンにおいて増加する暴力的で手に負えない酔っぱらった若者を問題視したがっている地元の政策立案者たちとは異なり、大半の住民は新聞を通してこの問題を知りつつも、個人的に遭遇することになるものとは考えていなかった。しかしながら、かれらの考えは人びとが過度に飲んでいないというものでもなかった。実際、時には自らが暴力的で無秩序になったことを喜んで認めた者もいた。ただ、かれらは総じてアルコール関連の無秩序を騒乱として単純に恐れてはいなかったのである。

私はそれ［ビンジ・ドリンキング］は気にならないですね、だって私たちの住んでいるところでは害を及ぼすこともないですから［編集］。でも都市環境ではそれが結構危ないというのはわかる気がします。他の人たちが酔っぱらっているので、ちょっと歩いて行こうとすると、そんな人たちがたくさんいる時とか。もしパブにいて街中を歩きたくなる時間になったり、劇場のような場所に寄っていたりすると、酔っぱらいの存在が人びとを心配させるのもわかる気がします［編集］。はっきり言って、それは私が特段興奮することではないけど、それほど心配することでもないです。さっきも言ったように、何もない小さな村で過ごしていると、経験することもないですし。だから新聞で読んでいても、自分が経験することではないんです。

（オードリー・ベネット、イーデン、45〜54歳、女性、NS-SEC 1）

私はそれ［ビンジ・ドリンキング］は都市の問題だと思います。私たちが抱えている問題ではないですね。そりゃここでは反社会的な行動もあるし、大量に飲む人もいるのは知っているけど、でも［編集］そんなに問題もないと思います、だってここに人はそんなに集中していないですから……

（アン・モイルス、イーデン、35〜44歳、女性、NS-SEC 3）

それゆえ、大人たちは若者の飲酒について全く通常の過程であり、若者が経る段階のひとつだとみなしていた。

皆がするわけじゃないし、度を超える者も何人かはいるけど、それは他でもあることだし、実際に10代ならば何でもやり過ぎになりがちです。10代のかれらはちょっと愚かなカテゴリーなんですよ。

（コリン・ベリス、イーデン、65歳以上、男性、NS-SEC 3）

自分が飲みに行き出してから12年ぐらいたつけど、ずっと同じじゃないかなと思います。もしかしたら今はもっと激しいのかもしれないけど、自分が飲みに行き始めた頃もビンジ・ドリンキングしている人はいたし、だから［編集］かれらは突然目覚めてそれが問題かもしれないと気づいたんじゃないですかね。

（ヘレン・ウィナー、イーデン、25〜34歳、女性、NS-SEC 5）

今の人たちが昔よりもたくさん飲んでいるということはないと思います。ただメディアがそれを取り上げているだけだって思いますね。

（ジュリー・ドッド、イーデン、35〜44歳、女性、NS-SEC 6）

実際、中年の住民たちの大半は自分たちが若い頃に過度の飲酒をしたことがあり、飲酒量を管理するという点で今日の若い人びとは自分たちよりもずっと分別がある、とおおむね喜んで認めていた。

若い人びととのアルコール消費に対するこのような落ち着いた態度は啓発的だが、ここでの知見は農村地域におけるアルコール消費の正常性という文脈でとらえる必要がある。実際、子育てに関する研究は、世代間関係の本質が変化していることを示している。伝統的に、大人と子どものあいだの適切な行動に関する取り決めや日常の規範を通して、親は子どもたちに対して「当然の」権威を維持してきた（Jamieson and Toynbee 1989）。しかしながら、親たちが子どもたちとより緊密で階層的でない関係を求めた結果、今では親の「当然の」権威の一部が損なわれていったことが提示されている（Ambert 1994; Wyness 1997）。親たちは子どもたちに取り決めを押し付けるよりも、子どもたちを議論に招き入れながら関係を作り上げていこうとしている。また、親たちは子どもたちに従順な息子や娘である責任を持たせるよりも、義務は自分たちが負い、（主に物質的な意味で）のどかな幼少時代と自分たちの時代には拒絶された機会を提供することで、子どもたちの可能性を最大限まで広げようとしている。それゆえ、農村地域ではアルコールの全面的な回避よりも分別ある飲酒を奨励するのは親たちの責任となる。これは親たちによる「言うことを聞け、でも行動は真似るな」という階層的な関係を強く主張することへのためらいと、子どもたちが田園で育つことを楽しんでもらうことを確保する欲求の両方を反映している（第6章参照）。

おわりに

本章でわれわれはアルコール消費と階級、ジェンダー、年齢、近年の農村生活の再編成の関わりについて検討した研究を示してきた。農村におけるアルコール消費の研究は世界中の多様な場所から豊かで詳細な研究を提示してきたものの、個別の場と特定のトピックに焦点を合わせた事例研究アプローチに偏りがちであったといえる。これとは対照的なアプローチとして、しだいに重要だとの認識が高まってきた都市と農村の環境における人びと・情報・影響のフロー（Lash and Urry 1994）をわれわれの出発点ととらえることで、特定の都市を中心とした言説がどのようにカンブリア州のイーデンで展開したかを検討した。この分析では、政策的言説が都市から農村地域へ移転することを示した。立ち位置によって解釈は変わるが、この政策転換の結果は農村では手に負えなくなる前に問題の芽を摘む役を果たしたともいえるし、他方では軽微な問題行動に対して都市の人びとよりも強力な監視と管理の下に農村の若い人びとを晒したともいえる。それでもなお、農村の政策立案者たちによってビンジ・ドリンキングへの懸念が孤立したコミュニティにとってより適切なものへと変容させられたことは明確であり、それがもっとも顕著なのが法定年齢未満の飲酒への問題視である。

本章におけるわれわれの目的は、公共および政策の言説を通して「ビンジ・ドリンキング」を単に問題視することよりも、若い人びとのアルコール消費とそれに対する年配の住民の反応を、特定の時空間における社会文化的過程として探究することにあった。この戦略は農村コミュニティにおける若い人びとの飲酒の正常性、つまりそれを常識とする風潮を強調するうえで重要であった。限定的な夜間の騒乱を減らすために地元の政策的なイニシアチブが考案されてきたが、年配の住民のほとんどは「ビンジ・ドリンキング」を都市の問題ととらえており、メディア報道を通してその問題を認識していたものの、それらが自分たちの生活に直接的な影響を与えることはないと考えてきた。メディア全般における「ビンジ・ドリンキング」問題の構築を取り上げてみても、住民たちは「ビンジ・ドリンキング」を消費されるアルコール量の問題としてではなく、深夜の都市における酒で勢いづいた公共の無秩序に関わるものとして思い描いていたのであり、それは自分たちの地元まで重要性が及ぶような問題ではないと想像していた。対照的に、農村の若い人びとによる大量のアルコール消費は滅多に問題視されなかった。

若い人びとの行動が農村と都市の住民によってどのように理解されるかの差異は、他と異なる農村文化生活の特徴とともに、世代間関係の変容（第6章を参照）による産物でもある。農村生活に関していえば、アルコールは地域文化において重要な役割を果たしている。パブは伝統的に村落コミュニティの社会空間として重要な役割を果たし、それは特に男性にとって顕著である。農村コミュニティでは大きな社会‐経済的変貌があったものの、田園でエンターテインメントや余暇空間が欠けていることは、自宅でのアルコール消費の増加とともにパブが多くの大人の社会生活に目的を与えることを意味している。それゆえ、パブやインフォーマルな空間における若い人びとの飲酒はただ許容されるだけでなく、自分の子どもたちに（自分たちと同じように）他の社交的な機会が限定されていることを認識している大人にとって、多くの場合は通常の行動とみなされる（Matthews et al. 2000）。調査回答者たちはさらに、トラブルがほとんど発生しないことを確保するうえで、その農村コミュニティにおける結束の強い社会関係の性格を指摘していた。都市地域で見出されるよりも大きくインフォーマルな社会的監視の存在と、若い人びとが都市地域に比べて田園では匿名性が少ないことを認識してより強く自己管理を実施しているという事実は、農村的な飲酒実践の重要な特徴として強調された。さらに、親たちが若い人びとの管理者というよりも若さゆえの楽しみの世話役を担うようになるという変化（Jamieson and Toynbee 1989; Wyness 1977; Valentine 2004）に沿って、若い人びとがアルコールに接することの不可避性は、若い人びとを社会的に認められた分別のある飲酒実践へと導く役を作り上げる親たちのあいだで、リベラルな総意が支配するようになることを意味している。

若い人びとによる説明でもっとも印象的なのは、年長の住民たちの視点とかれらの視点の一致である。若い人びとの自分たちの生活スタイルの描き方は、若者文化を同じ地域に住む年長の住民たちと全く異なるものと表現するよりも、戦後世代の親たちのそれを写し出しており、かれらの視点は多様な年長の住民たちとしばしば合致している。それゆえ、年配世代のように、若い人びとはビンジ・ドリンキングをアルコール関連の反社会的行動のリスクを中心とした都市の問題として構築し、農村はこのような行動から無縁で安全だととらえている（同時に農村における若い人びとの飲酒景観を取り巻く複雑な社会関係を表現している）。グレンディニング（Glendinning 2003）が指摘したように、若い人びとは自ら農村の自宅を安全な場として表現し、同時にあまり安全でない場とみなしがちである都市と比較している。このような、若い人びとに独特の強い場所感覚を与える環境との同一化は、地域文化でのアルコールに関する理解と経験に大きな影響を与えている。実際、若い人びとおよび年長の住民の説明で一貫しているのは、農村の飲酒における安全の感覚である。低い犯罪率、薬物の少なさ（という見解）、公共空間で酔っぱらった人びとが多く集中しない傾向、夜に外出した際に他の地元の人びとを知っていることから生まれる安心感など、これらのすべては農村の飲酒に関して親たちと若い人びとが無頓着でいられることを意味する。

総じて、この研究から浮かび上がる実像は都市と農村地域のあいだの部分的な結びつきのひとつだが、両者の言説的な境界の維持でもある。政策立案者は都市を中心とした「ビンジ・ドリンキング」を農村地域においても検討課題として喜んで取り上げるだろうが、このようなモラル・パニックは年長者から若い人びとまで地域住民によって強く否定されている。若者文化に関するモラル・パニックや監視を伴う都市的な検討課題を農村コミュニティにも強制することを年長の住民らが拒絶するのは珍しい例かもしれない。しかしながら、この総意に付随する問題は、大量あるいは長期間の飲酒による健康上のリスクへの認識がさまざまな世代の地元住民の議論に一貫して欠如していることである。われわれがすでに指摘したように、飲酒がもたらす健康上の因果関係に理解がないことは、法定年齢未満の飲酒に関する地元の政策専門家の懸念課題であり、われわれの調査が明らかにしたように、この地域のあらゆる年齢に及ぶ相当数の人びとに影響を及ぼしている。結局のところ、都市の飲酒者が起こす騒動という文脈で「ビンジ・ドリンキング」を問題として構築する公共的・政策的議論の帰結は、酒で勢いづいた無秩序が、広範囲で多様な場所におけるアルコール消費と関連する他の —— ここでは健康上の —— 問題を覆い隠すことになるということである。本章の論証が指摘するのは、若者のアルコール乱用の問題を防ぎ対処する仕事は、都市の飲酒に対処するだけでなく、農村コミュニティにおけるアルコールの重要性を認識したうえで対応する方策をも見つける必要があるということである。特に、若い人びととの飲酒は親たちのアルコールに対する態度や利用、そして農村の世帯内やコミュニティ内の世代間関係の性格に関連させながら理解し対処する必要がある。同時にこの研究では、農村研究者が農村のライフスタイルの文脈で発展する特定の消費パターンにも注意を払う必要があることを強調している。

本章でわれわれは、都市・農村の地域間およびさまざまな空間内部における類似性・差異・関連性・流動性に着目することによって、農村のアルコール消費に着目した研究を進展させることを目指した。そうすることで、われわれは都市と農村の特殊なイデオロギー的な次元がどのようにアルコール消費と酩酊への態度の地理を支えているか検討してきた。次章では、ホームでのアルコール消費に目を向けてこの議論をさらに発展させる。

第3章　ホーム

本章は、一般に広く普及していながらあまり人の注意を引かない家庭内飲酒の性質について、議論の出発点とする。ここではまず、イギリスでもっとも普及している〔家庭《ホーム》という〕飲酒環境がなぜほとんど着目されてこなかったかを、学術研究や政策関連の文献を参照しつつ論じる。次に、アンケート調査と深層インタビューから得られた量的・質的データを活用し、研究の被験者による自宅《ホーム》での飲酒の性質と意味を探究する。これらを通して、公的および私的な飲酒環境がいかに表裏一体のものであるかを示すため、前章で提示した議論に立脚し、人びとが自宅に入ったり外出したりすることに対してアルコールがどのように作用するかを明らかにする。自宅に関するイデオロギーは家庭内の飲酒実践を支持するゆえ、われわれはこの観念が有害あるいは危険な水準での飲酒の危険性を覆い隠すこと（Holloway et al. 2008 を参照）を強調して本章を締めくくる。

ホームの欠如――イギリスにおける飲酒の地図を描く

アルコールと酩酊を取り巻く課題に取り組む人文地理学者による研究が増えるなか、われわれはアルコール研究におけるもっとも重要な成果を取り上げ、序章で指摘した問題点を避ける必要がある(Jayne et al. 2008aを参照)。重要なこととして、公共的・学術的な議論においてアルコールがどのように概念化されているかを考えねばならない。なぜなら、それが関連する問題を異なる方法で構成するからである。ニールとフレンチ(Kneale and French 2008)による、問題のある飲酒に対する理解の変容と関連づけた地理的想像世界の歴史的および現代的分析は、この問題に有用な視座を提供する。かれらはアルコールが社会問題化する過程を3つの時期区分から追っている。このうち、かれらが禁酒期(1950年代まで)と名づける第1段階では、アルコール依存症は個人の道徳心の欠如と生活環境(たとえば困窮した都市近郊)の両方またはいずれかによって生じた問題と理解され、誘惑物の除去/拒絶や貧困の軽減などの介入策が提案された。1950年代から1970年代までのあいだ、アルコール依存症は治療の対象となった。アルコール依存症は心の病でなく生物学的な病であり、それゆえ医学的治療が必要なものとみなされるようになった。しかしながら、このような医学モデルは1970年代以降新たな疫学研究によって反論されるようになった。ここでは飲酒をアルコール依存症患者たちだけでなく人口全体の問題ととらえ、1日および1週間当たりの飲酒量を推奨した安全な飲酒のガイドラインなどを含む公衆衛生政策につながった。

このように、問題対象としてとらえるアルコールの概念化の違いは、異なる政策介入にいたっただけでなく、問題のある飲酒の多様な地理的想像世界に根拠を与えた(Kneale and French 2008)。アルコールの提供や貧しい社会的条件を懸念するジョセフ・ラウントリー、アーサー・シャーウェル、チャールス・ブースなどの社会改良主義者にとって、パブの分布の地図化や問題のある飲酒が集中して発生する地区の把握は必須事項となった。対照的に、「疾病理論の空間的想像力は診断と治療の空間――特別病棟、医師の手術、自助団体など――への検討に偏りがち」（Kneale and French 2008, 15）で、社会および供給側の原因は軽視されてはいなかったものの、パブなどは人口全体に対してではなく個々の問題飲酒者にとって危険なものとみなされ、集団に関する議論はあまり重視されなくなった。しかしながら、疫学的および公衆衛生的アプローチにみられるアルコールの「社会的」観点への回帰により、アルコールの提供とその結果を地図化する欲求が高まり、集団へのアプローチが再び着目されることとなった。これにはさまざまなスケールの地図化を伴ったが、ニールとフレンチ（Kneale and French 2005, 15）が述べるように、「問題の主要な地理的表現は都市中心部への集中にあった」。

このように、ニールとフレンチ（Kneale and French 2008）の分析は、特定の「問題」飲酒の理解が現代における都市中心部への集中の強調に帰結することを示すうえで、非常に有用である。多くの地理的想像世界と同様、この視座は非常に部分的なものであり、何が排除され、そして何が包摂されるかを考えるうえでとても興味深い。特筆すべきは、実際、近年の政治およびメディアの関心は都市中心部での飲酒に注意が払われているが、自宅での飲酒は市場の相当部分を占めるにもかかわらず相対的に見過ごされているということである。イギリスでは飲酒する成人の46％は飲酒の大半を自宅《ホーム》で行う（それに対してドイツでは42％、フランスでは31％、スペインでは23％〈Mintel 2003〉）。表3・1は家飲みの人気を示している。これによれば、2004年にイギリスの成人の48％が少なくとも週に1回は自宅で飲酒したのに対し、少なくとも週に1回自宅外で飲酒した人は28％にすぎない（Mintel 2005）。この文脈でいえば、イギリスで小売店による販売はアルコール販売額全体の35％を占めている（単位当たりの

表3·1　イギリスの成人による自宅内と自宅外における飲酒の頻度：2004年（%）

	自宅外	自宅内
飲酒する人全体	67.5	75.4
毎　日	1.6	12.5
週2〜3回	11.8	22.3
週1回	14.5	13.2
月2〜3回	12.9	9.9
月1回	9.2	5.2
月1回未満	17.5	12.3
飲酒しない人	32.5	24.6

出典：Mintel（2005）の図1、ページ番号なし

利益は飲食店より小売店の方が低いため、この数値は控えめにみたものであり、スーパーマーケットでの割引率が大きくなったことでこの事実は近年増大している〈Mintel 2007a〉）。さらに、この市場は近年急激に成長している。2002年から2006年のあいだに小売店によるアルコールの販売は16％の成長を遂げた一方、飲食店のそれは1％の増加にすぎない（Mintel 2007a）。

家飲みは経済的にも重要であり、社会実践としても人気がある。それにもかかわらず、公的な議論の場で家飲みについて相対的に語られないことは学術界でも同じような状況であり、地理学や社会科学の先行研究でもそれについて書かれたものは比較的少ない。全英統計局（ONS）は自宅での飲酒のレベルに関して非常に有用な大規模調査結果を提供しており、そのなかには社会集団によるヴァリエイションも含まれる（Lader 2009）。しかしながら、このデータでは、家庭内の飲酒が増加するにいたった社会実践を探究することができない（そしてアルコール消費の調査では飲酒する場所を考慮に入れていないもの

もある〈Goddard 2008; Rickards et al. 2004〉。統計的な傾向よりも過程に重きを置いた国家の下位スケールでの研究は大きく分けて2つの形式があるが、そのいずれも価値あるものである。ひとつは飲酒に関連した問題について検討する研究であり、たとえばドメスティック・バイオレンス（DV）（Galvani 2006; Hutchinson 1999; Klostermann and Fals-Stewart 2006）や、自宅介護やケアホーム支援を受給する高齢者の飲酒（Herring and Thom 1997; Brennan and Greenbaum 2005）など、社会的に疎外された形式での飲酒の管理などが挙げられる。他方で、研究者たちは若者の飲酒実践を形作るうえでの親の影響や自宅環境の重要性を検討してきた（Komro et al. 2007; Lowe et al. 1993）。これらの研究に欠けている点として顕著なのは、自身が必ずしもアルコール問題を抱えていると認識していない者や、他者の飲酒問題が原因で不快な経験をしている者など、多様な社会集団による日常の自宅での飲酒実践を検討するための詳細な調査である。

　アルコール政策や研究にとって、今は刺激的な時である。しかしながら、近年のそれらの発展は、問題のある飲酒の地理的想像世界の変化の必要性へ注意を向けているようにみえる。政策的にみると、イギリス政府の関心は「ビンジ・ドリンキングする若者が集う通りを一掃する戦いから、居間のカーテンの裏に隠された飲酒文化への取り組みに移行」しているようである（Boseley 2007, 12; さらに BBC News 2007; HM Government 2007; Smith and Womack 2007 も参照）。学術的な視点から、ニールとフレンチ（Kneale and French 2008, 246）は研究対象を都市中心部の外へ広げるべきだと主張し、「もし問題設定の仕方を変更し、疾病モデルに関する持続的な訴えを検討するならば、他の行為者《アクター》や場所が可視化されるだろう」と論じている。ここでいう行為者《アクター》や場所とは、医療、自助活動（たとえばアルコホーリクス・

アノニマスなど)、医院や診療所、保険事務所、郊外住宅などを含んでいる。

かれらがいうように、1950年代から1970年代にかけてのアルコールに関する考え方で一般的だった疾病モデルを再考していけば、有益な研究の道が開けるかもしれない。しかしながら、自宅に関連していえば、われわれは、飲酒を機械的に病理学的な表現で概念化するアプローチを超えて、必ずしも問題行動としてではなく、むしろ広範囲な社会実践として飲酒をとらえた方が研究の方向性としてより有効であると考える。研究の枠組みとしてアルコールをどのようにとらえるのかの差異は大きな意味を持つ。なぜなら、疾病モデルの枠組みで問題飲酒者とレッテルを貼られた人びとの家ととらえるのか、より多様なホームのあり方としてとらえるのかの違いによっては、住まい自体がアルコール研究の可能性を開くからである。広範囲な文化における飲酒の重要性(Social Issues Research Centre〈SIRC〉1998も参照)の分析だけでなく、誰が問題飲酒者としてレッテルを貼られ/貼られず、貼る/貼らないのかという洞察を可能にするという点で、自宅《ホーム》の多様性は非常に重要である。そのため、多様な社会集団による日常の飲酒実践を探究する分析が本章の主要な課題である。以下でわれわれは、アンケート調査およびインタビュー調査のデータを用いて、イギリスにおけるホームでのアルコール消費の性質と意味を明らかにする。

家庭内の飲酒実践、社会的意味、社会的差異

飲酒を都市中心部における問題だとする現代の地理的想像世界は、われわれのアンケート調査結果

表3・2　過去12か月において定期的に利用した飲酒の場（%）

	全　体	イーデン	ストーク・オン・トレント
自　宅	72.9	72.5	73.3
友人や家族の家	63.4	63.8	63.0
パブやバー	59.6	55.2	64.4
レストラン	52.7	48.8	57.4
ホテル	28.2	26.2	30.4
クラブ	22.7	20.3	25.3
公的イベント	21.1	19.2	23.2

出典：アンケート調査
注：「定期的」という言葉は回答者らによって自己定義されたものである。

とは際立って対照的である。なぜなら、イーデンとストーク・オン・トレントを対象とした調査結果のクロス集計によれば、飲酒がもっとも多くなされる場所は自宅なのである。実際、表3・2が示すように、自宅に次いで頻度が高い飲酒の場は、友人や家族の家である。パブやバー、レストラン、ホテル、クラブや公的なイベントで定期的に飲酒すると回答した人はずっと少ない。ただし、パブやバーおよびレストランは農村のイーデンよりも都市のストーク・オン・トレントにおいて有意に頻度が高い。政府統計（Lader 2009）や小売店の顕著な増加を示す市場調査（Mintel 2007）と共鳴して、この結果は家庭内飲酒の地理を探究することが喫緊の課題であることを示している。

家飲みは自宅中心の社交活動にとって重要であり、自宅で夜を過ごす際に飲酒するだろうと答えた人は56%に上る。この実践が普及している状況は、夜に自宅で飲酒する可能性が高い人がさまざまな社会集団で見られるということを意味する。夜に家で飲酒することの人気はジェンダーで差がなかったが、年齢、社会階級、宗教に関してはヴァリエイションがみられた。このうち、年齢別にみると若者層の回答は二分化され、中年層は夜に自宅で飲酒する傾向が強く、65歳以上の人びとはそれを避ける傾向にある。また、社会階層でみると、専門・管理職に就く者で禁酒者は少なく、自営業者や雇用主は禁酒者が多い。さらに、宗教に関しては、信仰を持たない人は禁酒しない傾向にある（Lader 2009も参照）。

家飲みがあらゆる職業および社会的地位の人びとにとって非常に頻度の高い活動として表れたというこの全般的な図式にもかかわらず、われわれのサンプルでは無視できない数の人びとが自宅で飲酒していなかった。このような人びとは同一集団ではなく、かれらが自宅でアルコールを避ける理由は信仰する宗教、健康問題、加えて嗜好や飲酒の場の好みといった社会的要因が関係していた。たとえば、われわれが第4章および第5章で論じるバジッドは、彼の信仰のコミュニティにおいて飲酒が宗教的禁忌であったため、自宅での飲酒を避けていた。また、深刻な健康問題を抱えている者もいた。ジュリー（イーデン、35〜44歳、NS-SEC 6）はアルコール依存症患者で、過去3年間禁酒しており、自宅にはアルコールを置いていなかった。対照的に、ジェレミー・コリンズ（ストーク・オン・トレント、男性、59歳、NS-SEC 1）は重度の疾患を抱えており、彼の妻は自宅で飲酒できても、彼は健康上の理由から絶対禁酒していた。第3の集団はもっと単純で、リンダ（ストーク・オン・トレント、女性、45〜54歳、NS-SEC 1）のような人びとはアルコールの味そのものが好きではなく、彼女の人生にとってアルコールはほとんど意味をなさないものであった。最後に、もうひとつの集団として、主に男性だが、飲酒は好むがそれを社会活動とみなし、それゆえ次章のロブのように人付き合いのため自宅外でしか飲まない者もいた。

インタビュアー：では、お酒を飲んで一番良いことは何ですか？

サム：社交的な面が一番大きいと思います。だから私は自宅では飲まないし、1人で飲むこともありません。

（サム・ボイヤー、ストーク・オン・トレント、35〜44歳、男性、NS-SEC 3）

ノーマン：私は飲みまくるか全く飲まない《オール・オア・ナッシング》かのどちらかです。パブに行けばたくさん飲みますし、家にいれば全く飲みません。

（ノーマン・バス、ストーク・オン・トレント、35〜44歳、男性、NS-SEC 4）

家飲みする多数派にとって、アルコール消費はさまざまな形式を伴う。家飲みする人にとって一番多い自宅での飲酒機会はディナーパーティーであり、アンケート調査結果の36％がディナーパーティーで飲酒するだろうと回答している。人類学の研究が指摘するように、ほとんどの時代や文化において飲酒は社会的行為であり、その互酬性が社会的紐帯を確立し維持する役割を果たす（SIRC 1998; さらにBums et al. 2002; Putnam 2000も参照）。イギリスを中心とした家飲みの文脈では、ホームの地理に関する多様な先行研究（Tolia-Kelly 2004; Walsh 2006）も指摘するように、家族外の人びととアルコールや食事を共有することが意味するのは、ホームが単に家族構成員に限定した私的世界ではなく、むしろ広範囲なコミュニティのメンバーが引き寄せられる社交の場であり、それを通して家族外の親交関係が維持される。

しかしながら、このような実践はディナーパーティーという言葉が持つ紋切り型の中流階級の想像から思い起こされるような均質的なものではない（たとえばGraff 2007参照）。むしろ、われわれの調査で明らかになったのは、ディナーパーティーは階級や年齢によって有意にかつ直線的に異なり、特に若い世代および裕福な社会集団においてディナーパーティーの頻度は高かった。とは言っても、ディナーパーティーがこれらの集団だけによる実践であるというわけではなく、特にパーティーがフォーマルなイベントかインフォーマルなイベントかを考慮に入れることで、ある事実がより明確になる。

もしあなたがディナーパーティーにいて、そこへ食事に合うような良いワインのボトルを用意していたら、雰囲気が良くなりますね。

（マルコム・パターソン、ストーク・オン・トレント、55〜64歳、男性、NS-SEC 1）

先週土曜に我が家でディナーパーティーを行いましたが、［6人で］6本のワインが空きました。……［彼の話は続き］……ディナーパーティーを主催すると、それは単に飲むのではなく、人びとが楽しみたい場にもなります。もしそこでワインがなかったら、人びとをリラックスさせるものもないし、皆楽しめないと思います……

（テリー・クラーク、ストーク・オン・トレント、55〜64歳、男性、NS-SEC 1）

私は木曜に友人たちと回り持ちでパーティーをホストします。私は結構飲む方で、赤ワインのボトル1本を1人で空けますが、皆も気にしないし、私もそんなに酔っぱらいはしません。［彼女は後に続けて］私たちは女6人の友達で、毎週誰かの家でテイクアウトの料理を持ち寄って集まっています。

（ジェニー・ラッシュ、ストーク・オン・トレント、35～44歳、女性、NS-SEC 4）

これらの引用はアルコールが自宅で果たす複数の役割を示唆し始めている。マルコム・パターソンが言うように、こうした持ち寄り品が適切な形態で入手できることは、社交性、歓待、互酬性の複雑な体系の折衝において肝要である。これは適切な好みのアルコール飲料を訪問者へ提供する責務がホストによって認識されていることからも明らかである。われわれのインタビュー対象者の多くは自宅に自分が好むアルコールを保管しているだけでなく、訪問者に提供するために適切と思われるさまざまな種類の酒を用意していた。この件で階級差は大きな意味を持ち、低所得のインタビュー対象者は、普段は高くて手が出ないような酒をパーティーの際には購入することを強調していた。しかしながら、人びとにとってもてなしの義務感は非常に強く、非飲酒者も自宅にアルコールを保管していた。

マックス：何本か［の酒］はたいてい［家に］あります。他の人たちが飲むし、ディナーパーティーを開けば酒を持ってくる人もいます。人が来る時は私もワインを用意しますし、そういう意味で我が家は全く酒がない家ではないですね。

インタビュアー：飲みたい人たちのために、あなたが飲酒しなくても家にアルコールを用意していることに対して、お友達やご家族は驚きますか？

マックス：たぶん驚くよりも喜んでいると思います。かれらは私の家に来てその夜に禁酒するなんて考えませんから。

（マックス・スピア、ストーク・オン・トレント、25～34歳、男性、NS-SEC 5）

社会問題調査センター（SIRC 1998, 31）が論じるように、「すべての酒は象徴的な意味に満ちており、メッセージを伝える」。今回の件でいえば、訪問客のために適切な酒を用意しておくことはもてなしのメッセージを伝達する。それは訪問客を歓迎し、酒の選択肢を用意しているホストは思いやりがあり十分素養のある人物である（Pettigrew 2002）というメッセージを含む。

このような世帯外の人びとを含む社交的な家飲みは重要ではあるが、それは家庭内飲酒の一側面にすぎない。多くの人にとって1杯目の飲酒は脳の抑制と関連する機能を低下させ、饒舌さや自信を増し社会不安を減少させるが（Mental Health Foundation 2006）、前述のテリー・クラークがそれとなく言ったように、仕事の後にリラックスするために毎日飲む人にとって飲酒の身体効果は同じくらい重要である。われわれの調査では、自宅のディナーパーティーで飲酒すると回答した人が36％いた一方で、普段の食事とともに飲酒すると回答した人は32％おり、DVDやビデオを観ながら飲酒すると回答した人は26％いた。また、スポーツを観ながら飲酒する人は24％おり、他のテレビを観ながら飲酒する人は20％いた。たとえば、オードリー・ベネットは毎晩の食事の際にワインを飲むが、彼女とパートナーは共に長時間働き、自宅に帰っても仕事を終わらせなければならないことがしばしばあるという。これらの仕事を終えた時、彼女は自身の頭を休めるために料理や食事をしながらワインを飲むことを好む。

私は頻繁に異なるミーティングに出ているので、家に帰ってやらなければいけないことを整理したら、自分の頭を休ませたいんです。すべてが整理されると、実際に料理を始めながらリラックスできます。この時にワインが欲しくなり、〔私は〕料理をしながら飲んでいると幸せな気分になります。その時が本当にリラックスした自分になれるんです。

（オードリー・ベネット、イーデン、45～54歳、女性、NS-SEC 1）

オードリーにとって料理しながら飲酒することは重要な過程であるが、他のインタビュー対象者はテイクアウトの料理やテレビ鑑賞や単に休んでいる時にアルコールを共にすることで幸せになれた。

仕事でいろいろたいへんな1日があり、夜に何も予定がないと、私は適当に食べ物と酒を買って帰り、家でのんびり過ごします。

（アラン・カミンズ、ストーク・オン・トレント、25～34歳、男性、NS-SEC 5）

私は煙草で煙臭いところ〔パブ〕へ行くよりも、家でテレビを観ながらワインを飲みたいです。〔彼女は続けた〕私はそれで落ち着けるし、夫もそれが好きです。夫は結構ストレスの多い仕事をしているので、それがリラックスさせるんです。〔彼女はさらに続けた〕普段は今夜のように座って落ち着き、夫はギターを弾きます。彼は自分のギターを持っているのでギターを弾き、私はコロネーション・ストリート（Coronation Street）〔イギリスの連続ドラマ〕を観ているでしょう。夫はそういうのが嫌いなので、別の部屋に行きます。そして9時ぐらいになると一緒になってワインを開け、それを飲みながら2時間半ぐらい過ごし、そこで寝る時間になります。

（シャーロット・ヒートン、ストーク・オン・トレント、45〜54歳、女性、NS-SEC 2）

私は非常に体力を必要とする仕事をしているので、しょっちゅうへとへとになって帰り、帰ったら座ってまずジントニックを飲むんです。そうすると身体が楽になって、食事を作り、それを食べて夜を過ごした後に寝ます。寝酒で飲むのはウィスキーで、私の日常はこんな感じです。

（ドリス・ハンフリーズ、イーデン、55〜64歳、女性、NS-SEC 3）

このように、仕事の精神的（そして場合によっては身体的）なストレスを解消しリラックスするために毎日アルコールを使用するという過程は、公衆衛生研究者らの考えとは異なり（Patterson et al. 2005）、インタビュー対象者にとってはさして気にすることではない。ある人びとにとって飲酒は文字通り日課であるが、別の人びとにとって自宅でのアルコールの消費はたまにする行為である。

私たちは週に2〜3回は1杯のグラスワインを飲み、実際にボトルを空ける日もありますが、一方で全く飲まないまま1週間や2週間過ごすこともあります。

（マイク・カークランド、イーデン、45〜54歳、男性、NS-SEC 5）

アルコール消費と関連したこのような身体の感覚は、時には特別なご褒美や治療に使われることもある。マーガレット・セラーズのアルコールの消費にはこの両方の傾向が表われている。一方で、彼女はアルコールを自身への褒美とする高価なものとしてとらえている。

私がのんびりするうえでとても好きなのは、大きなグラスをベッドに持って行き、読書しながら過ごすことです。テレビで何も観たいものがない時、ワインを大きなグラスに注いでベッドに持って行き、読書します。それはとても素敵な時間で、くつろいだ気分になります。そこでリラックスできるのが、自分が好きなことです。私にとってちょっとした贅沢ですね。私は自分自身をいたわり、自分らしくいようとするんです。

（マーガレット・セラーズ、イーデン、45～54歳、女性、NS-SEC 4）

このようないたわりは、極度のストレスや憂鬱感を緩和するための治療としても使われる（Burns et al. 2002）。

私は良くないことがあった日は自分を慰めるために飲むし、火曜日に開いていないボトルがあると「まあ飲んじゃえ、そのためにあるんだから、1杯だけ飲もう」と思うんです。でも1本全部は飲みません。〔彼女は後に続けた〕……金曜日に本当にドッと疲れて帰り、うんざりしながらカヴァ〔発泡性白ワイン〕のボトルを開けて、オレンジジュースと一緒に1本全部飲んで、8時半に寝たんです。翌朝素晴らしい気分で目が覚めたので、まあ効き目があったんでしょうね。

（マーガレット・セラーズ、イーデン、45～54歳、女性、NS-SEC 4）

この過程はメンタルヘルス財団（Mental Health Foundation 2006）がいうところの自己治療であるが、われわれの研究結果は、広く世界で多くの人びとがなぜ飲酒するかを理解するうえで自己治療〔の概念〕は有効であり、また自己治療はメンタルヘルスの問題を抱えた人びとだけに限られたものではないというかれらの見解を支持している。

ここまでの過程で、われわれはホームが永続的に閉じられた場所ではなく開かれた空間であり（Massey 1995）、家族を超えた人びとの社交空間であると同時に、家庭内の飲酒を通して仕事によるストレスの侵入からの保護を必要とする場所でもあることを指摘してきた。夜遊びの一部としての家飲みは、他の時空間とのつながりと微妙に異なる構図があり、一部の人にとってそれは夜遊びの重要な部分でもある。夜に遊びに行く人たちの40％が出かける前に自宅で飲酒しており、23％が夜遊びから家に戻った後に飲酒している。

私はシードル（リンゴ酒）のボトルを買ってきて、それで十分酔っぱらうので、それを飲んで終わりです……〔彼は後に続けた〕……外出する前に酔っちゃうんです……シードルで自分が酔えるのを知っているので、自分はそれだけを飲み、それで終わりです……私たちはよく飲酒ゲームをするので、だいたい1時間半ほど過ごしてから出かけて、バーを何軒か回ります。でも、それほど数は多くありません。私はあまりバーで飲みません。

（ジャスティン・ドナルド、イーデン、18～24歳、男性、NS-SEC 1）

量的データが示すところによれば、夜遊びの前に自宅で飲酒するという傾向はジェンダーによって差がなかったものの、年齢や宗教、社会階級によって大きく異なっていた。もしかしたら驚くべきことではないかもしれないが、夜遊びの前に飲酒する者は若い世代が突出しており、夜遊びの前に飲酒しない者は55歳以上の世代が顕著であった。同様に、宗教的な人びとの47％が夜の外出前にほとんど飲まないのに対して、世俗的な人びとのそれが32％であったことも予想外ではない（Galen and Rogers 2004）。しかしながら、階級との関連は直感的に理解できるものとはいいがたい。一般的にいえば、より高位の社会階級の人びとは夜遊びの前に飲酒する割合がもっとも高くなっている（ただしすべての社会集団にある程度見られる）。それゆえ、質的データは、節約のため外出する前に酔っぱらうまで自宅で飲酒する高所得と低所得の若者に関する一時的な証拠を提供するものの、金銭上の制約（より広くいえば消費率を割り出すために示されてきたもの〈Rickards 2004; Mintel 2004〉）が低所得者によるこうした形態の家飲みへの参加を制限しているようにみえる。実際、ヒューズほか（Hughes et al. 2008）による最近の研究では、夜遊びの前に自宅で飲酒する人びとも飲酒しない人びとも外出時の飲酒量は同じぐらいであることを明らかにしており、つまるところ外出前に自宅で飲酒する人は単に飲み過ぎてしまうことを意味している。

こうした形態の家飲みは若者により人気があるがかれらだけに限定されるものではないので、これについて議論する際、われわれは美味しい食事とともにするワインなど家庭での消費を「その他」と排除しないよう慎重でありたい。くつろぐためのアルコールの使用を含め、これらの実践に類似性があるということが重要なのである。

アン：私たちは1時半か2時ぐらいに集まって、ワインを開けて、日々の話をしながらリラックスします。そして外出する準備をして、ウォッカを出します……時にはセクシーな気分になり、私たちはアルコポップスの小瓶を何本か飲み、……準備するために飲みます。そして人がうちに来てここで会い、皆でウォッカを飲んで、その後に外出し、帰ってきてからまた飲むんです。

インタビュアー：そうすると、今夜がどんなふうになるかとか、どこへ行くかとか、そういったことを話しているのですか？

アン：そうなんです、先週したことの話とかですね……リラックスしながら仕事の話もしますよ。仕事や職場で何があったかの話もします。ルーシーがストレスの多い仕事をしているので、お互いをいたわりながらストレス発散するんです。それでもって、私たちは出かけられます。

（アン・ピータース、ストーク・オン・トレント、25〜34歳、女性、NS-SEC 1）

家庭内の飲酒実践に関してもうひとつ共有される特徴は経済的な支払い能力の有無で、それは特に夜遊びの前の飲酒に関連して見られる。近年の家庭内飲酒の増加（Mintel 2007）は、アルコールがより手頃な価格で入手しやすくなったことで勢いづいたようである。たとえば、昔は今ほど自宅で飲酒をしなかったのは単にアルコールが買えなかったからだ、とマーリー・ミラーは説明する。

お金がなかったから、一番やっちゃいけなかったのはシェリーか何かのボトルを買ってしまうことだったわ。そんなことをすれば次の日の食事も買えなくなってしまう。だから、自宅用に酒を買うことだけはしなかった。

（マーリー・ミラー、イーデン、65歳以上、女性、NS-SEC 4）

実際、多くの中流階級の調査回答者は、自宅でワインを飲むことはかつて珍しい週1回の楽しみだったが、収入が増加したことによって今では負担なく日常に行えるようになったと説明した（そしてさらに重要なのは、ワインの価格が平均収入に比べて相対的に低下したことである〈Mintel 2005〉）。価格の懸念に加えて、購入するための特別な知識が必要なくなったため、ワインは社会的にも入手しやすくなったことを年長の回答者たちははっきり述べている。

私が若かった頃はスーパーマーケットなんてなかったし、ワインショップはあったけど全く行きたいと思わなかったよ。なんていうか、ワインショップは親しみやすい場所ではなかったんだよね。ワインのことを知らなかったら馬鹿にされに行くようなもんだ。ワインはテスコ（Tesco）（イギリスの代表的なスーパーマーケットチェーン）の棚に並んでいるような身近な酒じゃなかったんだ。

（アンソニー・オラム、65歳以上、男性、NS-SEC 1）

スーパーマーケットでより自由にアルコールを入手できる環境（Burnett 1999）は自宅での飲酒を促進し、飲酒景観を変貌させたという点で重要である。あるインタビュー対象者の言葉によれば、

セインズベリーズ（Sainsbury's）〔イギリスの大手スーパーマーケット〕が〔酒を買う〕私の行きつけ《マイ・ローカル》です。

（アラン・カミンズ、ストーク・オン・トレント、25～34歳、男性、NS-SEC 5）

自宅での飲酒に関してもうひとつ重要な影響を持つのは、個々人の人生の変化である。ライフコース、特に結婚やパートナーシップと子どもの誕生などは、人びとの飲酒実践を大きく変化させる。ライフサイクルにおける「家族」段階のもっとも顕著な影響は、新たなパートナーと出会う可能性を持つ重要で商業的な飲酒の場から家庭内の飲酒環境へ〔個々の飲酒空間が〕変化することである（詳細についてはValentine et al. 2007を参照）。結婚や同棲もしくは場合によっては育児により家庭内の飲酒へ変化することは、人びとのアルコール消費を制限する効果を持つ。レジナルドにとって、それは部分的に経済的な動機であった。

私たちは子どもがいた頃はあまり飲みませんでした。第1子が生まれると大きな変化があることに気づきます。〔彼は後に続けた〕子どもが生まれるとお金がなくなるし、以前は2人で仕事をしていたのが仕事をしているのは私だけになるし、なんか落ち着いちゃって、人生も退屈になるんです。

（レジナルド・ベスト、イーデン、55～64歳、男性、NS-SEC 1）

母親たちは、幼い子どもたちと合わせて早く起きる必要があり、何か問題があった時にきちんと対応できるような状態でいるため、若い頃に比べてアルコール消費を減少させることは母親たちの育児責任を意味すると明確に指摘した。たとえば、シングルマザーのヘレン・ウィナーは、日頃は娘の面倒を見て、必要がある場合に娘を病院（この農村地域からは結構な距離がある）まで運転して連れて行けるよう、飲酒する際はアルコール度の低いランブルスコやランブリニを飲むと説明する。

……私は家にいる時はあまり飲みません。何か起きたらどうしよう？と思うからです……私の家族は皆［相当距離のある場所の地名］に住んでいて、姉妹で運転できるのは私だけでした。でも、何かあった時に、……「困ったわ、ローレンが事故に遭ったから来て、私は飲んでいたの」なんて妹を呼び出すというわけにはいきません。

（ヘレン・ウィナー、イーデン、25～34歳、女性、NS-SEC 5）

しかしながら、子どもたちが幼い頃は家庭内でのアルコール消費が少ないというパターンは決して全員に共通しているわけではなく、子どもが大きくなるにつれて一般的でなくなる。たとえば、マークは育児責任に伴って彼の飲酒の場を自宅環境へ変化させたのに対し、アン・モイルスは飲酒の場が公共の場から私的な場に変化したことで、消費するアルコール量は減少するどころか増加するにいたった。

彼女に子どもがいたし、ベビーシッターを見つけられなかったから、私たちは外出できませんのでした。金曜の夜も外出しませんでした。〔スーパーマーケットへ〕立ち寄り、金曜の夜のためにビールを買い込んでいました。

（マーク・シンプソン、ストーク・オン・トレント、35～44歳、男性、NS-SEC 5）

私はもうナイトクラブに行かなくなって、今はずっと地元にいて、もっと家で飲むようになりました。私とスティーブンはほぼ毎晩ワインのボトルを空けています。私たちはそれほどパブに行かないけど、私がナイトクラブに行っていた時よりも多く飲んでいます［笑］……毎日飲んでいるから、たいていの週末に私は泥酔するけど、そんな感じで過ごすんです。ただそれをひっそりしている感じです。ナイトクラブへ出かけて酔っぱらったりはしない、そんな感じです。

（アン・モイルス、イーデン、35～44歳、女性、NS-SEC 3）

このような家庭内の飲酒実践は、健康に悪影響を及ぼすという理由により、2007年の夏と秋に一般および政策上の関心を集めるようになった(BBC News 2007; Boseley 2007; Smith and Womack 2007)。飲酒をめぐるこのような健康への懸念は、自宅でのアルコール消費を制限するうえで重要であるが、われわれのインタビュー対象者で該当する者はわずかであった。先に論じたように、このような人びとはそれぞれの人生において重大なことを抱えている。それはアルコール依存症や深刻な身体的健康問題などさまざまだが、それらはアルコールに関連する不安をある程度直接的に体現している。このような要因を持たない人にとって、健康や家庭内飲酒に関する大きな心配はほとんど見られずごくまれである。たとえば、マルコムはインタビューの前週にガイドラインで奨励されている以上の量を飲んでいたが、それをこう説明した。

私はなんというか、自分自身がときめくことで自分を害することはおそらくない、と常に考える立場なんです。（マルコム・パターソン、ストーク・オン・トレント、55～64歳、男性、NS-SEC 1）

飲酒による身体的影響への懸念の欠如は、在宅かつ家庭内の飲酒環境に関連してみられる。時によっては、このような懸念の欠如は推奨される飲酒レベルの無知を反映することもある。

どれぐらいが飲酒の適量なのか、すっかり忘れていましたよ。（ジェニー・ラッシュ、ストーク・オン・トレント、35～44歳、女性、NS-SEC 4）

しかしながら、インタビュー対象者においては、良識ある飲酒に関してある程度の知識（たとえ不完全であっても）を有していても（Lader 2009）、それを自分たちの社会的実践と結びつけられない人がずっと多かった。時に人びとはそれらを認識しつつも、自分たちの社会的実践とは関係ないと考えて、ガイドラインに従わない生き方を選んでいた。たとえば、ヴェリティ・ビーチは推奨量の上限が低過ぎて自分の生活スタイルに合わないと判断し、ガイドラインを守らないことを選んでいた。

私はあの上限は低過ぎると思う。それをずっと守らなきゃいけないってわけでもないでしょう? たとえば決められている単位量をためておいて一気にまとめて飲んじゃうとか、そういうのも推奨されてないわけだし。

（ヴェリティ・ビーチ、ストーク・オン・トレント、18〜24歳、女性、NS-SEC 3）

同じように、健康に危険な量を飲酒するアン・ピータースも、次のように説明する。

私は［健康に関する懸念は］ないですね。そのことに関する案内はどこでも見かけるし、アルコールがどんな薬物よりも危険だっていうから、本当は心配しなくちゃいけないのかもしれないけど、私はそうじゃないんです。

（アン・ピータース、ストーク・オン・トレント、25〜34歳、女性、NS-SEC 1）

広く公開されている飲酒ガイドラインと個々の実践のあいだに結びつきが欠如していることについてはさまざまな文脈から検証が必要だが、ここでわれわれが着目するのは自宅環境である。人びとは自宅の環境における推奨飲酒ガイドラインからの逸脱をどのように説明するのだろうか。戦略の1つは、変化する推奨アルコール摂取量よりも自分自身の身体が発するシグナルを頼りにする、ということである。ここで特に重要なのは、一度の飲酒機会が飲酒者に病気をもたらすわけではないため、飲酒者は本質的に不健康だとはいえない（そしてこの文脈で特筆すべきなのは、飲酒による身体への有害な帰結はそれが相当深刻になるまで症状的には明らかにならない〈HM Government 2007〉という見解である。たとえば、アマンダ・ピンダーは週のうち5日か6日は夕食時に夫とワインをボトルで1本か2本飲む。インタビューのなかで、彼女はそれが「多過ぎる」かもしれないという懸念を示したが、アルコール消費後も健康を害していないので自分たちは大丈夫だと自身で納得しようとしている。

飲むことについては心配もあるけど、私の飲む量は許容範囲内だと思います。飲んだあとに気分が悪くなることもないですし。［彼女は後に続けた］……歯を磨きなさいとか、何を食べなさいとか、どれだけ飲んでいいかとか、そういうゴールポストはしょっちゅう変わるし、確実なことはわからないけど、私が飲んでいる量に関してはそんなにひどくはないと思います。

（アマンダ・ピンダー、ストーク・オン・トレント、55～64歳、女性、NS-SEC 2）

2つ目の戦略は、自宅で食事とともに飲酒することは地中海地域の生活様式の健康の一部である、と主張することである。ある研究によると、適量のアルコール摂取（1日1～2単位）は40歳以上の男性および更年期以降の女性の健康に良い効果をもたらすとされ〈HM Government 2007〉、そのことがワインの飲酒を健康的な行為とみなす立場の一部として引き合いに出される。そのような意見を援用する人たちは、必ずしも大量に飲酒する人たちではない。

白ワインよりも赤ワイン。健康に良いって聞きますし。コレステロールを下げて血管を綺麗にしてくれるのはすばらしいですよね。だから私は白よりも赤が好きです。

（モーリス・ヘイジ、ストーク・オン・トレント、55～64歳、男性、NS-SEC 1）

しかしながら、有害あるいは危険な水準まで飲酒する他の調査対象者も、同様の議論を展開した。たとえばオードリー・ベネットは、地中海地域の食事はアルコール消費量が多いものの脂肪分の多い魚も含まれており、飽和脂肪酸含有量が高い食事よりも健康的だから、アルコールを幅広いライフスタイルの文脈で理解する必要があると説明する。それゆえ、以下のように語ることで、彼女は健康上の不安とみなしているものによってパニックにならないようにしている。

私は十分元気だし、健康的な食事もしているから、毎晩食事と一緒にワインを飲んでいるからって自分の身体をひどく悪くしていることはないと思います。

（オードリー・ベネット、イーデン、45～54歳、女性、NS-SEC 1）

このように、ある人口集団にとって少量のアルコール消費がもたらす限られた健康上の効用は、アルコール摂取量が政府ガイドラインを超過するような家庭内の飲酒実践を正当化するために利用されている。これらの戦略のまとまった結果としていえるのは、公共の場でのビンジ・ドリンキングと異なり、有害／危険な家庭内飲酒は健康上やその他の問題を引き起こすかもしれないにもかかわらず（HM Government 2007）、多くの人びとにとって通常で平凡な問題のない実践とみなされているということである。

おわりに

ニールとフレンチ（Kneale and French 2008）は、時代と共に形作られてきたアルコールに関するさまざまな懸念が問題飲酒に関する異なった地理的想像世界を支え、明瞭な政策介入を形成するという説得力のある議論を展開している。現代において、疫学的なモデルを通した問題飲酒の枠組みは、都市中心部に地理学的な焦点を合わせることで、量的には市場の43％を占める家庭内飲酒への注目をそらしてきた（Mintel 2003）。これらによる帰結は、イギリス文化における重要な一部分が今も学術的・政策的な視野から隠されたままである、ということである。多くの人びとにとってアルコールがより入手しやすく社会的にも許容されるようになったという文脈において、多様な人口集団による家庭内の実践を検討したこの研究は、家飲みそのものの人気の高まりを証明している。こうした家庭的背景での飲酒はさまざまな活動と結びついており、アルコールの身体への効果（もっとも顕著なのがリラクセーション）は1人、もしくは家族や友人と共に楽しまれている。しかしながら、家庭内でのアルコール消費のさまざまな形式において共通していたのは、多くの人びとが家飲みを日常生活の流れを円滑にさせる快楽的な活動ととらえていたことであった。

本章において、われわれは人びとが飲酒する自宅を閉じられた空間として構築することは避け、自宅でのアルコール消費への広範囲なつながりが持つ意味を描くことを目指した。アルコールの関与とともに形成され維持される家族外の社会的紐帯の有益な網目のつながりは、歓待と互酬の役割を果たす。それは賃金労働と関連したストレスによる潜在的なホームへの侵入（加えてホームを再び閉じたものとするためおよびストレスがホームへ侵入することを防ぐためのアルコール使用）、スーパーマーケットを通したアルコール販売からもっとも顕著に見られる商業景観の変化とのつながり、そして多くの人びとにとって自宅での飲酒が社会的にも経済的にも容易になったこと、などが挙げられる。本章を通してみてきたように、これらのつながりは異なる集団によって異なる形で機能する。そして、特に年齢や宗教、社会階級といった社会的差異が統計的な意味においてもっとも大きな意味を持つ。

われわれがこの研究でこのように幅広く多様な飲酒者へ着目するのは、アルコールを自動的に問題視することを拒否することに起因する。しかしながら、個々人やその周囲にとって家庭内の飲酒が全く問題ないものだと論じようとしているわけではない。明らかにそれは大きな問題である（HM Government 2007; Hutchinson 1999; Brennan and Greenbaum 2005）。むしろ幅広い人口に着目することで、われわれは多様な飲酒文化の理解を深め、その過程で問題飲酒の理解を深めることができると主張したい。あるレベルにおいて、幅広い人口に着目することで、問題のある飲酒が都心部で行われるという支配的な地理的想像世界から離れ、２０００年代にはホームがより可視的な存在となる。イギリス政府が近年採用している問題を中心とした言説（Boseley 2007）とは関係なく、われわれはホームに再び着目することで、ガイドラインの範囲内で飲酒する人びとと有害／危険な飲酒者とを明瞭に区分する飲酒の言説と実践における類似性を強調することが可能になる。多くの意味で、有害／危険な飲酒とは一般に許容された社会的実践が過度になった形式であり、広域の社会と区別された危険な行為とはいえない。したがって、われわれの研究において〔調査対象となった〕あまり酒の飲めない人たちや有害／危険な飲酒者たちは、家族外の社交の際やリラックスする際に用いられるアルコールの重要性を語り、地中海地域での生活様式の言説を用いて自分たちの飲酒習慣を正当化した。集団間の違いは消費する量において明白だったものの、かれらによるアルコールの使用と消費への説明は驚くほど類似しており、有害／危険な飲酒はイギリス社会において広く社会的に制裁される行動形式として組み込まれていることを強調しているといえよう。

自宅《ホーム》のイデオロギー的な重要性（Blunt and Dowling 2006）は、有害／危険な家庭内飲酒を覆い隠すうえで大きな役割を果たしている。消費されるアルコールに関していえば時折大量《ビンジ》になるが、有害／危険な家庭内飲酒者たちは、公共空間で騒がしくしたり悪事を働いたり乱暴になったりして社会的および法的規範を破るわけではない。むしろ、かれらの行動はホームの社会的理解と全く合致したものである。かれらはホームを自らがくつろぐ空間と位置づけ、どのようにそこを使うかに関して自主性を発揮し、他者を自分たちのホームに温かく迎えるため良きホストを演じる（第2章参照）。都市中心部でのビンジ・ドリンキングは路上で守るべき礼節に対抗するものだが、家庭内の飲酒はそれが自宅での文化的な生活様式だと特徴づけられた時、個人の文化資本として成立する。そのため、ビンジ・ドリンキングを都市中心部の問題とする現代の地理的想像世界（Kneale and French 2008）は、ホームの意味を取り巻く肯定的な空間言説（Blunt and Dowling 2006; Laurie et al. 1999）と対立させた時に、有害／危険な家庭内飲酒と関連した健康問題を覆い隠す機能を果たす。ビンジ・ドリンキングは、専門用語としては一度に大量のアルコールを摂取することを指すものの、実際には、イギリス都市の路上における粗野な若者の危険な飲酒を意味する文化用語となっていった。その結果、さまざまな家庭環境で大量のアルコールを消費する人びとの多くは、自分たちの実践を特筆することのない活動で〔身体や健康上の〕懸念からは無縁なものだととらえ続けるのである。

第4章　ジェンダー

この章では飲酒習慣のジェンダー化された性質に着目する。飲酒習慣が男性と女性で違った仕方で現れること、また人びとの飲酒への対応が、ふさわしい男性性《マスキュリニティ》や女性性《フェミニニティ》に関するジェンダー化されたレンズを通して形作られていることを指摘するだけでは、ほとんどわかりきったことにとどまってしまう。この章におけるわれわれの目的は、この非常によく受容された事実を検討し、イギリスで人びとがとっているこれらの習慣がどのように現れ、どのように形作られているかを明らかにすることである。この検討課題を追究するために、われわれは質問票による調査から統計的な情報を、深層インタビューから知見をたぐり寄せる。統計データは、そのジェンダー化された性質を強調することで、現代の飲酒習慣のスナップショットを見せてくれるが、重要なのはさまざまな男性グループ、そしてさまざまな女性グループのジェンダー内差異も浮き彫りにしてくれることだ。われわれは、ストーク・オン・トレントとイーデンにおけるインタビュー対象者から得られた性質の素描を通じて、ジェンダー化されたパターンとともにジェンダー内のヴァリエイションを追究する。これにより、公共の場と私的な場における飲酒習慣の形成においてジェンダー化された道徳性が重要な役割を果たしていることを探究すると同時に、これらの多様な飲酒文化における別の社会的差異の形式も重要であることを明らかにしうるだろう。

男性性《マスキュリニティ》、女性性《フェミニニティ》とアルコール消費

政府の統計は、イギリスにおける飲酒がジェンダー化された活動であることを示している（Lader and Goddard 2006, Goddard 2008）。たとえば、最近のオムニバス調査では、男性は1週間に平均16単位飲み、内訳は66％がビール・ラガー・シードル類、18％がワイン、13％がスピリッツ、2％がアルコポップス、1％が酒精強化ワイン〔シェリー、ポルトなど〕であった。対照的に女性は1週間に平均7単位飲み、内訳は43％がワイン、25％がスピリッツ、23％がビール・ラガー・シードル類、6％がアルコポップス、3％が酒精強化ワインであった。男性と女性の購入パターンもまた、飲食店においても違いがみられ、また小売店においてもそれと興味深い類似性を持っている。特に、男性は女性より飲食店でアルコールを購入する傾向がある。男性の58％が少なくとも月に1度、酒販許可を受けたバーでアルコールを買うのに対し、女性は31％である。そして33％の男性が少なくとも月に一度レストランでアルコールを買うのに対し、女性は23％である。このジェンダー化されたパターンは酒類販売店においても通底しており、男性の17％、女性の9％が月に1度利用している。しかし、スーパーマーケットでアルコールを買うという型については、43％の男性が毎月行うのに対し、女性は40％である。実際、スーパーマーケットは女性がアルコールを買うのにもっともよく利用する場所であり、1年を通じてみれば70％の女性が買っている（Lader and Goddard 2006）。

グローバル・ノースにおけるアルコール消費のこのようなジェンダー化されたパターンと実践は、飲酒に関する地理学的な文献における新しい研究領域であり、アルコール・スタディーズのより広い分野で関心を惹いている。パブのような公共の飲酒空間は、この分野で中心的に扱われてきた。ニュージーランド農村のパブにおける地元の労働者男性の飲酒に関するキャンベルの人類学的な研究（Campbell 2000）は、パブの競争的な社交性を解きほぐしている。彼はパブがヘゲモニー的な男性性《マスキュリニティ》の再生産のために重要な場であるとみている。農村のパブにおける男性性《マスキュリニティ》のこうしたパフォーマンスは、「飲酒の規律」を習得することを男性に要求している。たくさんビールを飲んだ後でも素面である印象（たとえばきびきびした会話、しっかりした動き、あまりトイレに行かない）を維持し、今昔の地元の出来事について蓄積された知識を披露する能力などである。これらの規律は、地元の出来事についての夜ごとの会話（第2章参照）において、男たちがお互いにやっつけたり出し抜いたりするような、キャンベルが「会話の闘鶏」と呼ぶ支配的な相互行為の様式において成功するために決定的なのである。生産される男性性《マスキュリニティ》は、ヘゲモニー的ではあるが明示的ではない。それは「ある種の男性性《マスキュリニティ》の理想に向かった奮闘というほどではない、女っぽいと指摘されることやそのように見えることを回避し否定するための死に物狂いの戦いとして定義されるようなパブの（パブリックな）男性性《マスキュリニティ》」のようなものである（Campbell 2000, 576）。結果として、まずは女性、またこの型に合わない男性といった「他者」が、パブの環境から排除されたり、自ら避けたりすることになる。

さまざまな男性グループに対する意味を探究しつつ、公共の場での飲酒を通じた男性性《マスキュリニティ》の構築されたパフォーマンスを議論することは、地理学的な研究ではほとんど進められていない。たとえばレイション（Leyshon 2005）は、キャンベルの議論を踏まえて、農村のパブの奥の部屋を占拠している若い男性がヘゲモニー的な男性性《マスキュリニティ》を構築し、また披露する仕方をたどっている。この若い男性たちのパフォーマンスにおいて中心的なのは、たとえばかれらが飲みながら会話と膀胱を抑制し、パブ・スポーツ〔ダーツやビリヤードなど〕をうまく行うことで飲酒を支配することができると示すような、身体的な管理であった。この身体的なパフォーマンスは、男根中心的な言葉と性差別主義的で同性愛嫌悪の言動を伴って、かれらをその若い男性たちの「仲間」であると示し、他の若い男性や女性をパブの周縁的な場所に帰属させ、あるいは完全にそこから追い払う。レイション（Leyshon 2005）自身、「その儀礼は興味深いことに反抗されることはない」と述べている。クラークとケンウェイ（Kraack and Kenway 2002）の研究に登場する、ほかに行くところがないために外で徒党を組み、年配の居住者たちに腹を立てている若い人びとと異なり、これらの若い男性たちは、店主の了承と入り口付近のバーカウンターを占拠している年配の男性たちの策略的な承認をもって、ヘゲモニー的な男性性《マスキュリニティ》を再生産している。

同様の流れにおいて、ヘレイ（Heley 2008）とネイヤク（Nayak 2003）は中年あるいは若い男性の飲酒景観が階級やエスニシティによってどのように変化するかを示している。ヘレイの研究（Heley 2008）は、農村地域に入った中流階級の男性移入者が、部分的には村の「古い大地主」とみなされる農民の飲酒習慣のまねをすることを通じて地元の階級構造に自分の場所を見出そうとするような、新しい「地主支配政治」が出現する様子をたどり始めている。これは新参者の階級構造の解釈が常に地元民と共有されているというわけではなく、また飲料産業の経済学が農村の飲酒景観を変化させているために、円滑なプロセスにはならない。階級システムの他の極において、ネイヤク（Nayak 2003）はイングランド北東部出身の労働者階級の白人男性が、脱工業化の文脈において北イングランド・アイデンティティを維持する仕方をたどっている。この中心になるのは快楽主義的な回し飲み（circuit drinking）〔順番に杯を空けていく飲み方〕を見せることであり、ネイヤクはそれを、地元のサッカーチームの応援と同じように、現代的な誇示の一形態として解釈している。前の世代の男性たちが工場での仕事を通じて得たアイデンティティが、消費の領域における「白人の工場労働者的な男性性《マスキュリニティ》の大げさな顕示を通じた再現」に取って替わられたためだというのである（Nayak, 2003, 22. アルコールとサッカーの応援と社会関係資本についてのパルマーとトンプソンの論文〈Palmer and Thompson 2007〉も参照）。

　現代の都市経験における消費の重要性は、レイサム（Latham 2003）のオークランド（ニュージーランド）のポンソンビーにおける研究でも明らかに強調されている。しかしこのジェントリフィケーションの途上にある地区においては、既存の男性向きのたまり場で飲むという、白人の工場労働者的な男性性《マスキュリニティ》を強めることよりむしろ、既存の規範に対抗して女性やより多様な男性たちにも開いていくこうとオーナーたちが意図的にデザインした、多様なもてなしのための施設（酒類販売許可を受けたカフェや、バーとレストランのハイブリッド型店舗など）における消費によって補完されているのである。現れ出てくるのは多形のパブリック・カルチャーであり、ジェンダーやエスニシティ、性的指向、そしてより少ないが階級という観点から見たかなりの多様性を適応させている。それは「差異のこれ見よがしの賞賛」を通じてではなく、むしろ「良性の寛容という一般化された倫理、他者の多様性についての最低限で通常は気持ちの良い受容と時折の関心」（Latham 2003, 1718）を通じて実現されるのである。

このような、既存のジェンダー規範に男性も女性も対抗でき、その外側に代替的なアイデンティティを形成できるような革新的な実例があるにもかかわらず、ジェンダーの規範は問題であり続けており、女性のアルコール消費には男性のそれとは逆のダブル・スタンダードがある。女性は男性ほど飲まない傾向があり、加えて有害で危険なレベルまで飲む人が男性より少ないという事実（Goddard 2008）、また飲酒運転やアルコールに関連した暴力に関わらない傾向があるという事実にもかかわらず、それでも女性たちは飲酒するときに非難にさらされることが男性より多く（Plant 1997）、アルコール依存になる少数派の女性は「女性と見られず」（Ettorre 1997, 2）、「女性として本質的に欠陥がある」（Waterson 1996, 173）ものと見られる。この不名誉は、興味深いことに、どの時代にも同じように感じられるわけではない。ウォーターソン（Waterson 1996）は、女性の飲酒についての社会の不安は、特に第1波・第2波フェミニズムの時期に顕著であったように、女性の役割が急速に変化しようとしているときにピークとなることを示している。デイほか（Day et al. 2004）による21世紀への転換期の印刷メディアの分析は、女性の変わりゆく飲酒パターンについての通俗的な理解が女性性《フェミニニティ》についての「伝統的な」考え方と緊密につながったままであることを示している。特に、彼女の分析は「ラデット」・カルチャー（'ladette' culture）のメディア報道――そこでは女性は外出し、楽しい時間を過ごし、酔って口達者になることで男性の振る舞いを猿真似しているものとして示される――が、アルコールによる女性の健康（外見や生殖能力、そしてお腹のなかの子どもの健康）への脅威を強調し、またアルコールが女性を男性の暴力の被害者にしやすくするとする記事とセットで示され、そこでは男性は伝統的に男性のものであった領域を女性に侵犯されている被害者として表れている。

　このダブル・スタンダードは、グローバル・ノースにおける学術研究に興味深いインパクトを与えてきた。女性の飲酒が重要な社会問題と考えられていなかった時代（たとえば1930年代はじめから1960年代終わりまで）には、絶対数でも男性について書かれたものとの比較でも、女性の飲酒についてほとんど書かれていなかった。女性の飲酒について社会的な関心があるときには、妊娠中の女性の飲酒についての生医学的な関心が研究の他のすべての点に影響し、「女性が子どもの製造者で保護者であるという考えへの一般的な執着」（Waterson, 2007, 7）を示しながら、「ゆりかごを動かす手は不安定ではいけない」（Plant and Plant 2006, 30）という意識を広範に普及させた。20世紀の終わりの数十年間に女性の飲酒が増えたことを理解しようとする他の研究は、女性のアルコールへの接近が増えたことを社会変化と結びつけて議論するか、女性の役割を果たすうえでの困難、たとえば母親になるという経験において満足が得られないことといった文脈で飲酒を問題として位置づける傾向がある（Waterson 1996）。この図式に欠けているのは、女性がアルコールから得られるあらゆる意味での喜びであり（Ettorre 1997）、女性が日常生活の一部としてどのようにアルコールを用いているのかをより広く理解することである（Waterson 2000）。こうして、男性と女性の飲酒に対する社会の反応にあるダブル・スタンダードは、アルコール・スタディーズにおけるフェミニズム研究で批判されているにもかかわらず、女性とアルコールについてなされてきたアカデミックな仕事の型に影響を与え続けている（Waterson 2000）。グローバル・ノースにおいて女性と飲酒への視野の狭さに挑戦する動きはいまだアルコール・スタディーズにおいて進行中の研究であり（グローバル・サウスに新しい視野を求めて着目した研究については Eber 2000 を参照）、地理学においてはようやく始まったところである。たとえばエルドリッジとロバーツ（Eldridge and Roberts 2008b）はヘン・パーティー〔女性たちがまもなく結婚する女性を囲んで羽目を外すパーティー〕についてもっと研究が必要だと呼びかけており、レイション（Leyshon 2008）は農村の若い女性にとって地元のパブが排除の場所であることを論じている。

このようにアルコールについての萌芽的な地理学的研究、またより広いアカデミックな文脈の研究を概観すると、ジェンダーがアルコール消費の地理における社会的な差異の重要な形態であることが見えてくる。公共の場で飲酒することは、男性性《マスキュリニティ》のヘゲモニー的な型が再生産され再発動する鍵となる方法であり続けており（Heley 2008, Leyshon 2005）、また変化しつつあるグローバル‐ローカルな状況に対する下位文化の反応という意味でも重要でありうる（Kraack and Kenway 2002, Latham 2003, Nayak 2003）。女性によるアルコールの利用についての地理学的な研究は今のところかなり少ないとはいえ、女性が公共の飲酒環境を利用する際の継続性と変化の双方を指摘する研究がぽつぽつと出てきている（Leyshon 2008, Latham 2003）。

この点において、地理学的な研究はアルコール消費のジェンダー化について魅力的な洞察を提供し始めている。しかしながらこの章では、われわれはこの分野の現在の2つの欠陥について述べたい。それは、（男性と対置される）女性とジェンダーについての研究の相対的な乏しさと、飲酒の私的な環境についても公的環境と同程度に考える研究の不足である（Holloway 2008, Kneale and French 2008）。われわれは統計データを使い、さまざまな環境において男性と女性のジェンダー化された飲酒パターンを見つけ出し、その後、個別の男性と女性へ着目することを通じて、公的・私的それぞれで想定される環境のあいだで動くかれらの飲酒様式を探究する。

ジェンダー化された飲酒パターン、場所、目的

われわれの調査結果は、男性と女性の飲酒習慣における広範囲のヴァリエイションを示している（詳細についてはHolloway et al. 2009）。男性は、他の文献でもそのように思わせるものがあったが（Goddard 2008, Lader and Goddard 2006）、女性よりも多く飲んでいる（表4・1参照）。男性はまた女性よりもかなりパブで飲む傾向があり、これはパブについての研究において強調されていたように、パブが男性性《マスキュリニティ》の再生産の場として重要であることを示す事実である（Campbell 2000, Nayak 2003, Leyshon 2005）。しかし、たとえ男性の方がより多くパブを利用することが統計によって確認されたにせよ、それはまた公共の場での飲酒とあまり「たちの良くない（less ‘respectable’）」女性とのあいだに長らく想像されてきた結びつき（Plant 1997, Day et al. 2004, Plant and Plant 2006）に潜在的な断絶があることも示している。女性の大多数についても、パブでの飲酒を報告しているからである。かなりの数の女性が男性よりもレストランや友人／家族の家で飲んでいるという事実は、われわれがきちんとアルコール消費のジェンダー化された地理を探究しようとするなら、より多様な公共および半公共／私的な飲酒環境における飲酒を検討する必要があることを示している。しかしおそらく、表4・1でもっとも衝撃的で、21世紀初頭において飲酒についての大衆的で政策的な議論においてほとんど検討されていない統計的事実（Plant and Plant 2006）は、男性と女性双方においてもっとも酒が飲まれている場が自分たちの家だということである（Holloway et al. 2008）。

人びとが飲酒する理由を見るなら、ある程度重要なジェンダー差があるが、ジェンダー集団間での共

表４・１　ジェンダーと飲酒レベル・飲酒の場・飲酒の動機（％）

前の週に飲んだ量

	なし	ガイドライン以内	注意すべき量	危険な（有害な）量
男性	**33.5**	**43.2**	**16.8**	**6.5**
女性	**46.9**	**37.7**	**11.8**	**3.6**

いつも飲む場所

	パブ	クラブ	レストラン	友人や家族の家	自分の家
男性	**66.8**	23.9	**49.5**	**60.3**	74.0
女性	**51.9**	21.4	**56.0**	**66.7**	71.8

酒を飲む理由

	味が好き	社交	リラックス	酔っぱらう	羽目を外す	ご褒美	同僚や家族の圧力
男性	86.0	86.7	**80.1**	**23.8**	25.4	23.9	7.0
女性	86.2	85.0	**73.4**	**16.9**	21.3	22.7	7.7

出典：著者による質問調査票

注：**太字**＝５％レベルで有意、通常の文字＝５％レベルで有意でない

通性も見逃せない。表４・１が示している通り、確かに男性は女性よりもかなり多くリラックスするために、また酔っぱらうために飲むことを報告している（全国のデータと同様のパターンである——Lader and Goddard 2006）。しかし、これらの差異と同様にジェンダー間の類似性も重要である。70％以上の男性と女性が飲酒の理由に味、社交、リラックスを挙げているのに対し、酔っぱらう、羽目を外す、家族や同僚の圧力を飲酒の理由に挙げているのはどちらのジェンダーとも25％未満〔ママ〕である。

この図式の相対的な単純さ——男性が女性より飲酒量が多く、好みの飲酒の場も異なるが、大きくは似たような目的で飲んでいること——は、ジェンダー内のヴァリエイションを見るときにいくら

か変わってくる。年齢はどちらのジェンダーにおいても決定的な要素である。男性も女性も若者は年長の人びとより多く飲む傾向がかなりみられ、より頻繁にパブやクラブに行っている。しかし、若い女性の飲酒が過去10年のあいだに受けてきた、メディアによるネガティヴな関心の大きさを考えると（Day et al. 2004）、若い男性は若い女性以上に「危険な（有害な）レベル」を超えて飲んでいると指摘することは有効である。にもかかわらず、若い男性も若い女性も非常に似通った飲酒への動機を持っており、ここまでに議論してきた飲酒の最後の3つの理由――酔っぱらうこと、羽目を外すこと、家族や同僚の圧力――は、年長の人びとに比べて、若い人びとのあいだで顕著に率が高い。たとえば、18～24歳では男性の74％と女性の54％が酔っぱらうことを飲酒の理由に挙げているのに対して、55～64歳のグループでは、〔それぞれ〕11％と2％にすぎない。

年齢はジェンダー・カテゴリーにおいてさまざまな飲酒への態度と実践を形成する唯一の要素というわけではない。宗教への帰属は、男性と女性の双方の飲酒において抑制的／防護的要素として表れている。宗教を持たない男性と女性は宗教的な男性と女性よりも有意に高いレベルで飲酒をしている。この飲酒レベルの違いは、飲酒の動機の違いを反映している。信仰は男性と女性の双方を快楽主義から遠ざける／防護する傾向がある。非宗教的な男性は宗教的な男性と比べて有意に多くリラックスし酔っぱらうために飲酒をすると言ったのに対し、非宗教的な女性は宗教的な女性よりも多く酔っぱらったり羽目を外したりするために飲むと話した。あまり研究されてこなかったレストランという公共の飲酒環境、あるいは家という私的な場に焦点を合わせると、階級に基づいた因習もまた私たちの飲酒景観を形作っていることに気づかされる（Lader and Goddard 2006）。社会経済階級の高さは、男性でも女性でもレストランにおいて飲酒をする傾向の強さと相関している。さらに、地域文化が飲酒の動機を形作る要因であること（飲酒パターンにおける地域的なヴァリエイションを説明するように導いている――Lader and Goddard 2006）が、統計的データのなかに兆候として見られる。たとえば、より多くの女性がパブやレストランという公共の飲酒環境にいるのがみられるストーク・オン・トレントのような都市的な環境の女性は、農村のイーデンの女性たちよりも飲酒の理由として家族や同僚による圧力を訴える傾向が有意に強い。

ジェンダー化された飲酒をめぐるさまざまな場面

本節では、議論の骨格に少し肉づけして、ジェンダー差が男性と女性の飲酒パターン・場所・目的において問題になり続けている一方で、これらのジェンダー化された実践が別の社会的差異の分断線に関わることについて論じたい。ここでのわれわれのアプローチは特徴的な場面を数多く提示することであり、そこからこれらの個人の飲酒実践がいかにジェンダー化された飲酒道徳によって形作られているのかを示すことである。またこの飲酒道徳には、かれらの他の社会的な立場が微妙に、あるいはあからさまに反映されている。ここで提供する場面の広がりは網羅的というには程遠い（別の例についてHolloway et al. 2009を参照）が、それぞれがわれわれの研究において有効に思える過程からさまざまな要素を示すために選ばれたものである。

メリッサ：若い女性の楽しみと異性愛的な制御

まずメリッサ・ワーシントンを紹介しよう。彼女はインタビューを行った時18歳（NS-SEC 2）で、農村のイーデンに住んでいた。メリッサは、多くの若い人びとと同様に、10代半ばから違法に飲酒を始めた。彼女の場合はイーデン川のそばの奥まった場所でウォッカを飲んだ。そして18歳を「クリアした」と十分に見えるようになってからは地元の店で飲むようになった。彼女にとって、アルコールを飲むことは部分的には自分が住む農村の制限された状況への反乱でもあった。彼女はティーンエイジャーにとって社交的な機会が非常に制限された「退屈な」農村において生活を楽しくするために飲んだ（Valentine et al. 2008, 12）。アルコールが引き起こす身体的な感覚もまた重要な魅力である。彼女は、自分自身を普段は大抵引っ込み思案だというが、アルコールは自分を「和らげる」し、飲みに行くと大声を出して社交的になると説明している（第7章参照）。週末には「ビンジ・ドリンキング」をし続けているにもかかわらず、彼女は学校で良い成績をとって遠くの大学に行くことを望む良識ある若い女性という自意識があり、加えて今は飲酒が合法であるがゆえにわくわくするものではなくなったという事実から、平日は飲むことを控えている。

もう今ではそうしても（飲んでも）いいでしょ、そこが問題なの、わかるでしょ、うん、行って飲んでいいって言われたら、もう楽しくないの……あれだけが楽しみだった。

メリッサの飲酒歴をさかのぼると、彼女が生きる農村環境によって形作られてきたことがはっきりする。バーやクラブといった公共の飲酒環境にアクセスできるようになる過程と、その過程とのかけひきを続ける方法には、女性の行動へのジェンダー化された、また異性愛的な規制の重さが表れている。メリッサの両親は、法定年齢に達しない10代であった彼女を、兄が一緒に行く限りは喜んでパブに行かせた。メリッサの両親は、兄は彼女の行動を監視するためにそこにいたのだ。彼女が少し酔っぱらうと、「兄はまあ私をかばってくれた」が、飲み過ぎだと考えれば彼女が飲むのを止めるように干渉した。彼女はこう言う。「兄は私がやばそうとかなんか思うと、すぐにもう帰るよと言ってくるの」。しかし、兄は利他心で監督していたのではなかった。兄が男友達の関心を引くために妹をパブに連れて行くのを喜んでいることにメリッサは気づいていた。

なんていうか、年頃になると、兄の友達がみんなぐるぐる周りを回って、あれ、この子は誰だろう？みたいな。私は新しいタイプの女の子って感じだったたから、兄は私を連れ出して、かれらと話をさせたがって……

メリッサが話した現代の飲酒実践は、飲んだアルコールの量という意味で「ビンジ・ドリンキング」を含むとはいえ、巨大なパブ（super pub）やクラブから溢れ出て、中心部や街で夜遅くに路上で喧嘩している酔っぱらった女性というメディア・イメージとはほとんど一致していない（Plant and Plant 2006）。むしろ彼女は、男性がバーカウンターを牛耳っており、店のなかをあちこち動き回るのに対し、女性はテーブルでグループになって飲むことが多く、別の女性がいる時だけバーカウンターに近づいているという状況を描写している。

私は1人では［バーカウンターには］行かないな……男は飲んでるとき立ってカウンターあたりをうろうろしているけど、私たちは飲むときは座ってる……だって男はいつも店の中を動き回っているけど、私たちはいつもの隅っこにいて、周りに人が集まってくる感じだから。

さらに、このパブやクラブの空間利用における広くジェンダー化されたパターン、つまり農村の公共の飲酒環境において女性の方がより座っている役割を演じることは、異性愛者の若い女性としての対人関係を通じて強化されている。もう少し言えば、メリッサは楽しく友人たちと酔っぱらってよくしゃべる一方、ボーイフレンドの前では適度にジェンダー化され、異性愛的な振る舞いの規範化された型に従うために飲酒を制限しようとし、それを破った時に起こる制裁を回避しようとしている。

そうね、私はだいたいはじめに友達と遊びに行くから、わかるでしょ、そういうときは本当に酔っぱらっちゃうの、そのあとで彼と会うときには、私はなんていうか、彼と会うと、そこからは飲まないようにするの。どっちにしろもう十分飲んでるんだけど、彼の前ではとにかくバカなことしたくないの。怒られるから。

クレア：賢明な母

クレア・ホールは34歳（NS-SEC 5）で、初期の飲酒経験はメリッサのものと似通っている。彼女は14歳の時、17歳のボーイフレンドとビリヤードをしてレモネードを飲みにパブに行くようになった。彼女はその頃反抗期だったと述懐しているが、母親が彼女を押さえつけ、パブに行くのをやめさせようとしていた。しかしそれは、パブの店主がクレアがアルコールを飲んでおらず、トラブルを起こしてもいないと言ったことで覆された。若い人が出会いのために集まる場所がほかにない農村において、クレアはパブに通い続け、（彼女が後に結婚する）ボーイフレンドがアルコールを飲める年になると、しだいにパブの奥の部屋から前の部屋に移った。クレアはわれわれがインタビューをしたとき30代前半で、もはやパブの常連ではなかった。

私はフルタイムで働いているので、週末になると、出かける準備を始めるのが本当に嫌なんです。［私は］ただ暖炉の前にごろんとするか、座るかして、年を取っていきたいんです。

一見、単純に、若い人びとが公共の飲酒の場に行きがちであるのに対してより年配の人びとは多く家での生活パターンに入っていくという、われわれの調査が明らかにした年齢による型と同様に、クレアも年齢を重ねて移行しただけのように見える。しかし、これをただ年齢による型とのみ解釈するのは不適切である。クレアのジェンダー・アイデンティティ、そして特に良い母親としての理想像が、彼女の飲酒実践を形作るうえで中心となってきた。本人が説明するように、彼女がパブに行くのをやめたのは、19歳で最初の子どもを産み、良い母親であることを証明するためであった（Waterson 1996, Ettorre 1997, Plant 2006）。

私は19歳の時に娘を授かりました……だから人生は休止しました。良い母親になろうと思ったし、19歳だからできないなんて誰にも言わせたくなかったんです。それで私は実際、数年前30歳になった時、街に行くとかそういうことが全部ただただ［何かもう一度始めること］みたいに本当に思えて、わかります？　私はしたんです、かなり良い母親業をしましたよ。

しかし、この良い母親に見られたいという欲望は、彼女がほかの人たちに見せるために取ったパフォーマンスや、外見を整える努力ばかりではない。それはまた、彼女の自己アイデンティティにとって中心的な何かである。それは彼女の家庭内での飲酒実践を形作っており、すなわち自分だけでは家でもほとんど（全然ではないにせよ）飲まず、夫にも家庭内では飲ませないようにしている。

夫は実際しばらく飲んでいないんですけど、週の半ばに通りを歩いていってラガーを4缶買ってくるようなことがありました。そんな時、「どうしてそんなのを買うの？」という感じで、それはただ、私には子どもがいるから、夫が飲むのを子どもたちが見たら、大人になった時に［そう］すると思って。全体に過保護になっているとは思うけど、私はそういう模範的なママになろうとしてきたと思うんです。

バジッド：禁欲的で家庭的な男性になること

バジッド・ナザールは23歳〔ママ〕（NS-SEC 4）で、生活が家族中心となる段階に移行しており、子育てはクレアと同様のところと対照的なところがある。ストーク・オン・トレントの男子大学生であった頃、バジッドは公園やクラブで男性のムスリムの友人と酔っぱらうようになった。われわれの調査における多くの若い人びとと同様に、彼は酔っぱらうため、羽目を外すため、そして社交的になる助けとして飲酒していた（Orford et al. 2004も参照）。

……飲むとよりリラックスするし、思うにたぶんそれが私が飲んだ理由だったと思います、ただリラックスして、ほら、ほかの人と知り合うのに役立つし、たぶん話すことがなかったような人たち、特に女の子たちなんかとね……

この過程のバジッドの経験は、彼の宗教に形作られている（第5章参照）。ムスリムとして、彼は自分の飲酒を家族や宗教コミュニティのより広いメンバーから隠す必要を感じていた（Bradby 2007, Orford et al. 2004）。彼は後に男女混合の（彼の言葉では）「イングランド人の」友達と一緒にパブを利用するようになっていく。それはかれらのパブに対する文化的な知識によって促進された過程であり、部分的にはかれらになじんで受け入れられたいという欲望に動機づけられていた。入退店の時点を除けば、パブで飲むことはまた彼をより広いムスリム・コミュニティから匿い続け、諸要素からより快適に身を守っていたのである。

非常に若かったので、バジッドの飲酒の大部分はきわめて享楽的であり、友人たちとリラックスしたり、女性とうまくいったりすることを含んでいた。しかし、彼はしだいにストレスをなだめようとして飲み過ぎるようになっていった（Burns et al. 2002, Brickell 2008を参照）。

よくわかりませんが、私はただ、水面の上に頭を出しておく〔困難にめげず頑張り続ける〕ために本当に、そうですね、ストレスから解放されるように飲んでいたし、それが精神的にはかなり悪く感じられていたように思います。

しだいに、友人の1人が干渉し始めた。

〔彼は〕こう言ったんです。「飲み過ぎだ、君は間違った理由で飲んでいる、ストレスが溜まっているからか、何かに苛立っているから飲んでいるだけだ、良くないよ」などとね……。そうしてくれて良かったし、おかげで飲むのをやめようと考えられるようになったんです。

バジッドはこの具体的な干渉が飲酒をやめるきっかけになったとしているが、彼は非常に若い男性として飲酒経験をし、その後20代でそれをやめるようになり、「イングランド人の」友達よりも早く結婚して家族生活に落ち着くというのがムスリム男性のなかではよくあるパターンであることも示している（ブラドビィ〈Bradby 2007〉のムスリムやシーク教徒、ヒンドゥー教徒の若い人びとに関する研究を参照）。これは彼が優先順位を変える過程である。

明らかに若いときにみんな結婚して、子どもができると、責任というか……生活の主な焦点がそこで完全に変わるんです。飲んでる場合じゃなくて、雨風しのいで食卓の食べ物を得なければならないし、子どもの面倒も見なければならないんです。

現在バジッドは徹底して飲酒をせず、一番上の子どもが5歳未満の20代の男性として、社交関係のほとんどが家族を基盤としている。このライフスタイルは、彼の宗教コミュニティでは承認されていても、働いている工場では「他者」とされやすい特徴である。この仕事場の同僚からの圧力にもかかわらず、飲むのをやめて数年たった今、彼は飲酒は自分を駄目にするものだと固く信じている。

ロブ：地元のパブの常連

ロブ・エドガートンは男性は女性よりパブで飲むことが多いという、調査で浮き彫りになったパターンにあてはまっている（Lader and Goddard 2006）。ロブのような、専門職／管理職を引退した（65歳以上）ストーク・オン・トレントの白人にとって、飲酒は社交を意味している。彼は誰かと一緒にパブに行くか、そうでなければ知っている誰かがそこにいるだろうと考えており、1人で住む家では飲まない。彼が飲むアルコールの量は、時々彼の身体能力に影響を及ぼすが、まっすぐ歩けないとバカみたいだと思う一方、ある「自己保全の型ができていて」、ただ帰り道に「フェンスに当たって跳ね返った」だけだと説明する。われわれが彼に会った時、飲む量を気にして、最近パブに通う頻度を1週間に7回から3、4回に減らしたところだった。多くの場合、彼は2、3パイント飲んでいたが、時には酷く飲んだくれ《ビンジ・ドリンキング》ていた。

飲酒についてのロブの心配は、その性質において道徳的なものでは全くない。彼は宗教的ではなく、調査が示すように他の人びと以上にパブを利用していた男性グループであり（Michalak et al. 2007も参照）、彼が属する飲酒コミュニティは相対的に酔っぱらうことを受け容れている。既存研究ではヘゲモニー的な男性性《マスキュリニティ》を示すために飲酒を制御する男性の能力の重要性が強調されているが（Campbell 2000, Leyshon 2005）、ロブの地元において酔っぱらうことへの反応は優しく、所属の尺度でもあり、「そこらの誰か」が店主に車で家に送ってもらうか、別の客に付き添われて帰るようなこともある。ロブにとって、この酔っぱらうことへの相対的に受容的な態度と、その後に続く二日酔いが時間の無駄だという彼自身の感覚のあいだには齟齬がある。

　8パイントも飲んだら、しまったと思いますよ。そうしたら次の日、文字通り使いものにならないんですからね……その日はボロボロ。そう、いろいろしようと思っていても、ただできなくて、何もする気になれなくて……それで、そんなのおかしい、無駄だ、1日の無駄だと思うんですよ。

しかし、飲酒を減らそうというロブの努力は、彼の社会生活におけるパブの重要性によって骨抜きにされる。彼の説明からは、パブに行き過ぎないように欲求に抗うことと、もしあまり長くご無沙汰していると忘れられてしまうという恐れを抱くことのあいだにある緊張が読み取れる。一方では、人びとが話していることを聞き逃さないように毎晩パブに行く必要性をもう感じていないという。他方、今でもこのコミュニティの一部であり続けるために十分に規則的にパブに行くようにしているという。実際、ロブにとって飲まないことを非現実的な夢にしているのは、パブが単純に会話の闘鶏の場ではなく（Campbell 2000を参照）、社交や支援の空間として重要である（カフェについてはLaurier and Philo 2006を参照）という、このコミュニティ感覚なのである。

飲まないタイプの人になってみたかったです……飲まなくてもいいんですが、他方では友情みたいなものがあって、ないとさびしいものですし……友情みたいなものがあって、それはお互い様でもあります……いつも助けたり、忠告したり……小さな仕事みたいで、これをしなきゃと言うと、そうそう、みんなが手伝ってくれて、あれが無い〔と言えば〕これ持っていくよ、あれ持っていくよって……これをしてくれたら、あれをしますよと……そう、交換したり、引き換えたり……だからいつも……なんともいえないタイプのコミュニティがあって……みんなが見ていてくれて……持ってきてくれて……なにか言ってくれたり、忠告してくれたり。そして、もし飲まなかったら、そうしなかったら、それは……なくなってしまう……でしょうね。

おわりに

　これまで示してきた、複数の方法を組み合わせた調査結果は、飲酒の量や場所、動機という点で、男性と女性の「伝統的な」差異が継続している証拠とともに、変化の兆しも詳らかにしている。たとえば、調査によって、男性は女性よりパブで飲むことが多いということとともに、大多数の女性もまたこのような飲酒環境をしばしば訪れることが示された。地元のパブにおいて常連であり、これを通じて社会的なサポートを受けるというロブの経験と、兄弟やボーイフレンド――あらゆる女性グループと同じく――に連れられてこの世界に入ったというメリッサの経験を比較すると、個人の生活においてこのような一般的な包摂と排除が働くある種のあり方を明らかにできる。

　ジェンダーの違いにこのように焦点を合わせることで、さまざまな社会的実践の形成においてジェンダー化された道徳性が重要となることを探究することができる（Tolvanen and Jylha 2005）。ロブとメリッサがパブを利用するという決心は、真空状態でなされた個人的な選択ではなく、ある程度かれらが属しているコミュニティによって形作られていた。ロブがパブに行こうとするのは、男性同士が会うのに社会的に適していると考えられている場所だからである。メリッサは彼女の兄弟が世話役をあてがわれていたために若い頃にここにアクセスできたが、彼女自身の権利としてアクセスできる年齢になると、彼女の店のなかの空間の使い方において、またボーイフレンドがいるところではれっきとした女性性《フェミニニティ》を維持するという意味で、経験がジェンダー化され続けている。このような発見は、ジェンダーに結びつけられた意味や実践が変わり続けているにせよ、この社会的に構成されたカテゴリーが問題であり続けていることを示している。

きわめて重要なことだが、複数の方法を組み合わせた調査から見えてきたのは、さまざまな年齢や社会階級、宗教の男性と女性がジェンダーを経験する仕方を考慮することなしにジェンダー差を完全に理解するのは不可能だということでもあった。たとえば、調査データは、年齢と宗教が両方のジェンダーに影響し、若く非宗教的な男性と女性は、年配で宗教的な人びとよりも多く飲み、またしばしばより快楽的な理由で飲むことを示している。

ここまでに見た特徴的な場面はこの議論に立体感と深みを加えてくれる。メリッサの経験をクレアのものと比較することで、これらのジェンダー化された異性愛的な道徳性はすべての女性に画一的に経験されるものではなく、むしろ異なる年齢で、「ライフコース」において異なる段階の女性にとって異なった仕方で構成されている。つまり、メリッサがパブにおいてれっきとした異性愛的な女性性《フェミニニティ》を見せようとしているのに対し、クレアにとっては、母親性を取り巻くイデオロギー、とりわけ良い母親として見られたい、また彼女自身がそう自分を評価したいという欲求によって、パブから自身を遠ざけ、家庭内での飲酒も控えさせることとなった。これらは両方ともジェンダー化された道徳性であり、「良い」女性が振る舞う方法についての彼女らの判断を含んでいるが、メリッサとクレアが評価され、また自身を評価する基準は、ライフコースにおける彼女らの異なる立場を反映していた。

宗教もまた、個人が宗教的な信念を持っているときはそうでないときよりもわかりやすいとはいえ、これらの場面設定において重要な特徴である。たとえばロブはパブでの社交を楽しんでおり、非宗教的な男性はこれらの店をより頻繁に利用する傾向をもつ男性グループに属している。飲酒量と、特に二日酔いがもたらす時間の無駄についての彼の懸念は、道徳性や「飲酒の害悪」（第1章参照）についてのはっきりとした関心をめぐる宗教的な教義が存在せず、不在であることによっている。バジッドは、対照的に、家族生活に方向転換するという飲酒実践の変化につながっていた。彼の事例は、ジェンダー化された道徳性——この場合は良い男性や夫、父親になることが意味するもの——は、人びとが属しているコミュニティの信念によっても形作られることがあることをはっきりと示している。アルコールを断つという彼の決心は、ある典型的な男性性《マスキュリニティ》の見方に対抗して自分を評価した過程によるのではなく、良いムスリム男性であろうという考えとの関連で形成されたのである。

この調査で複数の方法を組み合わせたアプローチを行ったことは、飲酒習慣の発生における連続性と変化を明らかにすることに加え、公共の、また私的な場での飲酒環境の多様性（Kneale and French 2008）を探究するという第2の目的を満たすことをも可能にする。先行研究の多くはパブを男性性《マスキュリニティ》の再生産の場として問題にしてきた（Campbell 2000, Leyshon 2005, Heley 2008）。実際これは重要な問題で、調査はパブが男性にもっとも人気のある飲酒環境であることを示しており、また事例研究の男性たちもパブが人生において果たしたさまざまな役割を示している。ロブにとってはコミュニティと社会的なサポートの場所として機能しており、バジッドにとっては「イングランド人の」友人に溶けこむことができ、より広いムスリム・コミュニティから逃れるための空間であった（Bradby 2007を参照）。しかし、また調査が示しているのは、自身の家（Holloway et al. 2008）や、女性にとっては友人や家族の家、そしてレストランが、パブよりも人気のある飲酒環境であることである。クレアの話は、家でのアルコール消費が持ちうる、ある種の複雑な意味を指摘し始めている。一方で、彼女にとっては、自身の振る舞いが他者から評価されない、パブから離れた私的な空間である。他方で、良き親であるという彼女自身の考えは、この空間における彼女自身や夫の飲酒を控えさせることを意味しているのである。

第5章　エスニシティ

北アメリカにはエスニック・マイノリティとアルコールの消費に着目した研究が膨大にあるのに対し、ヨーロッパではそれが比較的少ないと指摘されてきた（Harrison et al. 1996）。たとえばイギリスでは、アルコール依存症の罹患率と減少率、アルコールに関連する死亡率の検討、サービス利用や治療の有効性の評価、さらにはアフリカ＝カリブ系、インド系、中国系、パキスタン系、シーク教徒、ヒンドゥー教徒、アイルランド系といったさまざまなエスニック集団の飲酒実践などに関して研究がなされてきた（Heim et al. 2004, Harrison 1996, Cochrane and Bal 1990, Mekeigue and Karmi 1993, Harrison and Carr-Hill 1992）。当然ながら、先行研究が少ないために、異なる空間や場所での異なるエスニック集団内、もしくは集団間においては、酒・飲酒・酩酊の複雑で多様な地理に取り組むべき重要で広範囲な可能性が存在する。ここでわれわれは、ストーク・オン・トレントでのムスリムの生活におけるアルコールの役割の詳細な理解を展開することに焦点を合わせる。特に、われわれは節制の文化というレンズを用いて、現代都市の夜間経済《ナイトタイムエコノミー》における公共空間や社会的結合へのアクセスに関する議論において新たな視座を提供する。

禁欲というムスリムの文化

酒・飲酒・酩酊は地理学者に豊かな研究テーマを提供してきた一方、節制の文化、そして夜間経済《ナイトタイムエコノミー》に喜んで参加する非飲酒者からみた都市再生におけるアルコールの重要性の意義にはあまり注意が払われてこなかった（Kneale 2001のような禁酒についての歴史的な研究を除く）。しかしながら、ある研究によればイギリスの人口の13％は1年を通じてアルコール飲料を飲まないとされている（Lader and Goddard 2006）。いくつかのキリスト教宗派と並び、南アジアにおけるすべての主要な宗教はアルコールの使用を非難しているが、実際には禁欲が広範に実践されているのはムスリムだけである（Ghost 1984, McKeigue and Karmi 1993）。ここでわれわれは、コミュニティ内におけるムスリムの態度とアルコールに関係した実践を探究する。そうすることで、ムスリム・コミュニティの節制の文化が、成員の空間へのアクセスや使用のどのような特徴となっているのかに着目する。その際、われわれは非-人間《ノン-ヒューマン》の行為者《アクター》としてアルコールによって演じられた積極的な役割を強調しているレイサムとマコーマック（Latham and McCormack 2004）に従う。ここでは社会的亀裂が生み出され、新しい排除が作り出される作用を探究することを通じて、表出した社会関係を重視していく。

最新の国勢調査〔２００１年〕によれば、イギリスにおけるムスリム人口は１６０万人で、最大の宗教マイノリティである。ただし、この数字は実際の人口に対して控えめな見積もりであるとみなされている（ONS 2003）。イギリスのムスリムの大多数は南アジア出身であるが、それはこのコミュニティが均質であることを意味するのではなく、むしろ文化的・言語的・教義的な違いによって二分されている（Berns McGown 1999, Hasan 2001, Ahmed 2003）。ムスリムはしばしば黒人やアジア人の想像上のコミュニティに位置づけられているが、かれらは、人種やエスニシティや国籍などよりも、まず信仰との関係で自身を定義している（Modood 1992, Valentine and Sporton 2009）。それゆえ、宗教的価値観はムスリム・コミュニティにとって不可欠なものである（Werbner 1990）。イスラームはイップ（Yip, 2004）が定義するところの「全体的なシステム」であり、それがムスリムを個人的および集合的に、かれらの日常生活のあらゆる観点において導いている。そのため、この信仰は個人の実践とコミュニティのリズムの両方において時空間的な慣習を強力に形づけてもいる（たとえば礼拝のしきたりやモスクへの訪問、クルアーン〔コーラン〕教育など）。実際、クルアーンは文字通り神の言葉であり、変えたり妥協したりすることはできないと広く信じられている。

この信仰の教義において明確な理由を提示してはいないものの、イスラームはアルコールの消費を禁止している。そのため、多くのムスリムと同様に、われわれのインタビュー対象者はより広い社会におけるアルコールの肯定的あるいは否定的インパクトにかかわらず、酒を飲まないと説明する。

> イスラームは独自の文化を持っています。それはイデオロギー的な基盤で、飲酒しないことはその一部なのです。飲酒は完全に禁止されていて、それは規則であり法なんです〔編集〕私が従っている生活の規範はイスラームで、何が合法で何が違法かはクルアーンによって定義されていますし、クルアーンでアルコールは違法とされているから飲まないんです。〔編集〕私はそれがいつも有利なことだと思っていますす、クルアーンの教えを守ることが天国に人を導くと信じていますし、

それは非常に有利なことだと思っています。

（アフズル・モハメド、ストーク・オン・トレント、45～54歳、男性、NS-SEC 4）

アッラーが禁止しているというので飲酒は禁止されています。理由はありません。特別に与えられた理由は……ないのです。アッラーが禁止されていると言うのですから、禁止されているんです。私たちは酒を飲むことに加わりません。社会においてわかること、飲酒が社会のなかでいかに問題を作り出しているか、イスラームから見ればそれが禁止されている理由ではないんですがね。禁止されている、それがすべてです。でもアルコールの影響の後で、人びとは、アルコール依存症の人びとは、社会における影響の後で、それが引き起こす問題をもって飲酒しない理由と考えますが、イスラームについて話したり、イスラームに言及したりするなら、私たちが飲まないのはアッラーが禁じているからです……［私は］許されるものと許されないものの規則を遵守しますし、飲酒は許されていないから飲みません。

（シミ・アルタフ、ストーク・オン・トレント、25～34歳、男性、NS-SEC 4）

この禁欲の文化は社会的な義務によって統制されている。イギリスのムスリム・コミュニティにおいて、緊密に編まれた家族ネットワークは、特に第1世代の移民にとって、強い統合と調和への期待を生み出している（Dwyer 1999, Valentine et al. 2009）。家族の名誉（イザート〈izzat〉）と両親や目上の者への尊敬を維持することは、信仰の重要な要素とみなされている（Norcliffe 1999）。クルアーン、シャリーア〔イスラーム法〕、ハディース〔預言者ムハンマドの言行録〕はどれも家族の義務や階層的な家族関係を強調している（Moddod and Berthoud 1997, Zokaei and Phillips 2000）。実際、イップ（Yip 2004）が指摘するように、クルアーンにおける法的な命令の3分の1は結婚や家族に関係しており、これらの関係がいかに管理され、統制されるべきかを示している。同様に、パキスタン系ムスリムのビラダリ（biradari）（文字通りの意味は同胞的関係）は、より広い氏族や部族のネットワークや献身に対応している。ここではメンバーに対する支援や連帯の感覚を提供するだけでなく、社会的な義務や期待一切を同時に伴う。このように、コミュニティが禁欲に関する価値観や規範を共有するので、その社会的ネットワークはメンバーの振る舞いを監視し制限する役割を持つ。この種の過程に言及して、コールマン（Coleman 1988, 106）は、（子どもたちが友達同士で親同士が友達であるような）信仰コミュニティのような社会集団が、子どもたちをその「規範」へと社会化し、「世代を超えて閉じられた（intergenerational closure）」価値体系への献身を強めていく両親の能力を支え強化するとしている。たとえば地理学の先行研究は、ムスリム・コミュニティがこの方法でいかに若い女性の服装やその他の身体化されたアイデンティティを規定するかを示してきた（Dwyer 1999, Valentine et al. 2009）。次のインタビュー対象者が説明するように、同様の過程がアルコールの消費（Bradby 2007を参照）との関係でも明らかである。

　正式な取り締まりの形があるわけではないんですが、そういう人たちがいるんです。それぞれのコミュニティにイスラームの核があって、その人たちが出かけていくことで、かれらの存在がたいてい飲酒を防ぐのです。

（アフズル・モハメド、ストーク・オン・トレント、45～54歳、男性、NS-SEC 4）

特に、ムスリム・コミュニティが特定の地区に集中していることと、市の中心部で運行しているタクシー運転手の多くがパキスタン・コミュニティに属していることから、コミュニティの目がいつもストリートに注がれているという感覚がある。いつも潜在的に誰かにみられている可能性があるというこの事実は、飲酒しようとした何人かのインタビュー対象者が、結果的にフーコー的な意味での自己統制が働くと表現していることを意味していた（Foucault 1977）。実際、ムスリムの回答者のなかには、飲酒への誘惑に抗する自分の力や、信仰の規律において感じている自尊心の感覚について述べている人もおり、さらには禁欲による財政的・健康的効能を見出す人びともいる。

レイサムとマコーマック（Latham and McCormack 2014, 717）は、アルコールの持つ作用について、「アルコールの及ぼす影響は、社交性の特殊な型のなかで示されており、都市的なものを通じて存在し関係づける方法、すなわち、酩酊や中毒状態とみなせるような動きや、ジェスチャー、歩行、会話の仕方」にあると論じている。第7章でみるように、さまざまな仕方で感情的な激しさを強めるアルコールの力は、飲酒者をリラックスさせたり、楽しませたり、羽目を外させたりする。しかし、飲酒をしないかれらムスリムにとって、アルコールは嫌悪や反感といった感情を生み出し、感情の構造において逆の影響力を持っている。限られた形で飲酒に関わったインタビュー対象者はしばしば、アルコールの味を楽しみやリラックスという感覚を生み出すものというよりは不愉快なものとして表現する。より一般的にいえば、飲酒しない人びとのコメントは、通常と異なる行動をさせる独立した原因物質としてのアルコールの力に対する嫌悪を示している。アルコールは特に好ましく尊敬される個人をうさく、手に負えない、子どもじみた人物に変えてしまう。そのような振る舞いは、文化的に期待される慎み深さやきちんとした所作とは逆なのである。アルコールが「自信の増幅器（confidence booster）」であるために、それは通常なら法を遵守する市民同士の対立や暴力を生み出す、強引なあるいは攻撃的な形で人びとを行動させうると語るインフォーマントもいた。

（アルコールは）基本的にわけのわからないことを話させるし、そう、暴力的になる人もいます……私たちの宗教ははっきりと飲むなと言っていますが、私はなぜそう言われているのかよくわかります。飲酒は人に普段しないはずのことをさせたり、普段言わないことを言わせたりするからです……どのぐらい飲んだかによって、酒は人を完全に変えてしまいます……だから一定量以上飲むと人は人を尊重しなくなるんです、人を尊重しないんです。

（ファルーク・フセイン、ストーク・オン・トレント、25〜34歳、男性、NS-SEC 2）

もちろん、どんな信仰でもそうであるように、毎日の実践のなかで常に宗教的な禁忌が忠実に守られているというわけではない。禁欲の文化があるにもかかわらず、パキスタン系ムスリムのなかにはアルコールを試してみたり、あるいは日常的に飲む人もいる。次節では、パキスタン系ムスリム・コミュニティ内での不在の存在（absent presence）としてのアルコールの役割を見ていく。

不在の存在――パキスタン系ムスリム・コミュニティにおけるアルコール

飲酒が宗教的禁忌であるにもかかわらず、われわれのインタビュー対象者は、地元のパキスタン系ムスリム・コミュニティのなかでかなりのレベルのアルコール消費があると認識していた。この発見は、20年以上前にさかのぼる別の研究の論拠とよく似ている。たとえば、イギリスのウォルヴァーハンプトンで行われたアルコール消費についての質問を含む健康調査は、自分をムスリムと自認する回答者の56％が飲酒すると答えたことを明らかにした（コクランとバル〈Cochrane and Bal 1990〉が引用したジョンソンの論文〈Johnson 1987〉における私的会話）。同様に、ロンドンのサウスオールにおけるアルコール消費の研究においては、他の調査対象のどの社会集団よりもムスリム男性のアルコール消費は少ないとはいえ、パキスタン系およびインド系ムスリム回答者の20％が少なくとも1週間に1度は飲酒すると答えている（MacKeigue and Karmi 1993）。さらに驚くことに、イギリスにおいて無作為に選ばれたシーク教徒、ムスリム、ヒンドゥー教徒そしてイングランド生まれの白人マジョリティの男性800人（各集団から年齢が合致した200人ずつの男性）へのコミュニティ調査では、ムスリム男性はアルコール消費のレベルがもっとも低かったものの、他のグループの平均値よりも多くアルコールを消費する者が数名いることが明らかになった。実際、定期的に飲酒する41歳から50歳のムスリムは、サンプルにおけるすべての人びとと年齢グループのなかで2番目に多いアルコール量を消費していた（Cochrane and Bal 1990）。これらの研究間で実際の消費のレベルはかなり変動的であるが、おそらくそれはアルコール調査を実施することへの固有の問題を反映している（Goddard 2001）。それでもなおこれらの研究は、禁欲の文化的伝統があるにもかかわらずムスリム・コミュニティのなかでアルコールが問題となる明白な証拠を提供している。

しかしながら、われわれの研究の論拠は、パキスタン系ムスリム・コミュニティにおける消費パターンがジェンダー化され、世代的なものであることに注目する。特に、飲酒は主に若い男性に限定された行動である。インタビュー対象者自身による説明および他の人びととの観察から、若い男性は10代の半ばから後半の頃に飲酒を始めるのが共通の行動パターンのようである。子ども時代から成人になる過程の固有の部分を代表する、若者たちのリスク行動（飲酒のほか喫煙やギャンブル、同意年齢未満のセックスを含む）において、仲間集団が主要な影響力を持つことは子どもや若者の社会研究を通じてすでに確立されている（たとえば Plant and Plant 1992, Parker et al. 1998, Hoffman et al. 2003, Chatterton and Hollands 2003, Nairn et al. 2006）。実際、子どもにとって、仲間集団における自身の今の地位は、往々にして大人たちによるかれらの教育や将来の健康や福祉についての心配よりも重要なのである（Valentine et al. 2002）。ジェームズ（James 1993）の質的調査は、若い人びとが仲間の関係をうまく扱う際に「同調性」と「個人性」、すなわちグループのなかに収まるように他者と同じようにしながら、同時に自分の価値を高めるために何か違うことで貢献するという、両者の綱渡りをしばしばすることを明らかにしている。他方で、ジョーンズとジョーンズ（Jones and Jones 2000）は、「影響力のある友人」はそれらの行動を正当化し、いじめや、強制や、競争させたりする過程を通じて他の人びとを巻き込むため、問題のあるもしくは社会的な行動は「伝染する」と論じている。この研究におけるパキスタン系ムスリムのすべてのインタビュー対象者は、所属したり受け入れられたりするために飲酒するという、仲間からの圧力に直面したと述べていた。実際、パブやクラブといった飲酒空間（またそれに付随した社会的な飲酒儀礼）が若者たちの社会および職場のネットワークにおいて果たす必須の役割を、多くの人びとが指摘した。インフォーマントのなかには抵抗した（そして実際集団にとけこむために飲酒する仲間や知人からの圧力に抵抗し続けている）者もいたが、飲酒していたり、以前にアルコールの経験があったりするインタビュー対象者たちは、アルコールの作用が自分への自信（特に若い男性にとって若い女性に話しかけることに関連して）を変化させることで、帰属意識を生み出すため、そして日常の家族生活のストレスや規則から逃れるために飲酒すると語っている。

とはいえ同時に、かれらは飲酒することによって、アルコールが信仰や家族との関係で飲酒することの意味に関連して罪の意識を引き起こすことにも気づいていた。

飲酒は、私たちの宗教では許されていないし……健康なんかにも良くないけど、ひとつだけいえます。それは人をより社交的にしてくれる……飲むことはよりリラックスすることを助けてくれるからだと思います。私が飲んだのはたぶんそれが理由だと思います。ただリラックスしてほかの人とそう、社交するのに役立つから、たぶん絶対話さないような人たちとね、特に相手が女の子だとそう、わかるでしょう？　恥ずかしがっていたのが、何杯か飲むと落ち着いて、何も止めるものがなくなるんです……［最初の飲酒経験について話しながら］心の奥ではやってることは悪いといつもわかっていたから、罪悪感はあったけど、飲んでいる友達みんなと一緒にいて、かれらからの影響もいっぱいあって［編集］わからないけど、なんとなく、飲む方が社会的には受け入れられやすいと考えるようになっていたように思うんです。そうでないってわかってたけど、その時過ごしていた友達がイングランド人だったし、飲んでいればかれらには受け入れやすかったからたぶんそう思ったんです。だからたぶん心の奥では仲間として受け入れられたかったんだと思います。

（バジッド・ナザール、ストーク・オン・トレント、25～34歳、男性、NS-SEC 4）

しかしながら、女性による飲酒は、若い男性に比べると家族や広範囲なパキスタン系ムスリム・コミュニティからはるかに強く禁じられ、取り締まられている。これはより一般的な女性の身体やアイデンティティへの統制を反映しており（Dwyer 1999, Valentine et al. 2009, Bradby 2007）、それは家族や親族の身体的で感情的な近親性、そしてムスリム・コミュニティ内の社会生活が緊密に結びついていることによって強化されている。ある女性インフォーマントがアルコールを試す空間を生み出すには、家を離れ、大学に行くために国内の別の地域に行かねばならなかった。規範的な振る舞いのきまりごとを破ることへの代償もまた、女性にとって潜在的により厳しいものがある。たとえば、ブラドビィ（Bradby 2007）によるグラスゴーのアジア系イギリス人コミュニティについての研究は、飲酒をしている友人と「夜遊びしている」ところを見られたために、自身は実際はアルコールを飲んでいなかったにもかかわらず、自分のコミュニティにおいてはもはや結婚可能とは思われなくなったという若い女性の経験を報告している。

親にしてみれば、特に男の子に対しては聞かぬが花を決め込むのもありだと思うけど、女の子に対しては、〔飲酒は〕本当に、とにかくタブーなんです。僕はたぶん規範から外れる方だと思うけど、実際、たくさんのアジア系の女の子が、大学に行くとか、家から離れない限り、まず出かけたり、飲んだりしたりする自由が本当にないんです。

（ウッディーン・マスード、ストーク・オン・トレント、25～34歳、男性、NS-SEC 3）

女の子が飲んでいるってもし知られたら、女の子が飲んでいたらみんなから批判されますよ。飲酒している若い男たちはその子を変なふうに見るだろうと思います。みんな、飲酒にある程度軽蔑を持っていると思いますが、息子が飲んでいるのは見逃すけれど、娘がそうしたらパキスタンに送り返されるでしょうね。

（アフズル・モハメド、ストーク・オン・トレント、45～54歳、男性、NS-SEC 4）

飲酒するインフォーマントたちは、酔っぱらうために飲むとはっきり言っていた。もっともよく消費される酒は小売店から買ってくる蒸留酒である。それらは通常、家族やコミュニティのメンバーに見られて、飲酒した当人とその家族がともに辱められるリスクを避けるために、家や公共の空間よりもインフォーマルな空間（公園や車のなか、バス待合所など）で飲まれている（ただし、インフォーマントのなかには、都市内でパキスタン系コミュニティが立ち寄ることがないエリアにある公共の場所や、「秘密」を守ってくれると信頼されている若いアジア人経営者が所有する店に行くリスクを取ると説明した人もいた）。このアルコール消費のパターンは、公共の場所で定期的に飲むと同時に家でもかなりの量を消費する同じ年齢グループの白人マジョリティのインフォーマントによるそれとは対照的である（Holloway et al. 2008a）。

ファルーク：みんな、若者はみんなそうしますよ……仲間とこっそりやるんです。そう、あからさまにはやろうとしません。ムスリムだし、駄目なことだとわかっているし、目立っちゃうので……

インタビュアー：じゃあ、かれらはどこで飲んでいると思いますか？

ファルーク：車を停めておくんですよ、大学の外に。誰も見ていないところ、捕まりっこないと思うところならどこでもやります。

（ファルーク・フセイン、ストーク・オン・トレント、25〜34歳、男性、NS-SEC 2）

飲酒している、あるいは過去に飲酒したことがあるインタビュー対象者は、両親から飲酒行為を隠すために用いていたさまざまな方策を詳しく話してくれた。このように秘密を守ることは、ムスリムの信仰のなかで両親を尊重することの重要性と、それゆえ両親が認めないことについて問題に巻き込みたくないという両方の意味で、また／あるいは飲酒は私的なことなので他人に関わらせるべきではないとすることによって正当化された。とはいえ、飲酒実践を正当化するインフォーマントの能力にもかかわらず、アルコールの消費は強い罪悪感を生み出す効果がある。次のインタビュー対象者はこのように言っている。

思い出すな……［そこで一緒に飲む］友達の家に歩いて行くんですよ……だいたい4分の3マイル（約1200メートル）ぐらいかな。そんなに遠くはなくて、10分か15分くらい歩くんだけど、人生で一番長い道のりみたいに感じてましたよ、何日も続くみたいに。家に帰っている途中に、大丈夫か考えるんです、酔いは醒めたかな？　まっすぐ［歩いている］かな？　誰か家で起きているかな？って。家に向かって歩いていって、電気がついているかどうかをよく確かめたりしてね。それで1階に電気がついているのを見たら、道をしばらくぶらぶらして、電気が消えるまで待って、家に忍び込んでベッドにもぐりこむってわけ。そんな感じだから、家に歩いて帰るのはたぶん罪悪感があったんだよね。今夜は楽しかった、いい感じで過ごして楽しんだと思った後に、今度は現実に戻る時間になるっていうことで。そうすると、家に歩いて帰るのが本当にただ罪悪感って感じだよね。（ハイダル・アフメド、ストーク・オン・トレント、18～24歳、男性、NS-SEC 4）

インタビュー対象者たちは、長い目で見たときに若いパキスタン系ムスリム男性がアルコールを試すことがもつ意味に関して意見が分かれていた。ある人びとにとって、それは態度や行動の世代的な変化の表れであった。他方で、特に、飲酒を控えている人びとは、パキスタン系ムスリム・コミュニティにおけるアルコール消費を「イギリス文化や社会への」統合の否定的な産物ととらえ（たとえば、次の「飲酒はイギリスの生活スタイルの一部だ」というコメントのように）、すなわちコミュニティの集団的な男性の伝統の不連続性や断絶、そして現代イギリス社会の特徴であるより個人化された生き方（Giddens 1991）への転落のしるしであるとみなしている。実際のところ、あるインタビュー対象者は、アルコールをムスリムへの信仰への重大な脅威をもたらす原因物質と考えている。

そう、決定的な世代間の相違がありますよ。だって私たちの親たちは、パキスタン系文化の視点で育っているから、たとえば飲んではいけないと言われているから飲酒してはいけない、みたいに言うのです……私のような若い層は、パブに座ってもいいけど飲まないという社会の包括的統合モデルに本当に統合していくべきで、イギリスの生活スタイルの一部になるべきだと言っていました。でも、私が思うに環境が、個人的な経験からも、自分を取り巻く社会からもわかるように、環境が一番影響力のある要素だと思うんです……みんなが生活し個性を形作るのはその環境があってのものなので、統合モデルは確実に人びとを飲酒に導くと思います。

（アフズル・モハメド、ストーク・オン・トレント、45～54歳、男性、NS-SEC 4）

しかしながら、アルコールを飲んだことがあったりかつて短期間飲酒を試してみたりした人が、ムスリムとして自己認定しないとか、信仰に背いているとか考えることはなかった（Valentine and Sporton 2009を参照）。この結果は、イギリスのブラッドフォードに住む16歳から38歳までのパキスタン系ムスリムの男性について調査した結果と一致する。ここではイスラームがインフォーマントの精神的・個人的・政治的生活において鍵となる要素となっており、さまざまな宗教的実践に従うことで、皆自身をそれでもムスリムであると考えていた（Alan and Husband 2006）。その代わり、本研究において飲酒経験があるインフォーマントは、パキスタン系ムスリム・コミュニティ内の若者による飲酒は一時的な段階であるとして、必ずしも信仰と両立しないものではないとみなしていた。むしろ、飲酒はしばしば成人になる過程で起こるものであり、若いムスリム男性は結婚すると自身の宗教的な責任にもっと注意を払うので、深い反省が過去の非行への赦しにつながると論じられた。結婚においては、家族の義務（特に家族の名誉を汚さないことの重要性）と社会的／コミュニティ的義務が一人ひとりの個人的な欲求より重くならなければならず（Yip 2004）、それゆえこの時点で多くの男性がアルコールの消費をやめる。そのため、インフォーマントにとって、アルコールに対する態度や消費の世代的な差異はムスリムの信仰にとって脅威とはならない。なぜなら、かれらは時がたてば宗教的・文化的な献身が進展すると理解しており、若者による飲酒実践があるにもかかわらず、イギリスのムスリム・パキスタン系コミュニティのなかで成人することが今でも信仰への集合的な伝統に組み込まれているととらえているからである。このようなインフォーマントにとって、アルコール消費は態度や行動の世代的な変化というよりは過渡期を表すのだ。

20代に入ると、多くの人がすぐにそこから卒業していくのを見てきました。16歳とか17歳で飲み始めて、非常にゆっくりそこから成長していくんです。主に一般的にそういうもの〔酒〕は、販売店から買うだけで、公園みたいなところで飲んで、パブとかクラブとかそういうところに行く習慣にはならないんですよね……。

（バジッド・ナザール、ストーク・オン・トレント、25〜34歳、男性、NS-SEC 4）

私と同じくらいの年の人たちの多くが、うん、飲みに行くよと言うけど、それを良いことだと言う人はあまりいないと思います。アジア人やムスリムの伝統や飲まない理由とかは、まだ深く支持されている……信じられていると思います、たとえ人生のその時点でそれを守っていなくてもです。（ウッディーン・マスード、ストーク・オン・トレント、25〜34歳、男性、NS-SEC 3）

この観点から、インフォーマントたちは、若い男性による飲酒はパキスタン系ムスリム・コミュニティにおける不在の存在であると主張した。なぜなら、コミュニティはそれが起こっていることを知っていながらも、この行為は公的に認知されているものでも管理されているものでもなく、実際のところ家族のなかでも兄弟を除けばめったに認知されていないためである。パキスタン系ムスリムの家族関係は、関係的なアプローチが採用されているイギリス社会と対照的にいまだに階層的な子育てモデルの伝統に従っており（Valentine 2004）、世代間の対話が一般的にあまりオープンでないという特色をその〔若者の飲酒が見えない存在であることの〕理由として指摘するインフォーマントたちもいる。本章の最後に、夜間経済《ナイトタイムエコノミー》と社会結合についての議論との関係でムスリムの禁欲の文化の意味を探究する。

夜間経済《ナイトタイムエコノミー》——出会いと社会結合へのインパクト

第1章で述べたように、過去20年にわたるイギリスやその他の現代西洋社会における都市再生プログラムでは、ジェントリフィケーションの過程（たとえば、Smith 1996）やアルコール販売の許認可の規制緩和（Latham 2003）と併せて、消費を通じて変容していく都市に注目してきた。そこでは、バーやクラブ、レストランといったホスピタリティの空間が重要な役割を果たす。たとえば、ストーク・オン・トレントの『コミュニティ戦略』は、夜間経済《ナイトタイムエコノミー》を都市再生の計画意図《アジェンダ》の一部として推進している。1997年から1999年のあいだに、ストーク・オン・トレントで酒販許可を受けた店舗は242%増加した。ストーク・オン・トレントのシティーセンターには、23時までアルコールの販売が許可されているパブが18軒あり、また深夜まで、通常は午前2時までアルコールを売る特別な許可を受けた店が28軒ある。さらに、酒販店は13軒あり、酒販許可を受けたレストランが26軒、そして夜遅くまで飲料を提供するファストフード店が16軒ある。シティーセンターにおける夜間のバーやナイトクラブの収容人数を合計すると、だいたい2万5000人となる。アルコールに関連する無秩序な問題の発生に対応して、市議会は2003年春に市の中心部の路上におけるアルコールの携帯や消費を禁止した。

ストーク・オン・トレントの戦略に例証されているこの都市再生の広がりにおいて、ストーク・オン・トレントは相互認識と相互依存関係を構築する――多様な人びとが集まる――出会いの場としてたたえられてきた（たとえば Laurier and Philo 2006, Iveson 2006, Bell 2007）。人類学的な調査が示すように、多くの時代や文化においてアルコールは互酬を通じて社会的紐帯の発展や維持を促進する社会的な行為であり（SIRC 1998, また Burns et al. 2002, Putnam 2000 も参照）、公民としてのアイデンティティやジェンダー化された「コミュニティ」の創造に貢献したことが特に評価されてきた（たとえば Chatterton and Holland 2002――飲み過ぎや無秩序の創出といった都市の消費者の方の問題が大々的に報道されているが）。たとえば、レイサム（Latham 2003, 1712）はニュージーランドのオークランドにおける事例研究をもとに、飲食という現代の公共文化は、社交の目的を作り出し、異なる人びとが出会う口実を生み出し（この研究の場合は公共空間を壊す）、そうして新しい連帯をつくると論じている。他の研究では、都市の公共空間を女性化し、新しいジェンダー関係を構築するという点において、女性の消費者をターゲットにした飲酒空間が果たす役割を認めている。

われわれの研究は、社会関係の創出においてアルコールが果たす役割に関するレイサム（Latham 2003, また Latham and McCormack 2004）の主張を支持するが、パキスタン系ムスリムのインタビュー対象者の経験によれば、この特定の集団においてはアルコールは都市的な関係を肯定的には再構成しておらず、むしろ思いがけない新しい排除の形を生み出している。この意味において、われわれの研究は、アルコールをめぐる法や習慣、社会的な実践が、さまざまな文化的・歴史的文脈により年齢やジェンダーや階級によって人びとを区分する（たとえば Douglas 1987, Gefou-Madianou 1999）ために、また異なるエスニック集団を区分する（たとえばアイルランド系とユダヤ系のアメリカ人の比較を行った Vaillant 1983）ために社会によって用いられている方法を示してきた人類学的な研究と共鳴するものである。特に本研究は、飲酒において予期された振る舞い（互酬的で社会的な複雑な儀礼など）に関する規範的な社会のルールを通じて、アルコールが夜間経済《ナイトタイムエコノミー》における都市の公共空間の利用を構築していることを示した。この振る舞いとはその場が誰のためのもので、空間が常にどのように占有され、使用されなければならないかを暗黙のうちに決定するものである。飲酒はイギリス、ヨーロッパ大陸、北アメリカ、オーストラリア、ニュージーランドにおいて若者や大人（成人）が「普通する」こととみなされ

(Nairn et al. 2006)、それゆえに大量に飲み続けること(そして付随する公共の場での酩酊や無秩序)は、夜の都心と結びつけられている。

そう、酒はどこにでもあります。どこに行くかには関係ないし、ビリヤード場に行っても、そこで飲んでいる人に出会うから、本当にどこにでもありますよ。どこに行っても飲んでいる人がいるし、飲酒は行くところどこにでも付いて回るし、だからただ……自分は自分らしくいるだけです[編集]一般的にムスリムにとっては、飲むのを見るのは傷つくことなんです。

(ハールーン・ラナ、ストーク・オン・トレント、25〜34歳、男性、NS-SEC 3)

アルコールの入っていない飲み物は夜間経済《ナイトタイムエコノミー》の多くの場所で提供されているものの、ムスリムたちはアルコールと結びついた場では居心地が悪く、「場違い(out of place)」だと感じ(Cresswell 1996)、また、飲酒の場と結びつけられることによって自身や家族の評判を危険にさらすことを避けるため、これらの空間に入らないことを共通して選択していた。われわれのインフォーマントは、一般的に、公共の場や、アルコールが関連するイベントには近づかないとし、そのようなイベントがある場所を堕落の場、また「汚れた」あるいは(イスラーム法の下で)「違法な」空間と呼んでいた。この意味において、インタビュー対象者はアルコールが提供される空間には潜在的にかれらを「汚染する」あるいは冒瀆する作用があると表現した。

［市の中心部で酔っぱらった人びとについて話しながら］私にはそれは本当に不快なものなんです。だって、かれらは現に自ら物笑いの種になっているのですから。誰からも尊敬を得られないし、本当にそのままの意味で、私にとってそれは全くわからないものだし、信じてもらえるかはともかく、今は本当にそういうものに関わるのをやめました。それはある種の入り込みたくない環境なのです［編集］それ〔自分がそこに関わりたくない理由〕は自分自身への敬意ですし、宗教や文化に対する敬意です。それはただ、入り込みたくない場所で、ただそこにさらされたくないのです。もしその橋を渡ったら、そこにはもう境界はないっていう単純なことなんです［編集］私は……さっき言ったような理由から、夜ではなく日中に社交活動をします……飲酒と喫煙に関するすべてや、みんな体に酔いが回っているなかで自分やほかの人たちに対する行動や反応の仕方にうんざりするので、私はとにかくもうそこには行かないんです。

（ザフラ・マホメド、ストーク・オン・トレント、45〜54歳、女性、NS-SEC 7）

クリスマスみたいな祝日を前に仕事が終わった時に、職場でみんなが、そうだ仕事の後にパブに行こうよみたいな話になって、それで僕が「いや、僕は飲まない」って言うと、いろいろ言われるんですよ。［そこで彼の同僚のモノマネをする］「え、飲まないの。人生の楽しみがあるの？」って。かれらが飲酒をどう思っているかがはっきり表れています。いずれにせよ、僕は「うん大丈夫だよ。人生楽しんでる」って言うんです。実際自分は飲まないし、それだけのことなんです……

（バジッド・ナザール、ストーク・オン・トレント、25〜34歳、男性、NS-SEC 4）

私はアルコールがある環境には全く行きません。〔インタビュアー：町の中心部に行くことはありますか？〕夜には行きません。日中には買い物のためだけに行きますが、社交には行きません。堕落が多過ぎるから、その場から距離を置くようにしています。
（アフズル・モハメド、ストーク・オン・トレント、45〜54歳、男性、NS-SEC 4）

宗教的な信念に基づいたものではない非飲酒者についての他の研究（Nairn et al. 2006）では、アルコールを飲んでいるふりをすること（たとえばウォッカのような酒と紛らわしい透明な液体を飲むなど）や、酔っぱらったふりをすることによって、社会的ネットワークに参加する――「その場にいる」――ために「やりすごす」試みが見られた。しかし、この〔飲酒していないことが〕目立たないようにするという戦術は、われわれのインタビュー対象者には実現可能性が低いものである。パキスタン系ムスリムとして、かれらはアルコールを控える宗教の代表者であり、それゆえ公共の場で「飲んでいる」ようにみられると、かえって目立ってしまう。そのうえかれらがもし公共の場で飲んでいたかのようにやりすごすと、この「振る舞い」がかれらのムスリム・コミュニティに知られ、家族の名誉へのあらゆる損害をひきおこしうるというリスクにさらされる（Bradby 2007）。当然、飲酒するパキスタン系ムスリムは、これまでに概観してきたように、夜間経済《ナイトタイムエコノミー》の主要な場ではなく、周縁化された空間で飲酒する傾向がある。こうして、夜間経済《ナイトタイムエコノミー》においてアルコールが強調されることは、公共空間へのアクセスを選別し、それゆえに、さまざまな社会集団のあいだに良い関係を作り出すことを約束するような、ある種の出会いの可能性すべてを提供する都市の懇親性《コンヴィヴィアリティ》に加わる機会から、ムスリムの人びとを排除する効果を持っているのである。

むしろ、特にパキスタン系ムスリムの若者たちは、自分たち独自の対抗的な余暇空間（小さな独立した商店やカフェ、食堂その他の種類の社会空間）を作り出している。そこにはアルコールはなく、かれら自身の信仰の価値体系を維持し、かれらの宗教への関与やアイデンティティを強めることに役立っている。しかし、このような空間に関する説明は、夜間経済《ナイトタイムエコノミー》の議論からはほとんど欠落している。ストーク・オン・トレントでは、これらの空間は通常都市の中心部よりも特定の近隣コミュニティに立地しており、マジョリティの白人の顧客が頻繁に訪ねることはない（すなわち、それらは主流派の夜間経済《ナイトタイムエコノミー》においてパキスタンや南インドの料理を提供しているレストランやカフェと混同されてはならない）。このような過程を通じて、アルコールは、白人マジョリティの夜間経済《ナイトタイムエコノミー》の余暇空間からムスリムの人びとを社会的に分離《セグリゲーション》することに事実上貢献するという作用を持っている。すなわち、ニュージーランドのオークランドでレイサム（Latham 2003）によって明らかにされたクィア空間のような、この「新しい」排除の様式は、事実上表れつつある空間の変容を代表している。つまりそれは、地元自治体や商業投資家による意図的な意思決定や計画というよりむしろ、アルコールによる予期できない情動の力の結果なのである（Latham and McCormack 2004を参照）。この意味において、本章は西洋の多くの都市においてみられる現代的都市再生の過程が都市の社会生活の多様性を実際に脅かしているという議論を支持するさらなる知見を提供している。ある種の主流派の消費者と消費傾向を重視し（たとえばDavis 1991, Zukin 1995, Smith 1996, Fyfe and Bannister 1996, Mitchell 1997, Velentine 1996）、その他の消費者やかれらが創り居住する空間を理解していないためである。フィリップほか（Phillips et al. 2006）がイギリスのアジア系住民の居住分離《セグリゲーション》との関連で議論しているように、このような傾向は、それらが少なくとも部分的にはより広い排除の過程の帰結であるにもかかわらず、しばしば「選択」として説明されるのである。

おわりに

本章では、夜間経済《ナイトタイムエコノミー》の余暇空間からムスリムの人びとを社会的に分離するのに貢献するアルコールの作用を示すことで、社会関係の創出においてアルコールが生み出す役割を探究してきた。特に、イギリス文化におけるアルコール消費の「規範化」が、主流夜間経済《ナイトタイムエコノミー》のなかで公共空間の利用（および暗黙にはそこへのアクセス）と空間的な規範に関する期待をどのように形成するのかに注目してきた。実際、タルボット（Talbot 2007, 86）は、酒販許可を受けた店舗の役割をイギリスの主流な都市の夜間経済《ナイトタイムエコノミー》の経済的な動力として論じ、アルコール販売許認可の自由化を「新自由主義に特徴的な道徳的結界の緩和」をするものと記述してきた。そこでは、商業あるいは消費者の実行可能性という概念が、実際のところ、公共の場で何が社会的に許容されるのかを決定させてしまっている。このように、われわれは今こそこの夜間経済《ナイトタイムエコノミー》への自由競争主義的なアプローチの意図せざる結果を省察し、国民文化的アイデンティティ、道徳性、そして社会的結束の問題についてより広く議論するなかでこういったことを位置づけるときだと主張する。特に、都市においてアルコールが不在であったり存在したりするさまざまな仕方と、異なるコミュニティ空間のなかに実在するもてなしの空間の多様な性質を認識するために、都市の夜間経済《ナイトタイムエコノミー》のより意識的な計画や規制が必要であることをわれわれの知見は示している。それはアルコールの消費があまり前提とされていない主流の余暇空間が広い範囲で発展することを支えるために重要である。このことによって、アルコールを控えているムスリムのような社会集団（また他の信仰集団や、若者、高齢者など他の社会集団も同様）が主流の都市社会生活に参加する機会へのアクセスを促進させる可能性がある。このようなアプローチを採ることで、そうでなければあまり社会的接触の機会がないような異なる社会集団間において意味のある出会いのための空間をもっと作り出し、それによって良い関係の発展を促進できるかもしれないのだ（Valentine 2008）。

同時に、われわれの調査は、アルコール問題に対する支援サービス（アルコール・コンサーン〈Alcohol Concern〉やアルコホーリクス・アノニマス〈アルコール依存者更生会〉のようなNGOや慈善団体の双方）やアルコール関連問題を減らす戦略の責任を有する政府の部局が、節制の文化を持つコミュニティも対象とし、「隠された」水準の問題飲酒に支援を届けることの必要性も強調している。先に引用したコクランとバルの研究（Cochrane and Bal 1990）は、アジア系の男性はアルコール問題からの助けを家族構成員や医師・病院に求める一方、その他の拠り所（たとえばアルコホーリクス・アノニマスのような支援団体やボランティア組織）に助けを求める者は白人多数派のインフォーマントと比べて有意に少ないことを明らかにした。たとえば、少数派エスニック（および信仰）人口を多く抱えたブラッドフォードにある薬物依存更生機関は、地元の人口の20％が非白人から構成されているのに対し、サービスの利用者はわずか1％にすぎなかったことを示した。これは、少数派のエスニック・コミュニティに属する潜在的な利用者には、アルコール問題に対処するサービスへのアクセスに次のような障壁があることを示している。アルコール問題の解決を支援するサービスの存在に関する認識の欠如。このサービスは白人が運営し、白人の患者のために対応するので、マイノリティのエスニック・コミュニティに属するサービス利用者が人種差別や文化的な繊細さの欠如に遭遇するかもしれないという（潜在的なサービス利用者による地域の他の健康や福祉のサービス利用の経験に基づいた）想定。言葉の障壁。そしてさらに、自分たちが問題を抱えているとみられることで少数派コミュニティの否定的な固定観念《ステレオタイプ》を強化してしまうことへの懸念などである（Harrison et al. 1996）。このような知見は、少数派のエスニック・信仰コミュニティに支援の手をさしのべるための適切な専門的サービスの開発の要求につながってきた。しかし、このように少数派のエスニック集団を対象にすることは、これらの集団への主流のサービス提供については周縁化を強化してしまうリスクもある。さらに、この調査からは、もしこのサービスがかれら自身のコミュニティメンバーによって提供されていると、結束が強い地元のアジア系コミュニティにおいて自分たちの秘密が守られないかもしれないという恐れがあるため、ムスリムの患者は非ムスリムのカウンセラーと話すことを好む可能性があるという兆候も見られた（Patel 1993, Harrison et al. 1996も参照）。むしろ、代替となる解決法は一般的な主流のサービス提供者を採用してより適切に研修を積み重ね、伝統的にアルコールを禁じられたコミュニティのニーズをつかみ、ふさわしいコミュニティ支援活動を行い、信頼関係を構築することだと提言する論者もいる（たとえば Ahmed 1989, Patel 1993, McKeigue and Karmi 1993）。

第6章　世代

グローバル・ノースのほとんどの現代社会において、特に若い人びとによるアルコール消費の増加が大きな話題となっている。以前から「分別のある」飲酒文化を持つとされてきたフランスやイタリアといった国でさえそうである（Wright 1999; Järvinen and Room 2007）。しかしながら、アルコール研究は親の飲酒行動がその子どもの飲酒パターンへと伝わるような問題に焦点を合わせ（Yu 2004; Lieb 2002; Conway et al. 2003）、若い世代の飲酒に対する態度への家族生活の影響を考察してきた（Lowe et al. 1993; Shucksmith et al. 1997; Tlusty 2004; Marquis 2004; Bogenschneider et al. 1998）一方で、酒・飲酒・酩酊に関する親子関係より広い世代の影響に注意を払ってこなかったことが今日の研究課題である。実際、特に南欧における若い人びとによるビンジ・ドリンキングの登場によって、イギリスの飲酒文化に関する近年の大衆や政策上の議論は、消費パターンと同様にアルコールに対する世代的な態度における移行をほのめかすようになってきている。仕事や介護に関するこれまでの世代間に関する研究は、社会的・経済的状況を反映して、特定の歴史的時期においてさまざまな規範性が発生することを明らかにしている（Brannen et al. 2004）。市場・価格・入手のしやすさ（たとえば、小売販売の成長）といったアルコール生産の性質やタイプの戦後における変容、およびイギリスにおける近年の酒類販売許可法の自由化において、さまざまなコーホートが飲酒に関連する規範性を発達させてきたはずだと予想するのは理にかなっているといえよう。本章では、アルコールに関するこれらの仮定が論証されるか否か、もしそうであるならば、飲酒パターンがいかに変化しているのか、異なる世代間の態度や実践における社会的変容の要因は何であるかを議論する。

私の世代——記憶のなかのアルコールに対する態度と消費

世代という概念は、さまざまな研究者集団によってさまざまに使用されている曖昧な用語である。親族研究（たとえば、Pilcher 1995）は、「世代」という用語を子から親へ、そして祖父母へといたる家系を記述するものとして使用している。アーバーとアティアス＝ドンフト（Arber and Attias Donfut 2000, 2）はより精確に「家族的世代」として記述することを提案している。他の研究者は「コーホート世代」として、世代を歴史における同じ時期に生まれた年齢の近い人びとを記述するのに使用している。この意味において、各コーホート世代にとって規範となるものは異なり、したがって各コーホートは前の世代にとっては異常で考えもしないやり方で行動するかもしれない（Brannen et al. 2004）。社会学者マンハイム（Mannheim 1952）は、影響力のあるエッセイのなかで、世代の形成を社会変化と結びつけている（時折「歴史的世代」として言及される）。彼は、特定の重要な経験（たとえば、大恐慌や戦争、１９６０年代のような急激な社会変化などといった大きな社会的動乱）を共有する人びとが、社会的・政治的意識や世界の見方の共有された感覚を発展させると論じた。アティアス＝ドンフト（Attias-Donfut 1988）は、この歴史的世代という概念が過度に評価されているのは、各世代が大きな社会的動乱を経験したのか、あるいはよりわずかな社会変化のなかを生きてきたのかということに対して無頓着であり続けたからだと論じている。また、歴史的世代は社会の集合的記憶として特定の時期を例示するような、社会的想像の産物であるということも論じている。本章において、われわれは2つの方法で世代について記述する。1つは、われわれのインフォーマント（ある家系においては男性の系統を、別の家系においては女性の系統を辿った）。2つ目は、分析目的のために、われわれはインフォーマントを3つのコーホート世代に束ねた。本章では便宜的に、65歳以上（退職年齢）を「年配世代（older generation）」、35歳から54歳までを「中間世代（mid-generation）」、18歳から24歳までを「若者世代（youth generation）」（すなわち、青年期〈young adulthood〉。この年齢層は子ども期に関する社会的研究において一般的に「若者〈youth〉」と定義されている）と呼ぶこととしたい。

回答者母集団の多数派である年配世代は、アルコール消費に関して著しい社会的禁制が存在した歴史上の時期に成長した集団である（かれらは1950年代に10代であった）。アルコールを保有し、自宅で消費するということは、あったとしてもわずかであった（クリスマスのシェリー酒を除いて）。また、かれらが若かりし時代に公共空間で飲酒するというのはもっぱら男のすることであった。インタビュー対象者からアルコール消費やそれにまつわる規制についてのはっきりとした親子間での話し合いや取り決めを引き出すことはできなかった。かれらは法定年齢前に親たちの前でおおっぴらに飲酒することを抑制させることを意図した無言の期待を意識していた。にもかかわらず、すべての男性は、親たちの知らないところで「こっそり」飲んだことを思い出した。男性は共通して15歳から16歳あたりに初めての飲酒を経験したことを記憶しており、女性はもっと遅かった。特に「労働者階級」や農村地域における若年男性による法定年齢未満の飲酒は、父親や別の親類男性と同伴の場合、パブのようなコミュニティ空間のなかで時折黙認された。実際、パブは飲酒だけでなく、出会い、語り合い、ドミノに興じるといったような重要な社会空間であった。それはまた、インフォーマルに規制される行動が暗黙に期待される空間でもあった。

デイル：父は私が小さい子どもの頃から……特に日曜日の夕食にパブに行っていました……そしてそこに2時間半か3時間ぐらい留まったんです。

インタビュアー：お父さんは家でも飲んだんですか？

デイル：家では決して飲みませんでした［編集］近所にはいつも空いている小さなパブが1軒あり、私が15歳くらいの頃よく行っていました。彼［パブの店主］はやけになっていたのだと思います。なぜなら、店には全然お客さんがいなかったし、当時はいつも2〜3杯［ビール1〜1.5パイント］の酒しか置いてなかったからです。私たちは歌ったり、それらを飲んだりしていました。私がお酒を初めて飲んだのもその時だったと思います。

（デイル・ハーパー、ストーク・オン・トレント、65歳以上、男性、NS-SEC 3）

私はよくパブに行き、そこで父はハーフ［ハーフパイントのビール］を買ってくれました……ある夜、私が……大きな……襟のついたシャツを着て店に行ったら、父は私を隅に引っ張っていき、父はそこで友達何人かと一緒だったんです。そして父は、襟のついたシャツやネクタイで二度とここに来るなというんです。それは殺伐とした木曜日の夜で、10時を30分ほどまわっていました。そして、私は決して父に反論せず、言うことを聞いていました。

（カール・アラン、ストーク・オン・トレント、65歳以上、男性、NS-SEC 4）

しかしながら、女性の飲酒はいまだ社会的に許容されるものとはみなされず、公共空間で見られることは男性の飲酒に比べてはるかに少なかった。実際、一般的に女性にとって家を離れることが飲酒の最初の自由を提供したといえる。男性のインタビュー対象者と同様に、女性もまた、「外出すること」や飲酒することの動機は、酒そのものや酔っぱらうことへの欲求よりも、社交的になりたいとか楽しみたいという欲望であったと記憶していた。この世代のインタビュー対象者は、公共の場での酔っぱらいを見かけることは稀だったと証言している。実際にイーデン村のダンス・パーティーはアルコール抜きで行われるのが通例だった。若い男性にとってもっとも一般的な酒はビールだったように、若い女性のそれはチェリーB〔イギリスで販売されているチェリー酒の商品名。113 mlの小瓶で販売されている〕のような酒だった。

酔っぱらいを目にすることはあまりなかったです……私たちの若い頃、そして大人になっても、酔っぱらった人を見かけたことはほとんどありません……そう、今とは全く違った雰囲気でした。全般的に〔編集〕若い頃はパブに女性はいませんでした。女性がパブにいることなどなかったのです……パブに入ると、そこにはパイント・ジョッキを持ち、パイプを燻らした5、6人の年配の紳士たちがいて、いつもそれだけでした……。想像するに、わずかのお酒をたしなむ女性たちを見かけるようになったときには、少なくとも20歳にはなっていたと思います。

（コリン・ベリス、イーデン、65歳以上、男性、NS-SEC 3）

イスラームの教えによって禁じられているので、パキスタン系ムスリムの年配世代のインタビュー対象者は誰もアルコールを飲んだことがない。禁欲文化は、禁欲という共有された価値に対する統合と調和への強い期待を生み出す結束の強い家族や共同体の社会的ネットワークによって統制されている（Dwyer 1999の第5章を参照）。次のインタビュー対象者は、ある工場で働いていた時、コーラのようなソフト・ドリンクを飲むことさえ注意して避けるようにしていた。なぜなら、同僚たちがコーラにアルコールを入れて飲むこともあったからだ。

飲酒はイスラームでは完全に禁じられています。私は人生で一度も飲酒したことがありません。決して、決して飲酒しないのです。飲酒するムスリムもいますが、それは禁じられています。ムスリムは生涯に絶対飲酒してはいけないのです……飲酒はイスラームに反することです……アッラーの教えを学び、それに従う者は決して飲酒をしてはならないのです。飲酒する者は家族と争うことになります……［彼は若い頃を思い出して］私は決して友達と一緒に遊びに出かけませんでした。アッラーを想い自らの祈りのためにモスクへ行っていました。決して友達とパブへは行かなかったし、モスクへ行ってすぐに帰宅しました。

（フスナン・イバドゥッラー、ストーク・オン・トレント、65歳以上、男性、NS-SEC 7）

公共空間（私的空間ではなく）でのアルコール消費に対する態度とその実践における重要な変化は、回答者母集団のうち、中間世代の大多数の子ども時代／若者時代（1970年代半ば／後半から1980年代にかけて）についての説明において顕著であった。中間世代は、親の生活のなかでアルコールが重要な役割を果たしていたことを覚えている。中流階級の回答者の多くは、家にドリンク・キャビネットがあったこと、子どもたちを2階に追い払った後、両親が友人たちをディナーパーティーに招いてもてなす際にアルコールが飲まれていたこと、当時は今日よりも飲酒運転が社会的に許容されていたことを覚えていた（実際にインタビュー対象者自身も若い頃に飲酒運転をした覚えがあった）。「労働者階級」の背景を持つインタビュー対象者にとって、アルコール消費とは公共の場での飲酒とより強く関わっており、とりわけ父親がパブですることであった。

この世代にとって、回答者母集団の大半は、クリスマスやその他の家族で集まる特別な機会にアルコールを初めて勧められたり、あるいは、試すことを許されたりすることが多かった。この世代では男女ともに、上の世代の男性と同様に、15歳あるいは16歳が初めて自発的に飲酒する年齢だった。この世代はまた、法定年齢未満のとき（パブのような）商業施設において、そして（教会の庭や公園、ユースクラブなど友人と一緒にいるような）くだけた公共空間で、どのようにして親に知られることなく飲酒をしたかを記述している。このことは、パブで年上に見せて「やりすごそう」としたり、友人とくだけた公共空間で飲酒するために、きょうだいや実家からアルコールを入手しようとしたことを含んでいる。こうした実践は地方の多様な飲酒文化に参加する重要な要素であり、近しい人びとと交渉し、その一員であることを主張することを含んでいる。よって、飲酒に対する動機は、そこに所属し、適合しようとする欲望と同様に社会的なものであった。

インタビュアー：初めての［飲酒の］経験はどうでしたか？

ギャリー：お酒を飲み始めたのは16歳で、村のパブだったと思います……自分の記憶が正しければ、そこへはよくシードルを、特にバルマーのシードル瓶を飲みに行っていました。……そういえば思い出した。友達の父親がくれたんです……私はシードルの瓶を数本飲みました［編集：少し年上になってからのことに言及して］私たちはペンリス［最寄りの町］のいくつかの場所に夜に何回か行きました……クラブとかではなくパブに行ったんです……あと、毎週日曜日にカーライルにあった変なナイトクラブに行っていました……毎週日曜日にはライブ演奏するグループがいて［編集］私が同じくらいの年［彼の子どもたちの年齢］の頃は、飲んで運転することが多かったですね……この村で17、18、19歳で飲んで運転するなんて、［今では］めちゃめちゃ珍しいですよ……今はそれ［飲酒運転の危険］をもっとうまく宣伝しているでしょう？ 今は警官がそこらじゅうにいるし……私が若かった頃は、村で警官をみかけるなんて月に1度くらいでしたよ。みんなそんなもんでした。

（ギャリー・ベリス、イーデン、45～54歳、男性、NS-SEC 3）

ドナ：それ〔飲酒を始めた時〕は17歳の時でした。パブに行くことは許されていなかったけど、私たちは行ったものです。パブに行き出したのは、17歳くらいの頃でした。……法定年齢未満だったけど……みんなで行ってそれ〔ラガー〕を買ったものです。

インタビュアー：周りの人たちは法定年齢未満だとわかっていましたか？

ドナ：わかっていたでしょうね。法定年齢未満だと絶対わかっていただろうけど、私たちに酒を売っていたんです。……最初は少量から始めて、私たちはどんどん飲むようになっていきました……酔わないようにしていました。自分が何をしているかわかっていなかったけど、酔うまでの半分ぐらいですかね……それは楽しかったですよ……だから私は飲んだと思うのです。自分はお酒が好きだから飲んだのではなく、その雰囲気が好きで飲んでいて、皆そうしていました。

（ドナ・カークランド、イーデン、35～44歳、女性、NS-SEC 5）

初めての酒として思い起こされるのは大抵、ビール／エールとシードルである。男性たちが若い頃に引き続いてビール／エールを飲み続ける一方で、女性たちは、バカルディのコーラ割り、ブランデーのベイビーチャム〔洋梨シードルの商品名〕割りのような、蒸留酒を甘い飲料で割ったものを飲むようになると説明している。時折インタビュー対象者は親たちに飲酒を見つかったことがあり、飲み過ぎて帰宅してから具合が悪くなったり、気を失ったりした経験があることを思い出している。ジェーン・コックスは以下のようなことを覚えている。

ジェーン：唯一覚えているのは……ひどく酔って帰宅した時のことです。父は私がいかに愚かだとか何か言っていたんですが、私はなんとか父を黙らせようとしていました。とても……酔って気分が悪かったんです［笑］。……姉が泥酔して帰宅したことを覚えています……覚えているのは、姉が酔っぱらったことですね。姉は私よりも7歳年上なので、当時の私はずっと小さかったですね……母が姉に塩水を飲ませて、それで姉の具合が悪くなったのを覚えています。それは飲酒がいけないものだということのわかりやすいメッセージだったのかもしれません。

インタビュアー：酔って帰宅した夜のことを話してくれましたが、初めて飲酒した時の経験はどんなものでしたか？

ジェーン：飲んだのは友人か誰かと一緒だったと思います……私たちはよく公園を夜に利用して、たくさんのビールやシードルなんかを飲みました。私が飲んだ記憶では、シードルかなんかですね。ラガーやビールは缶などを試しに飲んだけど、決して好きにはなれなかったことをよく覚えています……そのそばにはパブがあって誰にお酒を売るか注意深く見ていたけど［皮肉をこめて］、時々そこへ行って酒を買うことができました。私が覚えているのは、パブに行くのは難しいこともあったけど［皆まだ法定年齢未満だったから］、全く平気なときもありました。

（ジェーン・コックス、ストーク・オン・トレント、45～54歳、女性、NS-SEC 2）

この種の飲酒が典型的に親の知らないところでなされ、多くの場合に家族の「ルール」に反していたように、こうした非行が親に叱られることになり（右の引用のいくつかがそのことを示唆している）、インタビュー対象者の何人かも、「これに懲りて今から教訓にしなさい」などと叱責されたことを思い出している。

インタビュー対象者母集団の大半にみられた年配世代と中間世代のあいだの変化は明白だったが、この変化のパターンはパキスタン系ムスリム家族の例ではそうではなかった。なぜなら、かれらの宗教的信念とその帰結としての禁欲の文化が、世代を超えて一貫して続いているからである。中間世代のインタビュー対象者の1人だけが飲酒を認めた。彼は非ムスリムの友人と交友し、くつろぐために、適度な（人目につくような自分の近隣コミュニティではなく）市の中心部にあるパブで、蒸留酒を中心に、適度な量（1週間に15～21単位）を消費していた。しかしながら、彼は決して家では飲まなかったし、妻や子どもたち、親類には飲酒を隠していた。なぜなら、かれらは宗教的な信念を共有していたからである。むしろ、パキスタン系ムスリムのインフォーマントの大多数は、アルコールが入手しやすい公共文化のなかでアルコールを避けるのが非常に困難であると経験に即して説明している。

> 友人たちとピザハットにいた時のことを覚えています……私は座って何かを食べていて、とても楽しくて、すばらしい時間を過ごしていたら突然……ウェイターがワインボトルを1本持ってきたんです。私はショックを受けたけどそのことを周りに悟られないようにきわめて平静に努めましたが……悲しい話に聞こえるだろうけど、それは初めてのことで、あれだけ近くでアルコールの瓶を開けたりグラスに注いだりするのを見たのは初めてでした……それはとてもショックでした。
>
> （ザフラ・マホメド、ストーク・オン・トレント、45～54歳、女性、NS-SEC 7）

回答者母集団の多数派を家族に持つ近年の「若者世代」はもっぱら、家族的背景のなかで低い年齢でアルコールを勧められている。アルコールを試してみることに対して、かれらの親は中間世代や年配世代の若い頃よりも温和な態度を取っていたと回想している。何人かのインタビュー対象者は、法定年齢未満のアルコール消費に対して、外出前に、あるいは外出する代わりに、自宅で友人と一緒に飲むことを親あるいは友人の親が許してくれた例を語った。こうした例において、若い人びとは友人と外出するよりも、家という安全な空間にかれらを留めておこうとして親たちが飲酒を後押ししたのだと考えた（第3章を参照）。イーデンにおけるいくつかの事例では、若い人びとの社交や余暇の他の機会が限られている農村コミュニティにおけるアルコールの役割を勘案して、親たちは、友人と一緒にいる家庭外でのインフォーマルな空間において法定年齢前の若者たちにアルコールを与えていた（Ward 1990; Philo 1992）。この世代は年配世代と同様に、家族と一緒にパブへ行ったという経験を報告しており、そこでは、社会的に容認された法定年齢未満での飲酒も時には可能であった（Leyshon 2007 を参照）。こうしたより開放的な雰囲気においてもなお、公園や海岸などでの飲酒を語る中間世代と強く呼応するように、若者たちは親たちの知らないインフォーマルな空間や商業施設での不正な飲酒パターンについて語っている。

……16歳くらいの頃、父親と一緒にパブへ行くと、かれらが何か飲み物をくれました。一晩に、軽めのラガーを何本も。

（エリー・ベリス、イーデン、18～24歳、女性、NS-SEC 3）

私はよく夜11時くらいまでディスコ……に行っていたの。そこの年上の人たちはみんな飲んでたわ。私たちもウォッカなんかに手を伸ばして。そう、私たちは何もわかってなかったわ。それでも飲んでいたのは、すべてがつまらない年頃だったからよ。

（メリッサ・ワーシントン、イーデン、18〜24歳、女性、NS-SEC 2）

たぶん、私の記憶では……学校に行っていた15歳くらいの頃だったと思います。友達は皆外出して、シードルを買っては学校の外で飲んでいました。連れ立ってうろうろして、誰か安いお酒を買いに行かないかを見つけようとしていたんです。それはとても和気あいあいとしたもので、友達としゃべりながら飲んでいました。

（ゲイル・コックス、ストーク・オン・トレント、18〜24歳、女性、NS-SEC 2）

しかしながら、若い女性はワインやアルコポップス、アーチャーズ〔ピーチ・リキュールの商品名〕やレモネードで割ったスピリッツなども飲むが、この世代の好みの酒はウォッカである。これらインタビュー対象者は、飲酒に対する仲間からの強い圧力や、若い女性が男性の飲むペースについていかなくてはならないという圧力についても語っている。飲酒する主たる動機は酔うことであり、それはあるインフォーマントの言葉によれば、「気を失うくらい飲まなきゃ楽しんだことにはならない」からである。ここで、アルコールは異性と接する自信を若い人びとに与え、友達から「楽しんでいる」とみなされるのに十分にくつろいだ状態になるために必要なものとされている。

パキスタン系ムスリムの若者世代のあいだでも、若い男性たちにおける飲酒の重要な証拠が見出されている（第5章を参照）。インタビュー対象者自身の説明、あるいはかれらの仲間の行動の観察からは、若い男性が10代半ばから後半にかけて飲酒を始めるという共通したパターンが現れてくる。主たる動機はインフォーマントの大多数のそれを反映しており、抑制からの解放や女性に対する自信と同様に、仲間集団と打ち解けて馴染みたいという欲求である。ムスリムのコミュニティ内には飲酒に関する社会的禁制があるため、こうしたアルコール消費のほとんどは、周縁的な公共空間（公園、バス停留所など）で行われる。若い飲酒者は飲酒しているところを他のムスリムに見られるリスクを避けたいし、かれら自身やその家族が羞恥を受けるがゆえに、アルコール消費は決して家庭内では行われない（いく人かのインフォーマントはパキスタン系コミュニティがあまり訪れない都会のある地区の公共の場に行くリスクについて語っているが）。しかしながら、女性による飲酒は、若い男性によるものよりも家族やより広いムスリム・コミュニティからより強く禁じられ、監視される。このことは、女性の身体やアイデンティティに関するより一般的な規制――それは、イギリスのムスリム・コミュニティ内での家族生活や社会生活の緊密に結びついた性質によって促進される――を反映している（Dwyer 1999; Bradby 2007）。コミュニティの「規範」を逸脱することの代償もまた、女性にとって潜在的により厳しいものである。しかしながら、パキスタン系ムスリム・コミュニティ内の年配世代や中間世代とは異なり、若者世代は、たとえかれら自身が宗教的信念を理由にアルコールを控えることを選択するとしても、他の人が目の前で飲酒することを許容したり、アルコールを提供する店舗に進んで入ろうとする。1人の若い女性が語るところによれば、彼女は宗教を理由に飲酒はしないが、来客が自ら消費するためにアルコールを持参して彼女の家で飲酒することを許容している。

それ〔アルコールを飲むこと〕についての態度は〔家族の各世代を通じて〕変わりません。飲酒はするべきでなく、飲むことは悪いことで、態度は同じです。恐らく家庭のなかでは、父や祖父と比べると、私は他人が飲酒するのを見ることには寛容です。でもそれは、父が12、13歳までパキスタンに住んでいて、祖父はイングランドに来てすぐ働き始めていたからです。今、私は成長し、大学に通うことができ、大学で飲酒文化をより頻繁に見ているから、父や祖父、母よりも他人〔飲酒者〕に関して寛容です〔編集〕友人と外出すると、かれらは飲酒するけど私は飲まずに、レッドブルやコーラなんかを飲んでいます……それで、帰宅する頃になると、皆のなかで唯一のしらふということで、私が運転して〔皆を連れて〕帰ります。

（シャダフ・イバドゥッラー、ストーク・オン・トレント、18～24歳、女性、NS-SEC 7）

飲酒実践における世代間の連続性と非連続性

前節で記述した各コーホート世代の多数派のアルコール消費のパターンに顕著なことは、中間世代と若年世代とのあいだよりも年配世代と中間世代のあいだにみられる有意な差異である。年配世代と中間世代にみられる差異としては、飲酒がより広く普及した余暇実践となっていることや、アルコールが家庭にあるのが当たり前になっていること、商品のタイプや入手しやすさが変化し、女性の飲酒が増加して、公共空間でより見受けられるようになってきているということが挙げられる。パキスタン系ムスリムのインフォーマントのあいだでは、中間世代と若者世代での変化が明白である。それは、若い男性によるアルコールの経験が明白になってきたことである（大抵は一時期だけのことだが）。

しかしながら、回答者母集団の大半の年配世代と中間世代では、若かりし頃の飲酒パターンにいくつかの注目に値する連続性がある。年配世代と中間世代はどちらも、周縁的な公共空間（公園や路上、ユースクラブの外など）で、法定年齢前の15歳から17歳くらいに飲酒を始めている。同じようにパブでもその年頃に、実年齢より年上のふりをしてアルコールを購入したり、友人や親類がアルコールを提供したりすることで、飲酒を始める。どちらの集団も18歳以上になると、パブやバー、クラブなどに足繁く通って飲酒するようになる。この意味において、小売店での販売の結果として飲酒時間が自由になったことや家庭でアルコールが入手しやすくなったことといった過去30年間の広範な社会変化が、若い人びとが初めて飲酒する年齢や飲酒を始めた頃の消費パターンにとりわけ影響を及ぼしたという証拠はほとんど存在しない。

しかしながら、重要なのは、各コーホート世代で若かりし頃に多数派が消費していた商品タイプの違いである。年配世代と中間世代のインタビュー対象者がその飲酒歴を始めたのはラガーやビール、シードルであり、大人になってもスピリッツには移行しないのに対して、若者世代はウォッカやアルコポップスのような他のタイプのショット類で法定年齢前に飲酒を始めている。そのため、中間世代と似通った飲酒活動のパターンに従ってはいるものの、若者世代は実際には他の世代よりも著しく多くのアルコール単位を摂取している。このことは、国民を対象とした横断的調査の多くから得られた知見を統合した証拠からも支持される。今日の若い人びとは1990年の若者の2倍もアルコールを摂取しているということが指摘されている（Smith and Foxcroft 2009）。

中間世代と若者世代の2つ目の主要な差異は、飲酒に対する動機である。中間世代および年配世代は、消費パターンの背後に明白な意図のある動機を思いつかない一方で、若者世代は意図的に酔っぱらうために外出すると答えている（ミーシャムはこのことを「決然とした酩酊」と名づけている〈Measham 2006〉）。むしろ、中間世代は友人と会うために外出し、時には飲酒ゲームや過度の飲酒で酔っぱらったりすることもあったが、夜が始まる前は必ずしも飲酒が目的というわけではなかったと答えている。アルコールは社会的ネットワークに参加するために重要な手段なのであり、中間世代のインタビュー対象者でかれらが若者だったときに暴飲を促す仲間の圧力があったことを思い出す人はいない。この世代にとって、アルコールは「楽しい時間を過ごす」ことの本質ではなく、それに寄与する要因として記憶に残っていた。

対照的に、若者世代はアルコール自体を「楽しい夜を過ごす」ために欠かせないものとみなしている。この世代は「楽しむこと」や「素晴らしい時間を過ごすこと」に対して友人から強い圧力を感じている。このような仲間からの圧力は、からかいや名前の呼び合いといった形態を取り（特に周りをしらけさせたり社交的でなかったりすることへの非難として）、仲間に加わるように要求する（そのため、かれらは「楽しんでいる」ことをひけらかす）。それは、かれら自身のアイデンティティに関わる個々人の感情的な不安をもてあそぶだけでなく、集団をしらけさせたりあるいは従わないことで他の人の夜遊びを台無しにしたりすることへの罪の意識を喚起させる（非飲酒者の経験に関する研究としては、Naim et al. 2006がある）。この圧力は、集団での飲酒のスピードを速めるような、ラウンド買い（round buying）や飲酒ゲームを強調することで動員され、集団のパターンとして確立された方法とは異なったやり方で個人が飲むことを困難にする。多くの若者たちが自信を失っているが、それは、個人化の文脈のなかで、（関係するすべての選択やリスクを伴う）自身の個人誌を管理する際にかれらが受ける圧力を部分的に反映したものだ（Beck and Beck-Gernsheim 2002）。かれらの説明は、いかにアルコールが、つくろぎ、禁制を緩め、「楽しむ」ことを補うことによって、かれらに自信を与え、こうした圧力のかかる友人の社会的ネットワークに参加することを可能にする作用を持っているのかを証明しており、アルコールがさまざまな方法で情動の強度を高めるという他の研究（たとえば、Chatterton and Hollands 2002; Hubbard 2005）から得られた証拠を追認している。

外出するのは、酔っぱらうためよ……何杯か飲んだら酔っぱらって、自信がつくから気分が良くなるの。

（メリッサ・ワーシントン、イーデン、18～24歳、女性、NS-SEC 2）

インタビュアー：［法定年齢未満での飲酒の描写に対して］16歳で外出した時は何を飲んでいましたか？

ピーター：手に入って酔えるものなら何でも、だったと思います……ウォッカを結構飲んでいたのも、さっさと酔えたからですね……すごく酔っぱらえました。

（ピーター・カークランド、イーデン、18～24歳、男性、NS-SEC 5）

私が心配するのは、子どもたちが酔うために外出することです……［自分の若い頃の飲酒を息子や娘のそれと比較して］かれらがやるのはそれなんです。社交のために飲みに外出するんじゃなくて、最終的に酔っぱらう、それが外出の主な理由なんです。……だから心配になりますね。かれらはたくさん飲んでいると思います、ビンジ・ドリンキングですよね……それは決して少量ではないし、毎週末なんです、これは飲み過ぎですよね……子どもたちの飲酒量は明らかに私たちの若い頃よりも多いです。

（ドナ・カークランド、イーデン、35～44歳、女性、NS-SEC 5）

特に若い男性は、農村と都市の公共空間における男性的な飲酒文化の競争的な性質と同様に、若い女性と話していちゃつけるようにするうえでアルコールの重要性を語っている（Kraack and Kenway 2002; Leyshon 2005; Nayak 2003も参照）。若い女性の飲酒習慣がしだいに若い男性のそれと類似してきているという証拠が増えている（Wright 1999）一方で、われわれの参与観察が見出したのは、一般的に若い男性は女性よりも飲むペースが速く、若い女性が最後の人が飲みきるまで次のラウンド（round）の注文を待つのに対し、若い男性は集団全員が実際に飲み終わるのを待たず次のラウンドの注文をしてしまい、飲むペースの遅い人の目の前に2、3杯がたまってしまうということだった。実際に、若い女性のインタビュー対象者のいく人かも、友人の圧力のジェンダー化された性質を観察しており、いかに女性の友人が「夜遊び」においてお互いに気をつかうのかを説明する。一方で、男性たちはお互いを故意に酔わせようとする。

アルコール消費における女性のパターンが〔前述の説明が示しているように〕ある世代から次の世代へと著しく多様化しているのは、労働市場における女性の地位の変化の帰結であり、「新しい女性性《フェミニニティ》」の登場の結果でもある。それは、新しい商品や新しい形態の飲酒店舗の開発という観点で、アルコールとナイトライフ産業によって特に若い専門職の女性がターゲットにされたとみなしてきた（Chatterton and Holland 2002; Plant and Plant 2006）。最近20〜30年間における7つの大規模な国民レベルでの調査の知見を統合した研究レビューは、女性による飲酒の顕著な増加、および男性と女性の飲酒行動のジェンダー・ギャップ〔男女格差〕が縮小していることを見出している（Smith and Foxcroft 2009）。ただ、公共空間における女性の飲酒に対する道徳的態度はいまだこの社会変化に追いついていない。すなわち、女性の飲酒者はいまだ男性よりも汚名を着せられる場合が多い（Plant 1997; Day et al. 2004）。女性の飲む権利、そして公共の飲酒の場で女性の姿を見かけることが広く認識されている一方で、われわれの研究における男性と女性のインタビュー対象者はいずれも公共空間で酔っぱらう女性の姿に批判的であった。社会的態度に関連したこのような道徳上の二日酔い〔酔った後の後悔の意〕は、伝統的なジェンダーによる（また、階級による）「世間体」の期待が存続していることを反映している。つまり、公共の場で飲酒するのはかまわないが、女性は自制心を保ち、自己呈示を管理することが期待されるのだ。それをし損なうということは、公共空間では「だらしない」女性という歴史的性的言説――彼女たち自身を男性から暴力を受けやすい不適切な母親にし、男性の領域を侵犯するなどといった――を喚起させる。こうしたジェンダーによって異なる道徳は世代と地理的立地の両方に特有である。

私が若かった頃は、酔っぱらった女性を見たことがなかった……全くないです。女性はエッグフリップ（カクテルの一種）を1、2杯飲んで、クスクス笑っていたかもしれない……でもこの15年ぐらい……17歳や19歳やもっと若いかもしれない女の子たち……そういう子たちはがぶがぶ飲むでしょう。それをすばらしいことだなんて思わない。すばらしいだなんて思わないですよ……そう、数年前まではそんなものは見たことがなかった……ある意味とても悲しいですね。楽しくいることには大賛成ですが、女の子ですから……そういうのは男のすることだと思います。

（カール・アラン、ストーク・オン・トレント、65歳以上、男性、NS-SEC 4）

若い男が出かけてって酔っぱらうことは全然許容範囲だし、今でもそうだと思います……別にいいし、大丈夫だと思うんだけど、すごく酔っぱらってるのが若い女だったらひどいですよ。（男と女は）違うと思うんですよね、絶対……最低だと思う、本当にそう思います。

（ゲイル・コックス、ストーク・オン・トレント、18〜24歳、女性、NS-SEC 2）

インタビュー対象者の3つの世代間の最後の著しい違いは、自宅におけるアルコールの入手しやすさと、若い人びとが飲酒実践をいかに始めるべきかということに対する親たちの態度である。前節での説明が示しているように、家庭内におけるアルコールの存在感が世代から世代へと増加してきた（年配世代ではクリスマスに登場する貴重なものだったが、若者世代では自宅に常備されている——第3章を参照）。ここ10年間は、小売業者による価格競争と販売促進の結果として、イギリスにおけるアルコールの小売販売の増加が顕著になっている（たとえば、スーパーマーケットや酒販店、その他の小売形態を通して）。スミスとフォックスクロフト（Smith and Foxcroft 2009）のレビューによれば、アルコールは1980年よりも現在は65％入手しやすくなっており、1980年における世帯消費に占めるアルコールの割合が7・5％だったのに対して5・2％だけとなっている（Office for National Statistic 2007）。とりわけ顕著なのは、平均収入に対するワインの価格が低下していることだ（Mintel 2005）。こうした入手しやすさの結果として、中流階級のインタビュー対象者たちの多くは、自宅でのワインの消費がどれだけ増えたかを説明している。販売されたすべてのワインの推計80％超が、今日では酒販店を通したものである（Mintel 2005）。そのため、最近のミンテル（Mintel 2003）による調査が示しているように、アルコールの大半を自宅で消費する成人の割合が、フランスで31％、スペインで23％であるのに対して、イギリスでは46％であることも驚くにはあたらない。インタビュー対象者の多くは、自分たちの消費のために自宅にアルコールを保有するだけでなく、親族や友人をうまくもてなすために多様な種類の酒を備蓄している。実際、非飲酒者でさえ、訪問者に提供するためのアルコールを自宅に保有していた（第3章を参照）。

なんというか、誰だって……売っているので……スーパーに行けばウィスキーのボトルだの、ラガーやビールの缶だの買うことができますし。［昔は］販売許可のある酒屋かパブにわざわざ行かなければなりませんでしたが、今では買い物に出かけさえすれば簡単に買えますから、便利ですよね……しかも安いです……2、3ポンドのボトルワインや10ポンドの安いウィスキーだってあります。若い時には、ブランデーやウィスキーは値の張るものでした……ショットで1杯飲むのは、ビール1杯の2倍の値段でしたし……今はスーパーマーケットで10ポンド出せばボトルを買えますから……スピリッツは明らかに以前より安くなりました。

（ギャリー・ベリス、イーデン、45～54歳、男性、NS-SEC 3）

こうした世代間にみられるアルコールの家庭への浸透は潜在的に重要である。なぜなら、いくつかの研究が示しているように、家庭におけるアルコールの入手しやすさは、若い人びとのあいだでの飲酒レベルの高さに関連しているからである（van Zundert et al. 2006）。同様に、先行研究は子どもがアルコールを入手できる場所のほとんどは自宅や友人の家であったことを示している（Yu et al. 1997）。さらに広くみれば、飲酒の習慣や飲酒に対する態度との関連において、若い人びとの飲酒歴が作られる際にもっとも大きな影響を与えるのが家庭であるということはアルコール・スタディーズの文献のなかで定説となっている（たとえば Raskin White et al. 1991; Plant 2001）。親たちは若い人びとに対して、特定の実践の模範や強要を通じて直接的な影響を与える（Yu et al. 1997）。

母親と父親もまた、かれらが設ける境界――若い人びとに対して何歳からアルコール摂取を認めるのか、いつどこでアルコールに接するのが適切なのか――、アルコールに関わる問題についてどのようにコミュニケーションを図るのか、に関連する子育ての実践を通じて、若い人びとのアルコール消費の実践や態度へ潜在的に影響を与える。実際、子育てのイデオロギーには、おのおのの世代を超えて明確な変化が存在する。この変化の要因は、人びとが子どもを養育したり、この場合アルコール消費に関する選択決定がなされる状況が変化したことで、各世代が自身の特定の社会的文脈に応じて、親としてどのようにアルコールに関して振る舞うのかについて自分自身の見方を築き上げていることである。これは、親たちがやるべき「正しい」ことを自ら行うという家庭内の過程であると同時に、より広い公的な社会的「規範」が確立され競合されるという家庭外の過程でもある（たとえば、メディアや国家政策の勧告、地元の子育て文化など）。こうした過程を通じて、現代の多くの親たちは前の世代のあいだでは考えることもなかったような方法でこの問題に取り組んでいる。

ここまでのほとんどのインタビュー対象者の世代に関する説明は、中間世代と若年世代のあいだのアルコールに関するコミュニケーションの増加と結びついて、3世代にわたる飲酒に関する規則の出現や緩和について論証している。このことは、世代間の関係が変化しているという、より広範な傾向を反映している。伝統的に、親たちが子どもたちに対して「当然の」権威を持ってきたのは、体の大きさ・力の強さ・年齢・物的資源に対する管理における優位性のゆえである。この権威は大人と子どもの適切な行動に関する法と日常的な規範を通じて維持される(Jamieson and Toynbee 1989)。年配世代は、アルコールが滅多に自宅になかったことや、公共空間でのみ入手可能だったことから、親たちがアルコールに関して特に規則や境界を作らなかったのだと回想している。むしろそこには、若い人びとが親の前では法定年齢未満の飲酒を抑制されていたことや、適切な行動への語られることのない家庭内および家庭外の強固な期待が存在した。そのためアルコールについてのコミュニケーションはないに等しかったのである。中間世代にとっては、家庭内でのアルコール消費文化の出現を含む、社会におけるアルコールに対するよりリベラルなアプローチは、親たちが若い人びとの飲酒について厳格な境界を定めることを意味していた。これらの境界は必ず破られるのだが、中間世代はかれらが飲酒がもたらす負の効果に苦しんでいる時にも、親たちからは同情を得られず厳しく叱責されたことを思い出す。しかしながら、個人化の過程がその後も進展したことで、現代の大人の子育てに対する態度の顕著な変化を生み出してきた。子どもに規則を押し付けることよりもむしろ、今日の親たちは子どもたちとの階層的な関係を廃し、近しさを求めて規則や境界について交渉し、話し合うことを求め、その結果世代間により強い自律性が生まれ、いくらかの大人の「当然の」権威は失われていく（Wyness 1997; Gullestad and Segalen 1997; Beck and Beck-Gemsheim 2002）。こうしたコーホート世代間の特に子育てに関する家庭外の変化——若い人びとを躾けることからかれらの意思表示を可能とするような方向へ——は、代々にわたる家族内の文脈のなかでアルコールに対する態度と実践が伝えられる方法に著しい変化をもたらしている。

とりわけ、中間世代のインタビュー対象者は自身の子どものアルコール消費に対する階層的なアプローチ——「私がしたようにではなく、私が言うようにしなさい」——を行使することに躊躇があると語っていた。アルコール消費が日常生活のなかで当たり前になっていて、過剰な消費が成長の過程で当たり前で避けられなくなっているような現代の文脈では、今日における若い人びとの親たち（中間世代）は、子どもたちが10代後半でアルコールが容易に入手可能であるがゆえに、分別のある飲酒を促すため家庭的な状況で（たとえば食事時に）飲酒を始めるよう導くことを許容するしかない。ポルトガルやスペインのような国々ではこうしたアプローチはより標準的である（Plant and Miller 2007）。子どもたちが規則に背いて反抗的になり、（かれら自身も若い頃にしたように）屋外や自宅から離れた公共の場で内緒で飲酒したりすることで、アルコールに関連する被害に巻き込まれやすくなってしまうことを恐れ、中間世代の親たちは厳しく躾けることにより子どもたちと疎遠になることを避ける必要を感じている。だが、プラントとミラー（Plant and Miller 2007）による２０２３人の学生を対象とした調査を参照することは意義のあることである。この調査は、親から飲酒を教わっていると報告した10代の学生の方が、同じような方法でアルコールを始めていない学生よりも頻繁に飲酒していることを見出している。他の研究（たとえば、Hingson and Kenkel 2004; York et al. 2004; Pitkanen et al. 2004）でも、早くに飲酒を始めた若い人びとの方がよく飲み、15～16歳で飲み始めた人の方がより遅くに始めた人よりも大量に飲酒し酔っぱらうと報告することを示している。

子どもたちは、私が〔飲酒について〕咎めようとしようものなら、猫かぶりをしていると思うでしょう。子どもたちにとって、私がかつて飲み過ぎたり、ドラッグをやったりしたことなどは秘密でないのです。だから、こういう事柄に対して猫をかぶる必要なんてないんです。子どもたちには特定の物事を認識し、身体的な習慣や実践を発展させるように考えることで、飲むかどうかを分別をもって決めてくれればいいなと時々思います。

（マイレス・ハフ、ストーク・オン・トレント、45～54歳、男性、NS-SEC 1）

〔娘が来年大学に入学することを話すなかで〕私は何の心配もしていません。娘は成長したんです。彼女はさほど年齢がいかないうちから私たちとパブに行って、変な飲み方もしてきました。〔娘が〕

大学に入学する前に飲酒したことがなかったならば、初めて飲む時には暴れていただろうと思います。娘は成長し、お酒が自分に何をもたらすかを理解しているから、時には数杯飲むことがありますけど、私と似て、頭痛を感じたり病気になったりするのを嫌がります。娘はとても分別がありります……若い頃から私たちと一緒にパブにいたから、15歳か16歳［から］食事と一緒にワインをグラスで飲んでいましたし、時には翌朝二日酔いになったりしていました。

（ギャリー・ベリス、イーデン、45～54歳、男性、NS-SEC 3）

若者世代はかれら自身を、「自分の限界を知っている」という信念を含んだ意味でアルコールに対する責任ある態度を持っているとみなしている（Honess et al. 2000を参照）。そのことは、子どもたちが自分自身で飲酒を管理し過ちを認めることを信用していると報告した（中間世代の）親たちの多くによって支持された見方である。このように、若者世代が酔って帰宅した際、かれらの親たちは、同じような振る舞いに対して中間世代がその親の対応を報告していたような、叱ったり罰を与えたりするのではなく、この「通過儀礼」を受容している。

帰宅して玄関を開けたら、母が「飲んできたの？」と微笑んできたことをよく覚えています。僕が「うん」といったら、母は「自分がしていることを自覚していればいいわ」というようなことを言いました。僕がばかじゃないって知っていたから、あれは責任を取らせていたのだと思います。

（アダム・ハフ、ストーク・オン・トレント、18～24歳、男性、NS-SEC 2）

ピーター：私たちが16歳か17歳の頃だったでしょうか、木曜日に出かけたかった時は、飲み過ぎず、翌朝ちゃんと起きて学校に行くことが決まりでした。もし学校に行けなかったら外出は禁止というルールでした……私たちがもっと若い頃は、母か友達の母親が夜更けに迎えに来てくれました……母たちは厳しくなかったです……

インタビュアー：それは分別のあるやり方ですかね？　もうそう遠くないことだと思いますが、君に子どもができたら、同じようにできますか？

ピーター：たぶん、［子どもたち］はある時期になれば何らかの形で酒を手に入れるようになるんじゃないですか？　どう決めればいいかわからないですけど……、飲み方を制御し、どのくらい飲めるかの分別を少しずつ増やしていけば、たぶんそれが一番いいと思います……もし誰かを規制して、たとえばもし私が両親に飲んではいけないといわれたまま大学に進学していたら、私はちょっとキレていたでしょうね。

（ピーター・カークランド、イーデン、18〜24歳、男性、NS-SEC 5）

インタビュアー：お母さんやお父さんは、あなたが飲酒してきたことを想像していたり、あなたが実際に酔っぱらったことを見たりしたことがありますか？

ゲイル：……うーん、わからないですね。私の両親は割と寛大で、正しいことも誤ったこともそのまま自分でやってみなさいという感じで……よくわからないけど、あまり気にしていないようだったし、本当に私たちのことを笑っていたこともありました。

（ゲイル・コックス、ストーク・オン・トレント、18〜24歳、女性、NS-SEC 2）

パキスタン系ムスリムのインフォーマントのなかで、年配世代と中間世代のインタビュー対象者のいく人かは、コミュニティ内での若い男性によるアルコールの消費は社会統合の負の産物とみなされていた（すなわち、「飲酒はイギリス的生活様式の一部だ」）。こうしたインタビュー対象者は、こうしたパターンがコミュニティの集団的伝統の破壊を表象し、現代イギリス社会の特徴である個人化したライフスタイルの根拠であると提起している。しかしながら、いかなる文化においても伝統的な「規範」や価値は時間を通じて進展する。このように、前述した変化の兆候が、イギリスのパキスタン系ムスリム・コミュニティ内における世代間関係の弱体化や、個人化への避けられない移行を必然的に意味していると理解する必要はない。実際、若者世代のインタビュー対象者は、パキスタン系ムスリム・コミュニティ内での若い男性による飲酒がそうした世代的な変化の証拠だとみなしているわけではない。むしろ、アルコールを常用していた、あるいはかつて経験したことがある者は、飲酒が個人的な信仰を持つことと必ずしも矛盾しない一時的な状態のようなものだと主張している。代わりに、これらのインタビュー対象者が示唆しているのは、しばしば飲酒が行われるのは、若い人びとが10代後半や20代前半で、かれらの生活が伝統的な関わり合いや責任によって制限されることが少ない時期にアイデンティティやライフスタイルを「自然に」経験する頃であり、結婚すると逆に、家族の義務（特に家族の名誉を汚さないことの重要性）や社会的／共同体的義務が、個人の関心や欲望に優先されねばならず（Yip 2004）、この時点で若い人びとは飲酒を止めるのである。第5章でみたように、インタビュー対象者は、パキスタン系ムスリムの若者世代のいく人かによるアルコール消費が、そのコミュニティ内での態度や行動における著しい世代間の変化というよりもむしろ、大人への移行の通常の過程であることを表しているということを提起している。年配世代および中間世代へのインタビューが例証したのは、コミュニティ内では一定の「隠れた」飲酒がパキスタン系ムスリムのコミュニティを越えて認知されている一方で、こうしたことは、公に、あるいは家庭内では〔時折の兄弟間を除いて〕、承認されてはいないということである。このように、子育ての実践はより広いイギリス社会で採用されているより親族的なアプローチの系統内では変化していないといえる。むしろ、3世代すべてのインフォーマントは、子育て文化を親の権威と若い人びとによる服従といった伝統的な階層的様式にいまだ根ざしたものであり、アルコールの問題に関する世代間の対話が相対的にほとんどオープンでないと説明していた。

パキスタン文化では、アルコールを飲むのはタブーで、それは罪とみなされます。飲酒はあなたの身体、そしてあなた自身と宗教と信じるものの純粋性に悪い影響を及ぼすとみなされます。それは確執や対立ももたらします……〔もし飲酒するのであれば〕人びとは悪い行いについて話し、あなたに汚名を与え、あなたの家族にも汚名や悪い評判を与えます。それゆえ、飲酒はある意味で取り締まられているのです……〔地元のパキスタン系ムスリム・コミュニティの〕人びとの一部は、幾人かの子どもたちが飲酒していることを知っているものの、それらをあまり問題にしません。〔大人が〕子どもたちをそうさせているのは、かれらが後に結婚して落ち着くと〔飲酒しなくなると〕知っており、その途中の段階にいると考えるからです……（これに対して）女性の場合はそうではなく、理想化されて、尊敬の対象になります……女性は純粋なままでいなければいけません……
（サリーマ・マホメド、ストーク・オン・トレント、18～24歳、女性、NS-SEC 5）

おわりに

イギリスにおける「ビンジ・ドリンキング」についての今日の議論は、アルコール消費が増加していることで社会問題が増大しているという表象を暗に含んでいる。本研究で得られた証拠は、この図式が3つのコーホート世代にわたる連続性と変化のより複雑なパターンを覆い隠すということである。アルコールの価格が下落し、アルコール供給量が（夜間経済《ナイトタイムエコノミー》の発展に加えて、とりわけ小売販売（において））増加する一方で、3つの世代を越えた飲酒文化の著しい連続性が存在する。もっとも注目すべきことは、世代間インタビューから得られた証拠として、若い人びとが最初に飲酒した年齢が、男性では著しく似通っていることである。同様に、3つの世代すべてに共通するのは、若い人びとが周縁の公共空間や商業地でこそこそと親たちに隠れて法定年齢未満で飲酒をしていることである。こうした意味において、アルコールは回答者母集団の大多数において若い人びとにとって根強い意味を持ち続けている。

しかしながら、大多数の若い人びとが飲む酒類商品の種類は、中間世代と若年世代のあいだで顕著に変化している（ビールやシードルよりスピリッツやショット類を一層重視するように）。結果として、若い人びとは若いあいだはかれらの親世代と類似した行動パターンを採ることになるが、その実践において多くの単位のアルコールを消費していることになる。同時に、飲酒に対する動機もまた著しく変化している。アルコールはもはや、夜遊びの付随物――ただし、本質的要素ではない――として友人と時折共有する何かではなくなり、むしろそれ自体が今や集まったり出かけたりするための推進力あるいは理由となっている。すなわち、仲間ネットワークの主体なのである。だからこそ、若者世代は年配世代や中間世代が自分たちの経験を思い起こす以上に、大量に飲んでとりわけ酔うことを仲間から強いられる状況にある。「楽しい時間を過ごす」というこの圧力は、大多数のインタビュー対象者と同様にパキスタン系ムスリムによっても経験されていた。しかしながら、世代を越えた大多数で、女性の（自宅や公共空間での）アルコール消費は著しく増加し、公共の場での女性の飲酒が目立つようになる一方で、それにもかかわらず、「世間体」という伝統的にジェンダーに基づく考えの緩和は、ジェンダーによる実践におけるこうした断絶に歩調を合わせることができていない。（すべての年代で）公共の場で度を越して飲酒したことのある回答者母集団の大多数のうち女性は、同じことをした男性よりも軽蔑を受ける。同様に、パキスタン系ムスリム・コミュニティ内での若い女性の飲酒は、コミュニティ内の「不在の存在」として許容されている若い男性による飲酒とは対照的に、いまだタブーとみなされている。

多くの家庭でアルコールがよりありふれたものになっていくにつれて、親たちが若年者の飲酒に関する規則を作ろうとしたり、アルコールに関してかれらと話し合ったりする方法も変わってきた。回答者母集団の大多数では、コーホート世代間における子育てで重視される点において、家庭外一般での――若い人びとを規律することからかれらの表現を可能にすることへ――転換が存在する。このことは、アルコールに関する態度や実践が家族の世代間という家庭内の文脈において伝えられる方法にも顕著な変化をもたらしている。今日では多くの親たちが、伝統的なやり方で権威をふりかざすことを嫌がり、早い年齢で「分別のある」飲酒の習慣を子どもたちに導入する努力として、子どもたちとのオープンな対話を好む傾向にある。パキスタン系ムスリム・コミュニティにおける子育ての様式はいまだ大きく変わっていないが、少数の若い男性がコミュニティ内で隠れて飲酒することが大人への「通常の」移行の一部として増えている根拠はいくつもある。

こうした連続性と変化のパターンは、政策的な含意を潜在的にいくつも有している。第1に、変化のパターンの主要な担い手は、酒販店の発展と同様に、新しい商品や夜間経済《ナイトタイムエコノミー》の場の開発を通じて新規市場（若い人びとや女性）をターゲットとしているアルコール産業と小売業である。すなわち、自宅での消費を対象としたアルコールの価格設定や販売促進などである（アルコールが消費される場所に関して私たちの関心を多様化させる必要性については、Kneale and French, 2008を参照）。第2に、若い人びとによる「ビンジ・ドリンキング」を減らそうとする公共政策のイニシアチブは、飲酒の動機が変化していることにしっかりと着目する必要があるということをこれらのことは提起している。すなわち、若い人びととの社会的ネットワークにおけるアルコールの重要性や度を越して飲酒することに対する仲間同士の圧力を軽減することが必要である。最後に、若い人びとに分別のある飲酒の習慣を教え込むという今日的子育て戦略の効果を評価する必要を示唆している。

ここで、若い頃の飲酒経験における中間世代と若者世代との関係は重要である。中間世代のインタビュー対象者は共通して、若い頃の度を越した飲酒が、身を固め、賃金労働や借金、親になるといった責任を感じる前の、人生半ばの微熱のようなものであると語っている。かれらは子どもたちが同じような「自然な」移行に従うものだと暗に期待している。同様に、若者世代のインタビュー対象者は、「ビンジ・ドリンキング」と関連した健康上の警告を全く軽視している。このことは、若い人びとに関する近年の他の研究とも矛盾しない（Turning Point 2004; Engineer 2003; Richardson 2003; Balfe 2007）。これらの研究はまた、この世代が、かれらの個人的な安全ということ以外、大量の飲酒という出来事に関わるリスクをほとんど認識していないと結論づけている。このことの主たる理由は、若い人びとのあいだでは過度な「ビンジ」・ドリンキングがもたらす潜在的な健康の危機を認識する一方で、自分自身の飲酒パターンは人生における一時的なものである（「成長の一部」、「誰もがそうしている」）とみなしているがゆえに、その結果が自分自身にもたらされるとは認識していないことである。かれらは、ほんの短い間（過去2、3年）飲んでいるだけだと論じることでこのことを正当化し、ある年齢（ほとんどが20代半ばから後半だという）になればアルコール消費を止めるだろうと信じている。若い人びとは大量の飲酒は人生のほんの少しを占めているだけで、自分の飲酒の経験は自分の体への重大な被害を与えるほど長くない――人生全体の長さと比べれば――と考えている。その結果、若い人びとは健康に関する公的な警告を無視するのだ。だが、このような理由づけは、かれらの飲酒パターンの重要な要素が、このライフステージにおいて前の世代とは根本的に異なっているという事実を考慮していない。若い人びとはより多くの単位のアルコールを摂取しているのだ。かれらが飲んでいる酒の種類、公共空間と同様に自宅における多量のアルコール摂取、飲酒を始める年代における中間世代以上の仲間内の圧力、こうしたことから若い人びとは前の世代の人びとよりも長期にわたる健康被害を経験することになるおそれがある。さらにいえば、この研究における回答者母集団の大多数から抽出した中間世代および年配世代のインタビュー対象者は、さまざまなライフステージで消費パターンを変化させる（すなわち、人びとはさまざまな商品を飲み、公共の場所よりも自宅でより多くのアルコールを消費し、歳を取るにつれて飲酒に対する動機も異なってくる傾向がある。たとえば、仲間に合わせたり異性と親密になったりするためよりも、リラックスしたり家庭や職場でのストレスを発散したりするため〔のように動機が変化する〕）にもかかわらず、個々人は自分の消費量を過小評価するものである。その意味で、飲酒の世代間パターンの断絶が大量の飲酒による潜在的被害から若者世代を「自然に」保護するだろうという、若い人びとと親たちの期待は誤っているといえるだろう。

第7章　感情と身体

本書はこれまでの章において、酒・飲酒・酩酊に関する感情的・身体的な論点について多く言及してきた。たとえば第1章では、都市における労働者階級や若い人びとの酔った身体に烙印を押す行為について記述した。第2章では農村地域における孤立感が成人の飲酒実践にいかに影響しているかを記述した。そして第3章は、「安心する雰囲気」で寛ぎ、安らぐのを目的として人びとが自宅で飲酒することを示した。しかしながら、酒・飲酒・酩酊に関する多くの記述で感情と身体について論じられているにもかかわらず、このトピック〔感情と身体〕は明示的な方法ではアプローチされない傾向にある。たとえば、このトピックに関して考察した医学・健康科学における研究には、男性と女性の生物学的差異がどのようにアルコール摂取と酩酊へ影響するのか（Graham et al. 1998）、生理機能がどのように飲酒に関連した不安に作用するのか（De Boer et al. 1993）、そして飲酒して「露出」する女性に関する社会 - 医学的言説の考察（Hugh Jones et al. 2000）などがある。その他、アルコールと疎外、ストレスの関係について取り組んでいる研究もある（Seeman et al. 1988）。にもかかわらず、これらの研究を超える形で、身体や感情と政治的・経済的・社会的・文化的・空間的実践とアルコール消費に関する過程との関係を十分に探究する試みは継続されていない。本章では、この検討課題を前進させるためのいくつかの方法への手がかりを示すことにする（Jayne et al. 2010 を参照）。

アルコール消費の感情と身体の地理

現在、私たちの生活の感情的側面に関する研究は、人文地理学の研究分野として十分に確立している。楽しみ・悲しみ・混乱・興奮・恐れ・懇親性《コンヴィヴィアリティ》・愛・憎しみ・覚醒・互酬のような論点に着目した研究が、感情・空間・場所の相互作用を理解するために行われている（Davidson and Bondi 2004; McCormack 2003; Thrift 2004）。これらの研究で、感情を記述することは日常生活の重要な要素としてみなされ、理論家たちは「私たちの唯一の個性的な地理を作り上げる人びとと場所、政治の相互作用を部分的に形成し、同時にそれらによって形成される身体的で感情的な現象」（Davidson and Bondi 2004, 373）をみつめようとしてきた。たとえば、感情の地理についての諸研究は、加齢や死別、子宮摘出に対する女性の反応、（食べ物に焦点を合わせた）消費文化に関するジェンダー化された精神力学などの事例研究を含む魅力的な領域を考察し、私たちがいかに自然によって「心動かされる」のかについても考察している（Davidson et al. 2005 を参照）。

〔これまでの〕研究は感情がどのように問題〔＝いかに重要〕なのかを示し、感情が私たちが過去・現在・未来からの実体をいかに感知するかに影響を及ぼすのかを理解しようとしてきた。デイヴィドソンとボンディ（Davidson and Bondi 2004）は、社会‐文化的環境に従い感情の管理のさまざまな形式が特定の社会集団に適したものとなる方法を記述することによって、感情が自己の感覚に不可欠である、と論じている。さらに、デイヴィドソンほか（Davidson et al. 2005）は、私たちの生活が感情的見通しによって明るくなったり、曇ったり、暗くなったりしえることを指摘している。それゆえ、これらの研究は「全体的に内在化された主観的精神状態よりは、社会-空間的な仲介や接合」（Davidson et al. 2005, 10）に基づいた複雑な交渉のなかで、生活の感情的側面がいかに表現されたり結びつけられたりするのかを理解しようとしてきた。

感情の地理に関していえば、「身体を持った個人がお互いを区別し、周囲の環境から区別される心理-社会的および物質的な境界」（Longhurst 2001, 7）をまたいだ親密な結びつきを理論家は探究してきた。膨大な社会科学の文献を参照しつつ、地理学者は、「醜い」卑しむべき身体、浴室における男性の身体、妊娠している身体、身体と慢性疾患、高齢者、子どもと肥満などの幅広い問題を考察してきた（Kenworthy-Teather 1999; Longhurst 2001; Evans 2006, 2010; Evans and Colls 2009 を参照）。このような研究は、感情がどのように身体と場所に宿るのか、そして人びとと場所とのあわいには相関的な流れ・変動・流動が存在することを示している。実際、ロングハースト（Longhurst 2001）は、身体的境界が破壊的で対立的な方法と同様に、感情的に強力な方法で頻繁に知覚され、交渉されることを論じている。興奮・高慢・快楽、そして／あるいは罪・恥・怒りといった感覚は、感情と身体に着目することを通じてアルコール消費と酩酊の地理を理解する重要な要素であるといえよう。

感情と身体に関する研究を併せて読むことは、さまざまな種類のアルコールがさまざまな場所や空間におけるさまざまな人びとに影響を与える方法と、そのような地理が社会的な混合、対人的相互作用、および雰囲気や気分や感覚の循環といかに関係するかに対する洞察を提供する。たとえば、フィル・ハバード（Hubbard 2005）は「イブニングエコノミー」における「外出」の経験を考察し、危険・不愉快・欲求不満・憤り・快楽・欲望・怒り・幸福・恐れなどがいかに夜遊びの重要な要素となるかを示している。ハバードは「大がかりな夜遊び」の機会が感情を高ぶらせ、実際にそのような感情が特定の場所／空間に関する理解、そしてどのように情緒的自我を管理するかの理解を支えると論じている。アルコールや酩酊の程度の影響については特に調査していないものの、ハバードは飲酒に伴う快楽や気恥ずかしさ、感情的会話（議論や慰め話、恋愛話など）および身体的不快について記述している。ハバードの議論において鍵となるのは、アルコール消費が親密な社会関係・抵抗・共同体・身体的参加・共有などを引き起こすことを理解することである。アルコール消費は、飲み騒ぐ他の人たちとより広く共有された経験を生み出し、緊密な集団にとって夜遊びの「連帯感」を深める重要な要因となる（Matthee 2004 も参照）。

町外れの店舗と都市中心部の店舗への外出に関する人びとの認識と経験を比較することで、ハバード（Hubbard 2005）はいかに多くの種類の感情管理が「大がかりな」あるいは「静かな」夜遊びに要求されるかを示している。ある人にとって、都市中心部は興奮および／あるいは不安の感覚や、活気があり刺激的という想いと結びついており、この点は町外れの商業施設の映画館を訪れるといった上品で予想されるとおりの穏やかで居心地の良い経験とは対照的である。このように、感情は心の状態であると同時に身体的経験でもある一方で、「自己と世界の特定の出会いが所与のものよりも即興性の強い情動的反応（場違いな服装で面接やプレゼンに行ってしまった時に経験する気まずさや、機器が期待通りに作動しない時に感じるフラストレーションのようなもの）を呼び出す」（Hubbard 2005, 120）ことは明らかである。むしろ、こうした感情を管理することは、自己の感覚を構築する過程の一部である。ハバードは異なる社会集団にとって適切な、特定の形式の感情管理の要件となる社会文化的状況があることを理論家たちは考慮に入れるべきであると主張している（たとえば、男性と女性はその情緒的自己を異なる方法で管理し、男性も10人が10人とも弱さを表現する）。これらをまとめて、ハバードは以下のように提起している。

場所に対する感情移入の理解は身体の能力……肉体、身体の発達度合い……を考慮に入れるべきである。身体へ刻み込まれたジェンダー・階級・年齢・性と同様に……身体性の生物‐医学的理解だけでなく身体の社会的意味を考察する必要があり……身体化された存在論は、個人が自らの身体を通じてしか空間内で自己を表現することができないことを強調し……肉体、物体性はこのことを世界のなかの存在として表象するのである。（Hubbard 2005, 122）

ハバード（Hubbard 2005）がいう「大がかりな夜遊び」の「陶酔の地理」に関連した飲酒と喧騒は、「感覚の世界、運動の世界、身体制御の喪失と復活の世界」あるいは「愉しみのための集合的身体」（Alan Radley 1995, 9）として記述されうる。このことは、酒・飲酒・酩酊が「単に身体の個人的な主観的快楽ではなく、身体を伴う感情の象徴的変容であり……結局、かれら［酒飲みたち］は自分たちが作り出す想像界の住人であり、その振る舞いの中心であり、また仲間たちの世界である」（Radley 1995, 11）ことを示している。街路における喧騒や混雑は、人びとや場所、事物との交錯を示すものであり、この環境《ミリュー》を理解することは研究者にとって明らかに実り多いトピックである。よって、人びとの飲酒をめぐる空間と場所の実践や経験（階級・性差・エスニシティ・セクシュアリティに基づくアイデンティティの立場によって裏打ちされる）と法令や規制、社会関係や文化的実践との関係を明らかにすることは大きな意義を持つ。

身体と感情の地理についての私たちの理解に対するさらなる貢献は、レイサムとマコーマック（Latham and McCormack 2004）による酒・飲酒・酩酊に関する物質性の議論にみることができる。たとえば、レイサムとマコーマックは諍いや暴力のような問題におけるアルコール（およびその他ドラッグ）の生理学的影響、また、特定の空間での経験をアルコールが拡げたり狭めたりすることと酔っぱらうこととの関係に取り組んでいる。かれらはまた、飲酒そのものの物質性 —— 甘美・味覚・舌触り —— を理解する意義も強調する。そして、特定の飲酒が人びとにさまざまな仕方でどのように作用するのかという将来的な研究の必要性を明らかにしている。レイサムとマコーマック（Latham and McCormack 2004）の発想は、酒・飲酒・酩酊についての身体と感情の地理の物質性に関連する潜在的に実りある研究課題全般について、研究を進めるきわめて重要な出発点とみることができるだろう。たとえば、関連する研究として、飲酒および酩酊と、飲む場所・家具・照明・音楽・自宅や公園や庭での飲酒・天気・1日の時間帯や季節との関係などを含むこともできるだろう。身体に属する感情と空間や場所、そして酒・飲酒・酩酊の共同構成的な関係を探究するような研究がもっと行われるべきなのは明らかである。可能性のある将来的な研究課題として明示できるリストとしては、飲酒と結びついた興奮・期待・心配・情動・社交性などが含まれるだろう。飲酒、行為遂行性、国民的・地域的・局地的なアイデンティティと結びつく興奮・期待・心配・情動・社交性などと同様に、二日酔い・後悔・悲しみ・「酒飲みの陰鬱」は適切な研究領域である。愉しみ、自発性、自信、社交性、ビール・ジャケット〔飲酒による身体のぬくもり〕、〔失われていく〕制御、「ビールの注ぎ方」、ビールっ腹、嘔吐、「酒飲みの陰鬱」、オートパイロット〔記憶をなくしながら自宅までたどりつくこと〕、切り傷と打ち身、勃起不能、クローゼットでの放尿など、こうしたものは人びとの飲酒実践と経験にとって鍵となるものとして本書を通して登場する研究トピックのごく一部である。

本章でわれわれは、「陶酔の地理」の多様で異質な感情・感覚・経験を調査することが、いかに地理学の内外で酒・飲酒・酩酊をよりよく理解する助けとなるかを強調するいくつかの事例を提示したい。そのためにすべての可能な研究の方向性を試すのではなく、3つの考察のみに焦点を合わせたい。その3つとは、「記憶」（Anderson 2004a and b; Thrift 2004; Young 2002）、「通過儀礼」（Kenworthy-Teather 1999）、そして「感情的会話」（Mehta and Bondi 1999）である。これらの考察を通してわれわれは、人為的な区分と、その後に、感情、身体、そしてアルコールの日常的使用のあいだの関係が理論化の途上にあるということを取り上げたい。

記憶

ベン・アンダーソンによる近年の研究（Anderson 2004）は、音楽の消費が記憶の人工的な仲介と密接な関係があると論じている。この場合、事物は特定の社会空間的活動に「適合」する。アンダーソンは思い出すという実践について書いている。思い出すという実践には、仮想的な過去の痕跡が「それ自体に」作用するような「無意識的な思い出し」というはかなく主体的でない実践と、過去が感情の循環や組織化を通して固定化され、相対的に永続的な記憶として生じるように条件づけられた「意図的な思い出し」の両方を含む。このような事例はアルコールの使用に関するわれわれの回答者の反応において明白に現れていた。このように、アルコールは記憶の空間化と時間化に対するひとつの技術、あるいはそれらに対する機能となる。言い換えれば、そこには「ひとつの記憶」(Thrift 2004) の象徴的内容を生み出す、文脈的で身体的な思い出しの実践が存在する。

たとえば、ストーク・オン・トレントとイーデンにおけるわれわれの調査では、すべての社会集団からの回答者が、家族の特定の成員・場所と時間・特定の酒類に着目することで、パーティーや休日などの記憶の実体を回顧していた。特に、陽気さ・愉しみ・愚かさ・安らぎ・親近感・連帯感のような高ぶった感情の瞬間の記憶は、アルコールの役割によって少なくとも部分的に思い出され、容易に表現されていた。ヤング (Young 2002, 87) は「家族のなかで、記憶は口承や物質的人工物だけでなく……身体的性癖を通じて伝えられる」と論じている。以下のコメントが示すように、家族や他の社会関係の枠組みにおいて、飲酒や酩酊が果たす役割として、記憶(もしくは回想)や好み、感謝をめぐる明白な感覚が存在する。

これはたしか1950年代、51年のことだったと思います。父が戦争から戻ってきてから、土曜日の午後にラグビー・クラブに出かけていたことを覚えています。……私たちは観戦に出かけ、父はクラブで2、3杯飲んでいました。その後に選手たちが準備してから出て行き、試合後には更衣室でシャワーを浴び、着替えてビールを何杯か飲んでいたことを思い出します……［編集］私は父があれを買っていたのを覚えていて……［編集］ビールを……それは父がスポーツを愛していたからです。次に思い出すのは、父が手にしていたボトルは地元チッペナムのアッシャー・ビールでした。父は椅子に座っていて、それが私の幼い頃の思い出なんです。私が7歳とか8歳の頃でしたけど、父は飲みに行き、私たちも出かけていました、親戚たちと一緒にパブに行ったんです。ファリンドンやバークシャーあたりに。父が飲みに出るのは夕方でした。クリスマスの翌日（26日）やクリスマス・イヴ（24日）などクリスマス休暇に飲みに出かけて、パブで長い時間を過ごしたんです。父と出かけるのは特別でした。でも、かれらが飲んでいるあいだはドアの外で待ってなくてはなりませんでした……［編集］そう、立って待っているだけでした。2、3時間ぐらい待っていました。（モーリス・ヘイジ、ストーク・オン・トレント、55〜64歳、男性、NS-SEC 1）

実際、それ［初めての飲酒］はとても若い頃だったと思います。中国でアルコールはとても一般的で、特に新年のお祝いなどによく飲まれました。誰かに赤ちゃんが生まれたりすれば、特別な米酒を作って皆に振る舞ったりします。私がお酒を飲んだのはほんの2、3歳の時だったと思います。母と私が赤ちゃんが生まれた母の友人の家に行くと、彼女は特別な米酒を造っていました。私は酔っぱらいましたね。（シャン・ライ、ストーク・オン・トレント、25〜34歳、女性、NS-SEC 7）

対照的に、別の回答者による家族生活と家族関係に対するアルコールのインパクトに関する思い出は、あまり幸せでない記憶と感覚を反映している。自宅で1人で飲酒する経験と同様に、言い争いや緊張、危険、家庭内虐待や暴力は、明らかに長期にわたる影響を及ぼしえる。

あれはクリスマスの翌日でした。私が14歳で祖父母のところにいたとき。私がぐでんぐでんに酔っぱらって、父と一緒に帰宅しなくてはならなくなって、皆の1日を台無しにしてしまったんです……［編集］私のせいなの……花瓶を割ってしまったり、具合が悪くてトイレにこもってしまったり、ふさわしくない行動だと思われてしまいました。

（ロワナ・バードウェル、ストーク・オン・トレント、18〜24歳、女性、NS-SEC 7）

特によく覚えているのは……［編集］クリスマス……兄が母からブランデーをもらってちびちび飲んでいたんです。すると、急に一気に飲み出して、それがきっかけで家のなかで大喧嘩になってしまって。それ以来兄は絶対禁酒を誓い、1滴たりとも手を付けなくなりました。

（アラン・カミンズ、ストーク・オン・トレント、25〜34歳、男性、NS-SEC 5）

私は父のせいで一度もお酒を飲んだことがありません。父は製鋼所で働いていて［編集］毎晩父が千鳥足で帰ってくるか、道路をのろのろ歩いて帰ってくるのを私は玄関のドアを開け放ち、見ていました。玄関から倒れこみ、床に崩れ落ちてしまうんです。玄関の床は切り出し石のタイルでできていましたから、父は凍えるように寒い真夜中に目を覚まし、よろめきながらベッドまでたどり着いていたんです……

（ストーク・オン・トレント、地方議員）

身体に埋め込まれた技能、慣習的な記憶の思い巡らし、直感や擬態といったアンダーソンの記述は、アルコールや酩酊の記憶に関わるこうした説明のなかに明白に表されている。回答者は酒のボトルや種類、ブランドなどを選ぶような日常的な行為についても語っている。それはコルクが抜ける「ポン！」という響き、ビール缶を開けること、グラスを手に取り、さまざまな酒を「うまく」注ぎ、果物を切って氷を添えるなど、内的な回想なしに過去の飲酒経験から不意に喚起される記憶であり、日常生活の意識に上らないような背景の一部である（Anderson 2004）。しかしながら、特定の酒、味を選ぶこと、あるいは特定の場所や商店を訪れることはまた、意図的な思い出しの過程の一部としても描かれる——情動の組織化を通して過去は「今」に巻き込まれ、経験されるのだ（Anderson 2004）。このように、アンダーソンは複雑で相互に関連する「思い出し」への感情的・身体的なつながりが諸感覚を通じて存在すると提議している。回答者もまた、回想と忘却の実践のなかから行われ、提供される補足的な連関となる事物との結びつきについて語っている。

このように、液体〔酒〕・事物・人びと・場所などの絡み合いと、感情と情動、気分と感覚などの非理性的な様相は、回答者がアルコールと酩酊に関する過去・現在・未来の経験における記憶の場を表現する助けとなった。特定の酒の味と匂いは、良い時や悪い時、集団と個人による飲酒実践の再現と語り直し、酔っぱらいのゲーム、大声で唄う歌など、そういう記憶の引き金となった。このような経験の全体は、瞑想的な飲酒やそれに関連した感情的で情動的な強度を通して成立する——飲酒はいかに「正しいことと感じられるか」、どのように性的な経験の感覚や、友人の笑いを思い出すことと関連するか、など。もちろん、こうした思い出しの技術には感覚や推測を通して断片的な記憶をつなぎ合わせようとすることも含まれるが、アルコールの重要な機能は思い出せなくなるほど飲み過ぎてしまうことなのだ。

通過儀礼

このような「記憶の仕事」〔フロイトの「夢の仕事」から取られていると思われる〕と密接に関連するのは、アルコール消費と関連する特定の「通過儀礼」についての回答者の回顧であった。このことは私的な発見の地理を含んでおり、さらに「閾を儀礼的に越えることは……必ずしも象徴的なものではなく……ひとつの集団の活動を他の集団の活動から物理的に分離する」（Kenworthy-Teather 1999, 13）ことと関わる、豊かで興味深い経験や出会いを含んでいる。たとえば、10代の「手の付けられない」酔態（Winchester et al. 1999）、青年期から「合法的」飲酒への移行、〔進学などに伴い〕実家から離れること（Valentine et al. 2009a; Holloway et al. 2009を参照）、身体的／精神的なもろさや社会的孤立に起因する老年者のアルコール消費に対する関わり（Hugman 1999; Teo 1999）などについて、回答者たちは回顧している。しかしながら、「通過儀礼」に関するこれらの物語の中心には、新しいタイプの空間や場所について学んだり、それら空間や場所を使用させるアルコール消費を伴っており、それはアイデンティティの発達や表出にとっても重要である。

たとえば、回答者たちは親から与えられたりいたずらで盗んだりしてアルコールを入手する際の切り抜け方について語っている。このことの中心には、家庭という文脈における「大人として扱って欲しい」とか「大人の活動を試してみたい」という感情がある。それゆえ、回想はしばしば家族から離れて「大人の活動」を初めてした経験、販売店やパブ、ナイトクラブでアルコールを購入する自信があるか、あるいは十分な年齢に達しているか（そしてどのように見られるか）という感情に関するものに転じる。以下の引用で、回答者たちはそのような経験の興奮、行儀の悪さ、新しさを、大人への仲間入りをする重要な瞬間として描いており、それに次いで酔った時はどう振る舞えば良いのか（どうすれば酒に強くいられるか、あるいはアルコールの影響を隠すことができるか）、そしてどのように家族に酔っぱらっていることを隠すことができるかについて必要な学習事項にしたがっていた。そのような初期の飲酒にとって鍵となる要素は、友人集団の関係を強固にするための飲酒の重要性である。一緒に連れ立って飲み（さらには同じ瓶や缶で回し飲みし）、法定年齢未満の飲酒を隠蔽することで共有する危険と信頼は友情への生命線だと考えられていた。

私は自分の意思で初めて酒を飲みました。それは盗んだもので、可愛い瓶に入っていたリキュールでした。祖母の食器棚にあったものでした。友人と一緒に飲みましたが、もちろん完全に泥酔して、どこへ行っても気分が悪かったです。でも私は飲みきりましたよ。どこかに置いておくこともできないし、半分飲んだものを食器棚に戻すこともできなかったですしね。そんな風だったので、私たちはそれを全部飲んで、毎週のように続けていました。祖母の食器棚には酒瓶がたくさんあったんです。私の祖父はかつてワインを作っていました。果汁がたくさん入ったお酒です。私たちは持って行けそうなものは何でも試しました。ジョニー・マックというとても高価なウィスキーも飲みました。ボトルを公園に持っていき、大事に抱えて飲んだものです。基本的に何でも飲みました……［編集］そうそう、そのうち口コミが回るようになって、酒が手に入ると皆が集まるようになりました。覚えているのは、ある時皆でトイレを借りる口実で祖母の家に行って、お酒を食器棚から盗んでズボンに入れてこんな風に歩いたんです［笑］。たぶん、祖母は気づいていたと思います。でも、祖母はやさしくて何も言いませんでした。

（アン・ピータース、ストーク・オン・トレント、25〜34歳、女性、NS-SEC 1）

社交性と友情にアルコールが提供する感情的紐帯は、「自由」や独立のような感覚にとっての鍵としても記される。たとえばそれは、就職や大学への進学のために実家を離れる移動とか、性的経験における重要な要素、人間関係の始まりや終わりなどが含まれる。他の回答者たちは、子育てや責任のある仕事に起因する感情的な優先順位の変化がどのように飲酒の減少につながったかを語っていた。それでもなお、アルコール消費によって友人や家族の関係が変化した時、回答者たちは過去の快楽の喪失をも回顧している。

私はかつて第1級の酒飲みでした。毎週給料をもらうと、一部は家賃用に残し、残りのうち週に

160ポンドは飲みに行くために使っていました。友人と飲みに出かけて、10～12パイントぐらい飲むと、なんで酔ってないんだって言われるんです。私は15歳の時に地元のパブで飲み始めましたが、お店の人たちは私が問題を起こさなければ法定年齢未満であることを見逃してくれました。もし一線を越えれば、問題を起こした私は年配の男性たちから一喝されたものです。よく思い出すのは、私の家族は何か重要なことがあると、日曜日の午後にまるで教会へ行くかのように着飾って、夕食の前に数時間パブに行ったことです――私はそれが好きでした。真剣な交際を始めたことを機に飲酒はやめました。それ以前の交際は私が飲み過ぎるために続きませんでした。しかし、努力して新しい職を得ました。小便をたらしたり、二日酔いになってしまえば、タクシーにも乗せてくれません。

（バーの男性従業員、ストーク・オン・トレント）

そう、私には30年間も常連として通っていた店が近隣にありました。そこでは、同じテーブルに私を含めて６人がいつも一緒に座っていました――それは本来４人掛けのもので、銅板のテーブルでいつもぐらぐらしていました。６人はいつも一緒で、いなくなったり戻ってきたりした人もいましたけど、いつも６人は常連で並んで座っていました――パブで私たち以外に誰もいなくても、私たちはそのテーブルを囲んで座り、自分たちの世界を作っていました。そこが私たちのテーブルだということは有名で、私たちを差し置いてそこに座る人はいませんでした。そののち私は別の街へ引越し、時には運転してそのパブへ行きましたが、数杯しか飲めなかったし、皆が5、6杯飲んでいると自分が疎外されたように感じて、行かなくなってしまいました。昨年、ひょいと顔を出すと、私の場所はすでに取られていましたけど、まだ6人の男性がいて、今や皆が60代になっていたんです。（カール・アラン、ストーク・オン・トレント、65歳以上、男性、NS-SEC 4）

右記のような引用は、第2章で言及した懇親性《コンヴィヴィアリティ》や歓待、くつろぎのような飲酒の問題をめぐる「報酬としての」象徴的貢献について調査したフィロほかのアルコールとメンタルヘルスに関する研究（Philo et al. 2002）に正当性を与えている。この研究では、地域アイデンティティに対する飲酒の重要な象徴的貢献のみならず、過度の飲酒と酩酊がいかに受け入れられ、ローカルな社会関係の重要要素となっているかを探究している。この立場をより洗練させ、フィロほかはアルコールがいかに多くの問題をめぐる感情の地理と関係しているかを示している。それらはホスピタリティ、余暇機会の欠如、くつろぎや報酬、孤立と所属の対処戦略を含んでいる。フィロほかはそうした地理がどのようにジェンダー化しているかを明らかにしている。ここでは、男性の大量の飲酒が公共の場で行われる傾向があり、他方で女性の大量の飲酒がより私的で孤立したものであるという意味でジェンダー化されたものであり、それゆえ排他的な社会関係の構成要素であるということを示している。

同様に、排他的な社会関係の要素がわれわれの調査のなかでも示されている（Holloway et al. 2009 も参照）。たとえば、年金受給年齢の就労女性であるドリスは、夫の生前、夫婦で地元のパブの常連だったという。アルコールがもたらしてくれるくつろぎの感覚を彼女は愉しんでいたが、ドリスは地元のパブに行くという楽しみは、「ちょっとした機会」であり、それが人びとに「皆とつながること」を可能にするものであることを指摘している。

私はそのちょっとした機会と皆とのつながりを失ったのがさびしい。私のような高齢の女性にとっては、1人で外出してパブに行くってのはとんでもないことなの。もうそんなことはしないわ。まだ62歳だけど、たぶんそう考えてしまう。人生の連れ合いとずっとしてきた何かは突然なくなり、二度と戻らないものよ……（ドリス・ハンフリーズ、イーデン、55〜64歳、女性、NS-SEC 3）

こうしたアルコール消費に関わるさまざまな「通過儀礼」からわかることは、「所属している」という感情と身体の感覚である。たとえば、回答者のなかには、他人との関係のなかで歳を取り過ぎているとか若過ぎると感じることで、店のなかで「居心地が悪い」と感じたと語っている者もいる。性差別的、人種差別主義的あるいは同性愛嫌悪の言葉や暴力に恐れを抱いたり、よく知らないパブのなかで不快を感じたことを指摘した者もいたが、ほとんどの回答者がアルコール消費によって、さまざまな場所で「居心地が良い」と感じることができると語っていた。こうした回答は人びととの親密さと合致していた。たとえば、長年知っているような人から、たった数分の会話で生まれる友人関係、通りで会った見知らぬ人との短い関わりなど、〔人と人が親密になる過程は〕さまざまである（Jayne et al. 2010を参照）。このような関係の多様性は、以下の引用に示されている。親密な（もしくはそうでない）社会関係は人びとに共同体や身体的な参加あるいは共有のような感覚を提供する。また、結束が強い団体にとって夜遊びの「連帯感」の促進において、他人の酔っぱらい集団と経験を共有するというより広い意味においても、関係の多様性は重要な要素である（Matthee 2004も参照）。

月に1度ですが、最高の夜があります。私が演奏していると多くの友人もそれに参加してきて、しまいには皆が（楽器を）演奏し、自由に参加してパブで歌い……［編集］その雰囲気や楽しみこそが私が望むものです。アルコールは緊張を解いてくれるけど、それは純粋で、2次的なもので、友人たちとの会話が本当に好きなんです。

（マルコム・パターソン、ストーク・オン・トレント、55〜64歳、男性、NS-SEC 1）

どんな仕事をしているかも知らない人がアダムからやってくると、座って30分ほど話すのです。次に戻った時に会うと、娘はどうしてるかとか、奥さんはどうだとか、いろんな世間話をするのです。こんなふうに人びとと話すのが本当にいいんですよ、まるで大きな社交的な場に行って挨拶をするような感じですね。

（アン・ピータース、ストーク・オン・トレント、25〜34歳、女性、NS-SEC 1）

私はよくパブに行きますが、1人で行くことは気になりません。誰か知り合いが店にいて会えるかも、という思いもあります。誰かに会えた時には、近況を話したりします。……［編集］たとえば1週間に1回も行っていなくても、最近来ていないとは思われないかもしれませんが、皆が自分のことを忘れてしまうのではと思って、そうならないように、頻繁に行くようにしているんです。たまには私は十分過ぎるほどパブの常連になって、経営がうまくいってもらうためにパブにいっているんじゃないかと思うこともあります。［編集］でも、逆にそれは一種の仲間意識で、自分にとってなくてはならないものなんです。仲間意識のようなものは相互のもので、お互いにいつも助け合うんです。

（モーリス・ヘイジ、ストーク・オン・トレント、55〜64歳、男性、NS-SEC 1）

回答者たちは、所属や社会的相互作用のような感覚がアルコールによってかなり促進されたことを認識していた。さらに、調査から明らかになったのは、飲酒は感情的な抵抗を緩め、創造的で斬新な思考の機会を提供し、いつもは言わないようなことを語る機会を与えていることである —— こうしたことすべてが飲酒の楽しみだと考えられていた。実際、自暴自棄の感情や自分自身を「解き放つ」ことができること（Wood 2002）は、「現実の時間」を「パブの時間」 —— 時間潰し —— に留める楽しみ、あるいは性的欲望の助長や騒々しい音楽や劇的な光の演出の楽しみとしてしばしば表現されていた（Malbon 1999）。たとえば、回答者たちは（親しみを込めて、もしくは決まり悪そうに）話しかけて面白そうな人あるいは魅力的でセクシーな人に気づく「ビールのゴーグル」（ビールを飲むときの心得の意）を持つことや、見知らぬ人を断定的に判断しないようにすることについて語り、社会的境界を跨ぐことができるのは感情的な解放なのだとしばしば説明していた。

感情的会話

このような事例は、友人や見知らぬ人との所属や結びつきの社会的および共有された情動との相互連結における、アルコールに対する生化学的・心理学的な反応に起因する人びとの鈍感な／遅鈍な／高ぶった身体的な感情との関連で概念化することができる（Jayne et al. 2010を参照）。回答者たちは、このような経験が「感情的会話」（Mehta and Bondi 1999）を通じて部分的に遂行されると回顧している。たとえば、以下の引用は、夜遊びの前に友人と飲酒し、会話することで生じる心理学的反応が、回答者にとって平日のストレスを処理する助けとなり、夜遊びが心配事から解放されるようになることを示している。

通常私は金曜日には働いていません。ほんの最近そうするようになったんです。私たちはワインのボトルから始め……半分くらい空いたところでせっかくだからと2本目を開けて、その日のことを話し、リラックスして、そして出かける準備をするんです。そこでウォッカの出番です……そう、私の家で、ウォッカを飲んで、特に気分が乗ってきた時は2、3本の小瓶のアルコポップスも飲むの……で、ウォッカを開けて、飲みながら出かける準備をするんです。そして、皆がやってきます。私の家にきてここで会うの。一緒にウォッカを飲み、一緒に出かけて、一緒に戻ってきてからまた一緒に飲みます。そして、今夜がどんなふうになるかとか、どこに行くのか、どんなものを飲むのか、そんなことをおしゃべりするんです。そう、先週もそんなよ、あまり変わっていない……くつろぎながら仕事について話し、そこで何があったか話すんです。だって、私の友人はとてもストレスの溜まる仕事をしていて、私たちはお互いにそれを吐き出し、すっきりするの。それから出かけるんです。仕事について話すのは会話の始まりで、皆楽しい一週間を過ごしたかとか、最近起きたこととかについて話したあとに、今日は何をするか、どこへ行くかとか話して、それから外出するの……録音していたら、バカげて聞こえるかもね……死ぬほどバカ［笑］。

（アン・ピータース、ストーク・オン・トレント、25～34歳、女性、NS-SEC 1）

友人が酔っぱらった時に語るたわいないこと、わめきや憂鬱を聞くことから見知らぬ人と酔っぱらっての会話まで、感情的会話はいくつかの方法でアルコールの及ぼす影響と「親近感」を強固にするパフォーマンスを助長する。これに加え、アルコールを消費する際の人びとの空間的／物理的近接性は、パブや公共空間、家庭内空間でテーブルを囲んで座る長々とした時間の情動に対しても重要であり、これらは回答者にとって集団の一部であれ、1対1の対話であれ、重要だとみなされた。よって、相互作用を促進する特定の空間で過ごす時間と結びついたアルコール消費は、遮るもののない、時に歯に衣を着せないコミュニケーションにとって重要な時間だと考えられる。

しかし、このことが常に愉快なわけではない。回答者全員が、感情的会話は対立や、立腹、論争的になったり、好戦的になったり、強情にさせたりすることなども伴うことを認識している。ある人によると、これらはアルコールがその場の雰囲気を増幅したり、特定の人びとや話題に関して腹に溜め込んでいた感覚を表現する機会を与えた時に起こる。

アン：でももし精神的に、それに対して本当に興奮していて、ちょっとワルになる気分で横着になりたくなって、良い夜を過ごしたくなったりするときは、きっとそうしますね。それはどんな雰囲気のなかにいるかによると思う……もしジンを飲んだらね。その後に泣くの。でもいいんです。翌日には笑っていられるんだから。リズは16歳の時からの親友なの。私たちはとても仲の良い友人で、本当にお互いをよく知っているわ〔笑〕。私たちはそこに座ってひたすら泣くの。リズが私に何か悪いところがあるって考えているだろうと思うと、涙が止まらないの。涙はホルモンやすべてによるものだけど、泣くことは時には健康的なのよ……〔編集〕すべてを外に出してスッキリするの……〔編集〕時々、私は誰かに対してひどい口調で大きなこと〔大言壮語〕を言うの……その人を本当に不愉快にさせてしまう。傷つけちゃうのよね……〔編集〕。

インタビュアー：そうしたらあなたは翌日謝ったりしませんか？　そのことについて罪の意識を感じたりしますか？

アン：そうね、あります。数週間前のことだけど、本当に酔っぱらって、友人との関係を悪くしてしまった。翌朝起きて、本当にへこんだわ。〔編集〕そして、彼にすぐ電話して、本当にごめんなさいって謝ったら、彼は大丈夫、気にしないでって言ってくれました。

（アン・ピーターース、ストーク・オン・トレント、25～34歳、女性、NS-SEC 1）

外出先でたくさんお酒を飲み、自分からとんでもないへまをしでかす、そんなことをちょっと前までやっていたものです。でもなんというか、翌日起きて、昨日何しただろう、何を言っただろう、と考えるのがあるとき嫌になったんですね。たとえ何も問題がなかったとしても、飲んだ翌日の気分が嫌になったんです。

（アラン・カミンズ、ストーク・オン・トレント、25〜34歳、男性、NS-SEC 5）

こうした対立や緊張は飲酒と関連する表現の自由とつながっており、昨夜起こったかもしれないことや言ったかもしれないことを思い出そうとするときの不快感を、ある人びとは「ビールの恐怖」と呼ぶが、そうした経験は感情的な互酬によって調整され、いけない行動や憂鬱などは友人のあいだではたいてい許されるものである。「酒に落ちていく」ようなこうした行動を大目に見る能力は、人びとを結びつけ、交友関係を強化し、酔うことを通じて皆の良いところや悪いところを知るようになり、思い出し、許し、忘れるという意味で人びとの良い行動と悪い行動の表現として認識されている。

おわりに

本章でわれわれは、酒・飲酒・酩酊に関する感情と身体の地理への着眼点が、生化学的・生理学的衝動の組み合わせと行為遂行的経験の社会的・文化的な仲介への理解に対して価値を与えるような、3つの道筋〔記憶、通過儀礼、感情的会話〕を考察してきた（Jayne et al. 2010を参照）。〔すなわち、〕（非）人間と空間の諸関係、身体化の様式や実践の表現、いかに飲酒が身体を他者の身体や事物と結びつける方法を変換するか、空間の参照（実際の身体的または／あるいは文脈の知覚的経験）、そして最後に、いかにアルコール消費が個別の文脈で特定の「感覚」を経験するための積極的な探求となるのかといった観点から、アルコールの消費を思い描くことで、挑戦的だが実りある研究領域への仲介役となる事例の提示を試みてきたのである。アルコール消費の複雑で時に予想不能な性質は、挑戦・予想不能性・楽しみ・悲しみ・時に思い出すことのできない「陶酔の地理」の主要な対象として、調査の回答者によって提示された。われわれはこの研究領域が持続的に理論的・経験的・政策的関心に値するものなのだと示唆しておく。

「もう1杯いかが？」——あとがき

本書は、以下の領域の相互浸透に取り組む酒・飲酒・酩酊の地理に関する研究に寄与するものである。第1に、アルコールの生産や規制（たとえば、醸造・流通・マーケティング・販売、および立法・計画・政策・取り締まり）ならびに消費（購入と飲酒）、第2に、飲酒と固く結びつけられている社会的・文化的・物質的な実践と経験、第3に、陶酔（intoxication）が酩酊を通じてどのように経験され、演じられ、表象されるのかに関する生理学的・心理学的・生物学的な特質である（Jayne et al. 2008）。そうすることによって、学問分野を超えたほんの一握りの理論家——特定の方法と異なる度合いの焦点と深度で酒・飲酒・酩酊を考察してきた、文化・社会・歴史・医療・政治・経済地理学者を含む——の仕事の上に形成された研究課題を系統立てて示そうとしてきた。酒・飲酒・酩酊に地理学が関与するのが比較的遅かったことは残念ではあるものの、地理学者による最近の仕事は、アルコール研究に大きな影響を与える理論的・経験的な貢献をしてきたのである。

秩序ある／なき空間を精査していくなかで、アルコール研究には地理学的な視点が含まれている一方、それらの研究には空間と場所が酒・飲酒・酩酊の鍵となる構成要素である仕方を理論化できていない傾向が見受けられた。たとえば、医学・健康科学、心理学、社会学、政治学、犯罪学、カルチュラル・スタディーズを含むさまざまな学問領域の学者によって着手された研究は、「地理学的な」論点——空間スケール、ナショナル・リージョナル・ローカルなアイデンティティ、公と私、都市性と農村性、境界と侵犯、可視性と不可視性、中心性と周縁性などの区別――を経由してアルコールに関わる論点を考察してきた。このような点において、多様な話題の組み合わせ、社会集団、そして空間と場所に関わるアルコール研究者が、多くの豊かで詳細な地理学的研究を実施してきた。しかしながら、こうした事例研究のアプローチが意味するのは、アルコール研究が、事例研究間のつながり・類似性・差異・流動性を追究することにほとんど失敗してきたということである。加えて、そのような空間と場所の考察は、既存のそして／あるいは断片的な課題を通じて着手され、抽象的な方法でしか飲酒を描写せず、特定の人びともしくは場所に基づいてはいるものの一般化ができない状況であった。このような意味で、地理学的な着眼点を有していた研究は、特殊性を乗り越えることがほとんどなかったし、それゆえ、アルコール研究の鍵となる特徴として地理学の重要性を主張するような説得力のある事例を産み出すことに失敗してきたのだった。

対照的に、相対的に芽生えたばかりの学問分野の課題ではあるけれども、酒・飲酒・酩酊に関する地理学者の考察は、豊かで詳細な事例研究と、理論的に陰影に富む研究をともに生み出してきた。そのまさに最良のところで、地理学者によって着手された酒・飲酒・酩酊の研究は、存在論的・認識論的な袋小路――アルコールが、一方では健康・社会・立法・犯罪・政策の問題として病的なものとみなすような医学的な論点として、他方では社会的・文化的な関係に埋め込まれた実践として考えられていること――に挑戦しようと試みてきた。したがって、本書のそれぞれの章では、空間的思考と地理的想像力が、酒・飲酒・酩酊と固く結びついた政治的・経済的・社会的・文化的・空間的な実践と過程の理解に価値をつけ加える洞察をもたらすような方法を浮き彫りにしようとしてきたのである。

たとえば、第1〜3章では、都市、田園、自宅《ホーム》に焦点を合わせている。これらの章では、「問題ある」「分別ある」ならびに「安全である」「安全ではない」飲酒実践と、アルコール消費が起こる空間と場所が、どのように相互に関連して差異と言説に基づき構築されるのかを強調している。これらの点において、たとえば、田園と自宅そして関連するアルコール消費の地理の概念を構成するイデオロギー的な次元が、都市の飲酒と結びついた暴力と無秩序の情景と関係していることが示された。同じように、第4〜6章では、ジェンダー化され、民族的かつ世代的な飲酒パターンと実践に着目することで、社会集団間の類似性と差異だけではなく、特定の空間と場所におけるアルコール消費が、これらの社会集団にとってどのように問題ある(あるいは問題ない)行為として考察されるのかあるいは経験されるのかを明らかにした。また、第7章では、感情や身体の知識と経験に着目することが、特定の空間と場所における異なる社会集団によるアルコール消費にどのように関わり、どのようにその理解を助けるのかを示してある。身体と感情の地理が、アルコール研究で以前には取り上げられていない酒・飲酒・酩酊への洞察をもたらすとわれわれは主張する。そのため、本書の各章では、異なる人びと、場所、実践と過程のあいだをつなげる方法で、①立法・政策・取り締まり、②生産・マーケティング・小売り、③消費・アイデンティティ・ライフスタイル・社交性の形式のような論点に取り組んでおり、探求の対象となったさまざまに異なるトランスナショナル、ナショナル、リージョナル、ローカルの空間スケールにおける類似性・差異・つながり・流動性を明らかにしている。本書の各ページを通じて、われわれは、酒・飲酒・酩酊についての存在論的・認識論的な理解に異議を申し立てるような、さらには、地理学という学問分野の内外で理論的な討論に明らかに寄与するような研究を取り上げてその意義を周知することを目指した。

地理学者は酒・飲酒・酩酊の研究を進展させてきたけれども、それでもなお、地理学内には、このような研究の重要性を主張するためになすべき仕事が多く残されている。さらに、研究書、学際的な雑誌論文、学会発表などといった通常の手段を通じて、アルコール研究の課題に対する地理学の重要性を擁護することに加え、地理学者が、政治的・大衆的な議論に理論的・経験的な介入を試みることも不可欠である。この目的のために、地理学がそうした集団《パーティー》の一員に加わることへ祝杯を挙げつつ、本書においてわれわれは、酒・飲酒・酩酊の地理の研究に向けた批判的かつ持続的で理路整然としたアプローチを実現すべく、すべての研究領域の人文地理学者と「地理学的な」論点やアプローチに関わりを持つアルコール・スタディーズの研究者に、すでに達成された進展に基づいて議論を展開するよう挑んできたのである。

付録1　事例研究と研究デザイン

本書の基盤となる研究は、地理的に対照的な2つのコミュニティにおいて行われたものである。ストーク・オン・トレントは衰退傾向にある都市地域であり、アルコール消費量が全国平均レベルよりも高く、消費景観も変容している。カンブリア州イーデン地区は孤立した農村地域であり、村の生活においてパブが中心になっているのは、強力な禁酒運動の発展と歴史的につながりがある。

ストーク・オン・トレント

ストーク・オン・トレントは人口約25万人の都市で、イングランドのミッドランズ地方にあり、バーミンガムとマンチェスターのあいだに位置する。ここは伝統的に労働者階級の地域であり、今日では有意に高い貧困を経験している。この貧困は複数の形態を取る。経済的にみると、この地域の失業率は全国平均よりも高く、顕著な割合の人口が中等教育を修了していない（全国平均が29％に対してこの地域では43％）。貧困は地域住民の健康にも表れている。この地域の平均死亡率は他の地域よりも高く、長期にわたる病気に罹患した人の割合も高い（全国平均が18％に対してこの地域では24％）（ONS, 2001）。また、ストーク・オン・トレントは少数派エスニック集団の人口が多い。たとえば、２００１年のセンサスで自らをパキスタン系であると回答した人口の割合は全国平均の倍近くいた（ONS, 2001）。さらに、ここには多くの亡命希望者がいる。全英亡命者支援サービスの分散政策において、ストーク・オン・トレント都市圏は特に亡命希望者が多く集まるところと認定されている。

ストーク・オン・トレントの『コミュニティ戦略』は地域再生の計画意図《アジェンダ》の一部として夜間経済《ナイトタイムエコノミー》の活性化を推進している。１９９７年から１９９９年のあいだに、ストーク・オン・トレントの酒販許可を受けた店舗の数は２４２％増加した。また、同時期に夜間の飲酒に関連した暴行事件の発生も２２５％増加した。近年のデータによれば、イギリスにある３５４の地方自治体のうち、ストーク・オン・トレントはアルコールに関連した入院者数と死亡者数で上位25％に入っている(North West Public Health Observatory, Local Alcohol Profiles for England 2006)。ストーク・オン・トレントのシティーセンターでは、午後11時までアルコールを販売することが認められているパブが18軒あり、午前2時までアルコールを販売することが許可されている特別許認可店が28軒ある。さらに、酒販店が13軒、アルコール販売が認められたレストランが26軒、深夜までアルコールを提供するファストフード店が16軒ある。シティーセンターに立地するバーやナイトクラブなどの店舗の収容可能人数は約2万５０００人である。アルコール関連の無秩序な様相が問題化したことを受け、ストーク・オン・トレント市議会は２００３年春、都市中心部を対象に路上でのアルコール所有・飲用を禁止する条例を導入した。実際、マーケット調査会社ＭＯＲＩによる成人の生活スタイルに関する市場調査が示すように、ストーク・オン・トレント都市圏における飲酒のレベルはイギリスでもっとも平均消費量が多いノース・ウエスト地域のレベルと類似している。イギリスの慈善団体のアルコール・コンサーンは、若者たちが行うビンジ・ドリンキングを特定地域の問題として同定している。

カンブリア州イーデン

イーデンはイングランドとウェールズにおいてもっとも人口の少ない地域である。ここの人口は5万5００人で、そのうち1万5５００人はもっとも大きな都市であるペンリスに住み、そのほかの人びとはそれぞれ人口２０００～３０００人の３つの小さな町に集まっているが、地区人口の5割以上は小さな村々に点在している。イギリスの多くの農村地域がそうであるように、ここの人種は圧倒的に白人が多く（99・6％）、80％以上の人たちが自分たちをクリスチャンであるといい、他の信仰を持つ者は人口の０・２％以下にすぎない。

この地域は安定的だが相対的に低所得の経済であり、貧困に関しては全国と比較して中間的な位置にある。しかしながら、平均値は多くのことを隠してしまう。都市地域における住宅市場の性質は地理的な貧困地区を露呈させるものだが、異なる所得レベルの世帯が同じ村に住まう農村地域において、同様のことが真実とは限らない。平均値は、農村の貧困（および富裕）の存在を隠し、さらに都市と対照的な田園での貧困の異なったあり方を曖昧なものにしてしまうのである。

アルコールの使用に関していえば、この地域は非常に興味深い。伝統的にパブは農村住民に開放された数少ない社会空間のひとつであり、多くの村で今日も重要な存在であり続けている（ただし自宅での消費パターンの方が顕著かもしれない）。過去にはこの地域では飲酒が広く普及していたが、メソジスト主義の影響の強まりとともに、活発な禁酒運動の展開につながった。この運動においては飲酒の危険性を指導し、社会空間としてのパブの実践的な代替（たとえば村のホールの建設を組織するなど）を提供した。ヴェール・オブ・イーデン・バンド・オブ・ホープユニオンという地域団体の後援によって組織された子ども向けの禁酒パレードと禁酒クラブは、1990年代までこの地域で続いていた。

本書で取り上げた今日のアルコール消費のレベルは全国平均よりも低い。近年のデータが示すように、イギリスにおける354の地方自治体のうち、イーデンはアルコール関連の病死、暴力事件、および犯罪の発生数において、全国で最も少ない25%に入る（North West Public Health Observatory, Local Alcohol Profiles for England 2006）。他地域と同様に、このような平均値は社会集団ごとの有意なヴァリエイションを覆い隠している。近年の保健所の調査によると、カンブリア州の女性は毎週約6・4単位〔付録2参照〕のアルコールを消費し、カンブリア州の男性は平均して17・2単位のアルコールを飲んでいたことが明らかになった（どちらの数値も非飲酒者を除外している）。さらに、アルコール消費量は16〜35歳の人びとの方がそれより年長の人びとよりも多いことが調査から明らかになった。

* * *

本研究は以下の5つの要素から成る。

事例研究地域の歴史的・現代的地理

われわれはストーク・オン・トレントとイーデンにおいて、飲酒文化の歴史に関する文献・資料調査を行った。これには、（入手可能な場合には）議会記録を通じて明らかになった酒類販売が認可された店舗の地理の地図化、地元印刷メディアによって飲酒を社会問題として報道した記事の探索、そして史料を通した地元禁酒運動の検証などが含まれている。

2つの事例研究地域における現代の飲酒パターンは、社会調査会社が実施した電話調査を通じて捕捉された。各地域で500人が電話アンケート調査に回答した。この社会調査会社はDatalynx社から氏名、住所、電話番号、18歳以上というサンプルの基準にしたがって（特定地域内の）電話番号データを購入した。データは以下の方法で捕捉された。電話番号はまず選挙人名簿から抽出され、そこから死亡者、死別者、および不在登録者のデータを取り除き、BT Osisを利用して名前と住所が合致するか確認した後に電話番号を登録した。アンケート調査は全国調査を参照しながら考案され、本プロジェクトの目的に合うよう大幅に改変された。アンケート調査は15人の無作為サンプルを対象に試行され、その反応とプロジェクトメンバー顧問団のコメントに合わせて修正された。

インタビューについては、標準的な社会科学的技法を用いて録音し文字起こしを行った。研究参加者の匿名性を確保するため、このレポートに登場する人物名と場所の名はすべて変更されている。

消費空間における参与観察

参与観察を実施していた調査者によって、それぞれの事例対象地域においてアルコールが消費される異なる空間が地図化された。この過程は、記述的な観察（空間、顧客の数やタイプ、一般的な活動や特定の活動、周囲の雰囲気などについて）、および、訪れたそれぞれの店舗の全体像を構成するための談話的な説明の両者を調査者が記録するという作業によって行った。アルコール、公共文化およびストリートでの社会的規範とのあいだの相互関係と夜間経済《ナイトタイムエコノミー》の実像を明らかにするために、調査者たちはそれぞれの事例対象地域の目抜き通りにおいて、さまざまな日や週および夜に参与観察を実施した。

主なインフォーマントとのインタビュー

アルコール消費の有益な側面と相反する側面を探究するために、2つの事例地域において主要なステークホルダーとの詳細なインタビュー調査を行い、その記録を録音した。

住民のインタビューおよび写真日記

地元人口の社会経済的多様性と（調査にて表現されたように）アルコールの使用やアルコールへの態度を反映するために、電話調査の結果をもとに20名の住民をそれぞれの事例対象地域からインタビュー調査に採用した。加えて、ストーク・オン・トレントのパキスタン系コミュニティに住まう10名の調査参加者に対して、かれらのエスニック・マイノリティ集団とアルコールがどのように関わるのかを探究するためにインタビュー調査を行った。このインタビューを行ううえでは、潜在的な文化的・言語的課題を念頭に置き、パキスタン系コミュニティから調査者を採用し研修を積み重ねた。

まず、調査参加者はアルコールの消費を伴わない余暇活動やアルコール使用の写真日記を記録するため、使い捨てカメラを使用する機会が与えられた。これらのカメラはのちに回収され、調査参加者のアルコール使用やアルコールに対する態度についての議論を促進するうえで、インタビュー調査の際にかれらが撮影した写真が用いられた。

インタビュー調査で探究したのは以下の点である。(1)アルコールに関連する行動の確立：たとえばアルコールに関する最初の記憶、初期のアルコール使用をめぐる家族や仲間の関係、アルコールへのアクセス（入手）について。(2)飲酒の文化やパターン：たとえばアルコール消費のタイプやレベル、いつどこでアルコールを購入し消費したか、家族と仲間の関係、何を飲んだか、どこで・いつ・誰と飲んだか、アルコール消費と他の薬物の使用の関係について。(3)アルコールに対する態度：たとえばアルコールが好きか、飲酒を止める要因として大きかったもの／小さかったものは何か、誰がかれらのアルコール消費を承認／不可とするか、酔っぱらうことやビンジ・ドリンキングに対する態度、消費をめぐる身体的な感覚、社会生活におけるアルコールの役割。(4)アルコールに対するより広範な態度：たとえば飲酒の利点、アルコール使用と関連した問題、アルコール使用をめぐる家族や仲間集団との緊張関係（これらのテーマを禁酒している／ほとんど飲まない人たちに質問した）。

飲酒習慣／文化の世代間変化に関する事例研究

インタビュー調査はさらに同じ家族の2世代もしくは可能な場合は3世代に対しても行った。われわれはそれぞれの対象地域で5つずつの事例家族に焦点を合わせた。家族間の匿名性を守り、心が開かれたような環境を確保するために、家族構成員へのインタビューは個別に実施した。これらの世代間変化におけるる潜在的なジェンダーのヴァリエイションを探究するために、ある事例家族では男系を追跡し、他方で別の事例家族では女系を追跡した。事例家族は多様な階級から選定し、ストーク・オン・トレントではさらにエスニックの背景も考慮して選定した。これらのインタビューは、アルコールについての学び、飲酒実践や消費空間の確立、アルコールや健康促進情報、世代間の対立への広範な社会的態度、などに関して異なる世代の経験を探究した。

本研究プロジェクトで援用されたマルチメソッド・アプローチによって、大量のデータの収集が可能となった。そのため、資史料、深層インタビュー、そして参与観察のすべてを本書で提示することはできなかった。しかしながら、本書で提示したデータは、収集されたもののごく一部を示しているにすぎないとはいえ、より多くの証言を反映するよう提示内容を選定している。

付録2　ビンジ・ドリンキングの定義とアルコール量単位の解説

イギリス政府は1995年に発表したレポート『センシブル・ドリンキング〔分別ある飲酒〕』において、推奨する消費制限量のガイドラインを週単位から日単位に変更した。これは、「週単位の消費量は、一度の飲酒による症状の出現とほとんど相関がなく、短期的な症状の出現を覆い隠してしまう……他方で、短期的な大量飲酒は医学的および社会的危険としばしば強く相関する」との懸念を反映したものである。週当たりの消費から1日当たりの消費レベルへと重点が変化したが、週当たりの消費量の推奨上限は増加していない。

現在の保健省の勧告は、男性は1日当たり3〜4単位以上の飲酒をするべきではなく、女性は1日当たり2〜3単位以上の飲酒をするべきではないとしている。「ビンジ・ドリンキング」は、推奨消費量ほど明確には定義されていないものの、保健省と全英統計局によって「週に最低1日は男性で8単位以上、女性で6単位以上消費する」こととされている。つまり、これは1日当たりの推奨消費量の倍である。

1単位のアルコールとは純アルコール10mlであり、特定の酒類に対して目安が提示されている。大まかな指針として、以下の単位計測が当てはまる。

- 通常のラガービール1パイント〔イギリスの1パイントは568ml〕……2単位
- 強めのラガービール1パイント……3単位
- ビタービール（ペールエール）1パイント……2単位
- 通常の強さのシードル1パイント……2単位
- グラスワイン（175ml）……約2単位
- スピリッツ1計測……1単位
- アルコポップ1杯……約1・5単位

しかしながら、アルコールの量・度数・種類はかなり異なるので、単位量の正確を期すことは非常に難しい。

〔厚生労働省によれば、近年日本では1ドリンク＝純アルコール10mlという基準量が提案され、使用されている。同省の示す指標では、節度ある適度な飲酒は1日平均純アルコールで10〜20ml程度とされている。

酒類の1ドリンク量

- ビール・発泡酒（アルコール度数〈以下同〉5％）……250ml（中瓶・ロング缶の半分）
- チュウハイ（7％）……180ml（コップ1杯または350ml缶の半分）
- 焼酎（25％）……50ml

・日本酒（15％）……………………………………80ml（0・5合弱）
・ウィスキー・ジンなど（40％）……………………30ml（シングル1杯）
・ワイン（12％）……………………………………100ml（ワイングラス1杯弱）
〔厚生労働省HPによる〕

付録3　イギリス政府による全国統計の社会経済的分類（NS-SEC：National Statistics Socio-Economic Classification）

1、経営管理職および専門職
2、中間職
3、小規模雇用主および自営業者
4、下級管理職および技術職
5、半習慣的および習慣的職業従事者
6、非就業者および長期失業者
7、分類外

「酔いに任せてもう1杯」――訳者あとがき

本書は、Jayne, M., Valentine, G. and Holloway, S.L. (2011), *Alcohol, Drinking, Drunkenness: (Dis)Orderly Spaces* (Aldershot: Ashgate) の全訳である。原題を直訳すれば『アルコール・飲酒・酩酊――(無)秩序の諸空間』となろうが、「アルコール」という語(アルコール含有飲料を意味する場合もあるため訳書中では主に「酒」と表記)に付随する病理的な意味や時と場合により相反する意味を帯びる酔いの状態を強調することと、どの学問分野からのアプローチなのか明確になるよう『アルコールと酔っぱらいの地理学』とし、副題には本書の目的を端的に表した序章の節タイトルを援用することにした。

著者たち3名は「社会・文化地理学(Social and Cultural Geography)」を専門とするイギリスの人文地理学者である。いずれも、後期近代の社会・文化と空間の読解を主軸に据えた著作を数多く発表し、複数の国際的学術誌編集を務め、ウェールズおよびイングランドの著名な研究型大学の教授職にあり、年齢的にも50歳前後ということもあって、専門コミュニティのなかでも中核を担う立場にいる研究者たちといえる。

マーク・ジェインは現在、カーディフ大学の人文地理学教授であり、2000年代前半から現代都市の日常生活に関する批判的検討を一貫して続けてきた。特にアルコール使用に着目して、消費・生産・規制、統治と政策、アイデンティティとライフスタイル、社交性の形態、感情や身体といった広範なテーマを論じている。単著に *Cities and Consumption* (Routledge, 2005)、共著には、本書 *Alcohol,*

Drinking, Drunkenness: (Dis)Orderly Spaces（Ashgate, 2011）およびその姉妹書となる *Childhood, Family, Alcohol*（Ashgate, 2015）があり、２０２０年には *Consumption*（Sage）が出版される予定である。さらに、世界の諸都市の事例研究とそれらに基づいた都市理論の構築に関する研究にも携わっており、その成果は共編著として、*City of Quarters: Urban Villages in the Contemporary City*（Ashgate, 2004）、*Small Cities: Urban Experience Beyond the Metropolis*（Routledge, 2006）、*Urban Theory Beyond the West: A World of Cities*（Routledge, 2012）、*Urban Theory: New Critical Perspectives*（Routledge, 2017）、さらに最新の編著として、*Chinese Urbanism: Critical Perspectives*（Routledge, 2018）にまとめられている。

ジル・バレンタインは現在、シェフィールド大学で人文地理学教授かつ副学長の職にある。セクシュアリティと社会的包摂、若者文化、子ども期・子育て・家族、都市文化と消費といったテーマに焦点を合わせた膨大な論考を発表しており、１９９０年代初頭から社会・文化地理学を牽引してきた中心人物の１人である。単著に、*Stranger-Danger: Children Parenting and the Production of Public Space*（Continuum, 2001）、*Social Geographies: Space and Society*（Pearson, 2001）、そして、*Public Space and the Culture of Childhood*（Routledge, 2004）がある。３冊目の著書は、日本語版（久保健太訳・汐見稔幸監修『子どもの遊び・自立と公共空間——「安全・安心」のまちづくりを見直す　イギリスからのレポート』明石書店、２００９年）が出版されているように、人文地理学を越えて福祉・教育分野からも大きな関心が寄せられている。編著・共編著としては、食、セクシュアリティ、若者文化などのテーマ別の論集および地理思想・方法論に関する概説書・教科書が十数冊に及ぶ。

サラ・L・ホロウェイは現在、ラフバラー大学の人文地理学教授である。子ども・若者・家族の地理に関する研究を続けており、近年では、初等教育および高等教育のなかで社会的階層を生み出す空間的差異の問題を取り上げている。共著としては、ジル・バレンタインと連名で *Cyberkids: Children in the Information Age* (Routledge, 2002) がある。共編著はそのほとんどがジル・バレンタインが加わったものであり、*Children's Geographies: Playing, Living, Learning* (Routledge, 2000)、*Key Concepts in Geography* (Sage, 2003)、*Key Concepts in Human Geography* (Sage, 2009) などがある。

　こうした主要業績を列挙するだけでも、かれらの活躍ぶりが十分伝わってくるのではないだろうか。

　本書の学術的な意義については、「日本語版へのはしがき」によって現在まで続く研究展開の要点を知ることができる。これはマーク・ジェイン教授が二村からの依頼に応じて快く寄稿してくれたものだが、原著出版以降の多数の関連文献にも言及していることが示すとおりアルコール・スタディーズに関する最新の展望論文として読むこともできるだろう。また、杉山と二村はすでに本書の概要と意義を紹介しているので（「英語圏人文地理学における『酒精・飲酒・酩酊』に関する研究動向 —— 日本における今後の事例研究に向けて」『空間・社会・地理思想』(20)、97—１０８頁、２０１７年）、屋上屋を架さぬよう注意しつつ、本書の意義を記しておきたい。

　本書のもとになったのは、ジョセフ・ラウントリー財団の助成を受けた２００４年の研究プロジェクト *Drinking Places: Social Geographies of Consumption* である。著者たちは２００６年のイギリス地理学会（RGS-IBG）において、*Drinking places: geographies of alcohol, abstinence, drinking and drunkenness* と題したセッションでその成果を発表するとともに報告書を著したのち、国際的な学術雑誌に次々と公表していった。イギリスの人文地理学分野を代表する学術誌 *Progress in Human Geography*、

Transaction of the Institute of British Geographers にそれぞれ2本ずつ、*Geoforum* に1本、さらに、地理学に限らず隣接分野にも重点を置く学際的な雑誌 *Environment and Planning A*、*Journal of Rural Studies*、*Space and Polity*、*Drugs: Education, Prevention and Policy*、*Health and Place* にそれぞれ1本ずつというように、多彩な学術誌に掲載された合計10本の論文を加除訂正のうえ書籍としてまとめたのが本書ということになる。書き下ろし部分が少なく学術論文ベースのいわばお墨付きを得た論考が中心になっていること、すべての章を連名で執筆しており論調に一貫性が保たれていることに特徴がある。

原題が本文中でたびたび登場するキーフレーズとなっているように、本書は近現代社会において「酒・飲酒・酩酊」が、いかなる空間と場所でどのような条件のもと、秩序と無秩序を共時的に生み出してきた／いるのかを読み解くことを主要な目的として執筆されている。都市・農村の地域性といった地理学の従来からの主題との関連性を意識しつつ、とりわけ1990年代以降、研究が蓄積されてきた世代、家族、ジェンダー、エスニシティ、感情と身体といった個別のトピックに、「酒・飲酒・酩酊」という要素を接合させることによって新たな知見をもたらそうとしているのである。他分野の文献も幅広く渉猟し世界各地の事例研究を比較することで、「酒・飲酒・酩酊」の存在論的・認識論的・方法論的課題を検討している理論書としての側面と同時に、主要な研究事例の対象が、ストーク・オン・トレントとカンブリア州イーデンという、地方都市と農村地帯という空間的対比のもとで差異化された飲酒実践を考察したイギリス地域研究という側面も持っている。このような著作は、人類学・社会学・犯罪学・政治学・社会政策・健康医科学といったアルコール・スタディーズを形成してきた隣接諸科学をみても初めての試みであり、これまでのところもっとも包括的な研究成果である。「日本語版へのはしがき」で述べられている通り、その後の事例研究の方向性を示した著作といえるだろう。

ただ、学術誌掲載論文を下敷きにしていることの裏返しとして、特有の堅苦しさのある文体が散見され、文章のみの説明が連続する傾向がある。日本の地理学分野からすれば、客観的なデータを示す図表を有効に使うべきではないか、酒類産業や企業活動の動向を含めた経済的な側面の記述が欠けているのではないか、現代の飲酒空間のフィールドワークの成果ならいくらかでも現場の景観写真を掲載するべきではないか、などより多くを求めてしまいたくなるところはある。もちろん、そうした不足感は、原著の有する意義を損なうものではないし、訳者としては、世界各地の地域事情に合わせた事例研究を促す発奮材料として肯定的にとらえていただくことを願う。

翻訳の過程についても触れておきたい。訳者たち4人は2008年から地理思想に関する小さな研究会を行ってきたのだが、そこで本書が何度か話題となり翻訳の話が持ち上がったのが事の始まりであった。出版先もまだ決まっていない段階だったが、2013年秋に杉山と二村が序章と第1章の翻訳作業に取りかかり、2014年1月に、二村から著者たちへ翻訳出版を打診したところ、好意的に受け止めてもらうことができた。その後、2016年冬に各章の担当者を正式に決め下訳の作成を続けた。この間、グループ会社の再編に伴い原著出版元だったアッシュゲート社の業務がラウトレッジ社に移管されたことや、訳者各々の都合により作業が長らく中断してしまった時期もあったのだが、明石書店から出版の了解を得られたことで作業が加速し、2019年1月にどうにか一通りの訳を完成させることができた。以下、各章の担当者を記しておく。

- 日本語版へのはしがき　杉山・二村
- 謝　辞　杉山・成瀬
- 序　章　杉山・二村
- 第1章　杉山・成瀬
- 第2章　二村・成瀬
- 第3章　二村・荒又
- 第4章　荒又・杉山
- 第5章　荒又・二村
- 第6章　成瀬・杉山
- 第7章　成瀬・二村
- あとがき　杉山・二村
- 付　録　二村・杉山

前者が翻訳を、後者がチェックを担当し、前者がもう一度見直しを行った。訳稿がそろった時点および校正段階において、会話文の確認を二村と荒又が、引用文献および索引の照らし合わせを成瀬と二村が、全体の語句統一を杉山が、それぞれ中心となって行った。この間に訳者全員で何度も読み合わせを行ったので、文字通り4人の協働作業であり、研究会の成果でもある。

本書は理論書としての側面もあるが、主要な研究事例の対象がストーク・オン・トレントとカンブリア州イーデンという、日本の一般読者にとって必ずしも馴染みのあるところとはいえない地域である。さらに、社会的属性を異にする「登場人物」たちの多種多様な語りが悩みの種となった。訳者たちのなかにイギリス地域研究を専門にしている者はおらず、ローカルな歴史文化的事情や口語表現への深い理解を欠いたまま翻訳を続けてよいものか、作業の遅れもあり迷いが生じたこともあった。そうしたなか、川口太郎先生（明治大学文学部教授）、大城直樹先生（明治大学文学部教授）をはじめとした日本地理学会の「都市の社会・文化地理学研究グループ」に集う少数精鋭の酒徒たちから進捗についてたびたび叱咤をいただいたことは大きな励みになった。

訳稿に目を通し専門用語や特殊な表現について的確な指摘をいただいた野田学先生（明治大学文学部教授）、居酒屋文化の体現者として本書へすてきな帯書きを寄せてくださった橋本健二先生（早稲田大学人間科学学術院教授）に心から御礼申し上げる。杉山、二村、荒又からは、支援と激励をいただいた流通経済大学、同志社大学、明治大学の同僚の皆様に謝意を表したい。共訳者たちはそれぞれおよび互いの家族の援助に深く感謝する。

出版に際して、明石書店の大江道雅社長と長島遥氏には本当にお世話になった。そもそも出版につながったのは、荒又が自著の編集者だった大江社長と旧知の間柄であったこともあるが、2017年の年末、地酒を囲んだ池袋での一席で、本書はもとより地理学や隣接諸分野についてざっくばらんに

3人で語り合えたことが大きいと思っている。英語圏の理論書（フィル・ハバードほか著、山本正三・菅野峰明訳『現代人文地理学の理論と実践 ― 世界を読み解く地理学的思考』明石書店、2018年）の出版に象徴されるとおり、人文地理学の認識的・方法論的な広がりを十分に理解し、本書のようにこれまでにないテーマを扱った学術書の意義を認めてくださった大江社長に御礼申し上げたい。

編集担当の長島遥氏からは読みやすさを第一とした有益な助言をいただいた。2018年から地理学関連書籍の編集ならびに地理学関連学会での書籍販売の担当者でもある氏は地理学のみならず言語学にも精通している。普段の柔和な印象とは対照的な徹底した仕事ぶりに苦しめられつつも、共訳者とも言うべき多大な協力を得られたことは大きな喜びであった。当初よりも格段によいものに仕上がったのは何よりも長島氏のお陰である。訳者一同、感謝の念に堪えない。

本書を通じて、光と影を内包しつつ近現代社会にどれほどアルコール飲料が埋め込まれてきた／いるのかこれまで以上に知られるようになり、アルコール・スタディーズのさらなる進展に少しでも寄与できるとしたら、あるいは、空間・場所・環境と諸主体に関するさまざまな知を貪欲に取り込み新たな解釈を生み出してきた人文地理学のおもしろさの一端を知っていただくことができたなら、訳者として望外の喜びである。

2019年6月

訳者を代表して　杉山和明

Wyness, M. (1997), 'Parental Responsibilities, Social Policy and the Maintenance of Boundaries', *Sociological Review* 45/2: 304–324.

Wynne, D., O'Connor, J. and Phillips, D. (1998), 'Consumption and the Postmodern City', *Urban Studies* 35/5-6: 841–64.

Yarwood, R. (2001), 'Crime and Policing in the British Countryside: Some Agendas for Contemporary Geographical Research', *Sociologia Ruralis* 41/2: 201–219.

Yarwood, R. (2005), 'Crime Concern and Policing in the Countryside: Evidence from Parish Councillors in West Mercia Constabulary, England', *Policing and Society* 15/1: 63–82.

Yip, A. (2004), 'Negotiating Space with Family and Kin in Identity Construction: The Narratives of British Non-heterosexual Muslims', *The Sociological Review* 52/3: 336–350.

York, J.L., Welte, J., Hirsch, J., Hoffman, J.H. and Barnes G. (2004), 'Association of Age at First Drink with Current Alcohol Drinking Variables in a National General Population Sample', *Alcoholism: Clinical and Experimental Research* 28/9: 1379–1387.

Young, K. (2002), 'The Memory of the Flesh: The Family Body in Somatic Psychology', *Body and Society* 8/3: 25–47.

Yu, J. (1998), 'Perceived Parents/peer Attitudes and Alcohol-related Behaviors: An Analysis of the Impact of the Drinking Age Law', *Substance Use and Misuse* 33/14: 2687–2702.

Yu, J. (2003), 'The Association Between Parental Alcohol-related Behaviors and Children's Drinking', *Drug and Alcohol Dependence* 69/3: 253–262.

Yu, J., Varone, R. and Shacket, R.W. (1997), *A Fifteen-Year Review of Drinking Age Laws: Preliminary Findings of the 1996 New York State Youth Alcohol Survey* (Albany, NY: New York State Office of Alcoholism and Substance Abuse Services).

Zokaei, S. and Phillips, D. (2000), 'Altruism and Intergenerational Relations among Muslims in Britain', *Current Sociology* 48/4: 45–58.

Zukin, S. (1995), *The Cultures of Cities* (Oxford: Blackwell).

Zukin, S. (1998), 'Urban Lifestyles: Diversity and Standardization in Spaces of Consumption', *Urban Studies* 35/5-6: 825–839.

Waterson, J. (2000), *Women and Alcohol in Social Context: Mothers Ruin Revisited* (London: Palgrave).

The Way we Were—Millennium Special Edition (1999), The Sentinel Supplement, p.10.

Wickrama, K., Conger, R., Wallace, L. and Elder, G. (1999), 'The Intergenerational Transmission of Health-risk Behaviours: Adolescent Lifestyles and Gender Moderating Effects', *Journal of Health and Social Behaviour* 40/3: 258–272.

Wilson, T.M. (ed.) (2005), *Drinking Cultures: Alcohol and Identity* (Oxford: Berg).

Winchester, H.P.M., McGuirk, P.M. and Everett, K. (1999), 'Schoolies Week as a Rite of Passage: A Study of Celebration and Control', in Kenworthy-Teather, E. (ed.), *Embodied Geographies: Spaces, Bodies and Rites of Passage* (London: Routledge), pp.59–76.

Winlow, S. and Hall, S. (2006), *Violent Night: Urban Leisure and Contemporary Culture* (Oxford: Berg).

Wittman, F.D. (1997), 'Local Control to Prevent Problems of Alcohol Availability; Experience in Californian Communities', in Plant, M., Single, E. and Stockwell, T. (eds.), *Alcohol: Minimizing the Harm: What Works?* (London: Free Association Books), pp.43–71.

Wolcott, H.F. (1974), *African Beer Gardens of Bulawayo: Integrated Drinking in a Segregated Society* (New Brunswick, NJ: Rutgers Center of Alcohol Studies).

Wood, N. (2002), '"Once More with Feeling": Putting Emotion into Geographies of Music', in Bondi, L., et al. (eds.), *Subjectivities, Knowledges and Feminist Geographies: The Subjects and Ethics of Social Research* (Lanham, MD: Rowman and Littlefield), pp.57–72.

World Health Organization, Department of Mental Health and Substance Dependence (2000), *International Guide for Monitoring Alcohol Consumption and Related Harm* (Geneva: World Health Organization). http://apps.who.int/iris/handle/10665/66529

World Health Organization (2004), *Global Status Report on Alcohol 2004* (Geneva: World Health Organization). http://www.who.int/substance_abuse/publications/globalstatusreportalcoholchapters/en/

Wright, L. (1999), *Young People and Alcohol* (London: Health Education Authority).

Young People and Cultures of Alcohol Consumption in Rural Environments', *Journal of Rural Studies* 24/1: 28–40.

Valentine, G., Holloway, S.L., Jayne, M. and Knell, C. (2007), *Drinking Places: Where People Drink and Why* (York: Joseph Rowntree Foundation). https://www.jrf.org.uk/report/drinking-places-where-people-drink-and-why

Valentine, G., Holloway, S.L. and Jayne, M. (2010), 'Generational Patterns of Alcohol Consumption: Continuity and Change', *Health and Place* 16/5: 916–925.

Valentine, G., Holloway, S.L. and Jayne M. (2010), 'Contemporary Cultures of Abstinence and the Night-time Economy: Muslim Attitudes Towards Alcohol and the Implications for Social Cohesion', *Environment and Planning A* 42/1: 8–22.

Valentine, G., Sporton, D. and Bang-Nielsen K. (2009), 'Identities and Belonging: A Study of Somali Refugee and Asylum Seekers Living in the UK and Denmark', *Environment and Planning D: Society and Space* 27/2: 234–250.

Valverde, M. (2003), 'Police Science, British Style: Pub Licensing and Knowledges of Urban Disorder', *Economy and Society* 32/2: 234–252.

van Zundert, R.M.P., van der Horst, H.L., Vermulst, A. and Engels, R. (2006), 'Pathways to Alcohol Use among Dutch Students in Regular Education and Education for Adolescents with Behavioral Problems: The Role of Parental Alcohol Use, General Parenting Practices and Alcohol-specific Parenting Practices', *Journal of Family Psychology* 20/3: 456–467.

Vertovec, S. (1998), 'Young Muslims in Keighley, West Yorkshire: Cultural Identity, Context and Community', in Vertovec, S. and Rogers, A. (eds.), *Muslim European Youth: Reproducing Ethnicity, Religion Culture* (Aldershot: Ashgate), pp.87–101.

Visser, M. (1991), *The Rituals of Dinner: The Origins, Evolution, Eccentricities and Meaning of Table Manners* (New York: Grove Weidenfeld).

Vives, R., Nebot, M., Ballestin, M., Diez, E. and Villalbi, J.R. (2000), 'Changes in the Alcohol Consumption Patterns Among Schoolchildren in Barcelona', *European Journal of Epidemiology* 16/1: 27–32.

Walsh, K. (2006), 'British Expatriate Belongings: Mobile Homes and Transnational Homing', *Home Cultures* 3/2: 123–144.

Ward, C. (1990), *The Child in the Country* (London: Bedford Square Press).

35/6: 675–688.

Tolvaven, E. and Jylha, M.A. (2005), 'Alcohol in Life Story Interviews with Finnish People Aged 90 or Over: Stories of Gendered Morality', *Journal of Aging Studies* 19/4: 419–435.

Treno, A.J., Alaniz, M.L. and Gruenewald, PJ. (2000), 'The Use of Drinking Places by Gender, Age and Ethnic Groups: An Analysis of Routine Drinking Activities', *Addiction* 95/4: 537–551.

Tucker, F. and Matthews, H. (2001), 'They Don't Like Girls Hanging Around There: Conflicts Over Recreational Space in Rural Northamptonshire', *Area* 33/2: 161–168.

Turning Point (2004), *Alcohol Consultation with Young People in England, 2004* (London: Turning Point).

Twigg, L., Moon, G., and Jones, K. (2000), 'Predicting Small-area Health-related Behaviour: A Comparison of Smoking and Drinking indicators', *Social Science and Medicine* 50/7–8: 1109–1120.

Unwin, T. (1991), *Wine and the Vine: An Historical Geography of Viticulture and the Wine Trade* (London: Routledge).

Vaillant, G.E. (1983), *The Natural History of Alcoholism* (Cambridge, MA: Harvard University Press).

Valentine, G. (1996), 'Children Should Be Seen and Not Heard: The Role of Children in Public Space', *Urban Geography* 17/3: 205–220.

Valentine, G. (1998), 'Food and the Production of the Civilised Street', in Fyfe, N. (ed.), *Images of the Street: Planning, Identity and Control in Public Space* (London: Routledge), pp.192–204.

Valentine, G. (2008), 'Living with Difference: Reflections on Geographies of Encounter', *Progress in Human Geography* 32/3: 323–337.

Valentine G. and Sporton, D. (2009), 'How Other People See You, It's Like Nothing That's Inside: The Impact of Processes of Disidentification and Disavowal on Young People's Subjectivities', *Sociology* 43/4: 735–751.

Valentine, G., Holloway, S.L. and Bingham, N. (2002), 'The Digital Generation? Children, ICT and the Everyday Nature of Social Exclusion', *Antipode* 34/2: 296–315.

Valentine, G., Holloway, S.L, Knell, C. and Jayne, M. (2007), 'Drinking Places:

Smith, R. and Womack, S. (2007), 'Middle-class are Biggest Abusers of Alcohol. *The Telegraph* 20.10.2007
https://www.telegraph.co.uk/news/uknews/1566292/Middle-class-are-biggest-abusers-of-alcohol.html

Social Issues Research Centre (1998), *Social and Cultural Aspects of Drinking: A Report to the European Commission* (Oxford: The Social Issues Research Centre). http://www.sirc.org/publik/social_drinking.pdf

Stallybrass, P. and White, A. (1986), *The Politics and Poetics of Transgression* (London: Methuen). 〔ストリブラス，P.・ホワイト，A. 著，本橋哲也訳（1995）『境界侵犯――その詩学と政治学』 ありな書房〕

Stivers, R. (2000), *Hair of the Dog: Irish Drinking and its American Stereotype* (New York: Continuum).

Talbot, D. (2007), *Regulating the Night: Race, Culture and Exclusion in the Making of the Night-time Economy* (Aldershot: Ashgate).

Tatlow, J.R., Clapp, J.D. and Hohman, M.M. (2000), 'The Relationship Between the Geographic Density of Alcohol Outlets and Alcohol-related Hospital Admissions in San Diego County', *Journal of Community Health* 25/1: 79–88.

Teo, P. (1999), 'Singapore's Widows and Widowers: Back to the Heart of the Family', in Kenworthy-Teather, E. (ed.), *Embodied Geographies: Spaces, Bodies and Rites of Passage* (London: Routledge), pp.224–239.

Thomas, C.J. and Bromley, R.D.F. (2000), 'City-centre Revitalisation: Problems of Fragmentation and Fear in the Evening and Night-time City', *Urban Studies* 37/8: 1403–1429.

Thomas, M. (2002), 'Out of Control: Emergent Cultural Landscapes and Political Change in Urban Vietnam', *Urban Studies* 39/9: 1611–1624.

Thompson, E.P. (1967), 'Time, Work Discipline and Industrial Capitalism', *Past and Present* 38: 56–97.

Thrift, N. (2004), 'Intensities of Feeling: Towards a Spatial Politics of Affect', *Geografiska Annaler Series B Human Geography* 86 B/1: 57–78.

Tlusty, B.A. (2004), 'Drinking, Family Relations, and Authority in Early Modem Germany', *Journal of Family History* 29/3: 253–273.

Tolia-Kelly, D.P. (2004), 'Materializing Post-colonial Geographies: Examining the Textural Landscapes of Migration in the South Asian Home', *Geoforum*

Schivelbusch, W. (1992), *Tastes of Paradise: A Social History of Spices, Stimulants, and Intoxicants*, translated by David Jacobson (New York: Pantheon). 〔シヴェルブシュ, W. 著, 福本義憲訳（1988）『楽園・味覚・理性――嗜好品の歴史』法政大学出版局〕

Scott, A.J. (2000), *The Cultural Economy of Cities: Essays on the Geography of Image-Producing Industries* (London: Sage).

Seeman, M., Seeman, A.Z. and Burdos, A. (1988), 'Powerlessness, Work and Community: A Longtitudinal Study of Alienation and Alcohol Use', *Journal of Health and Social Behaviour* 29/3: 185–198.

Sennett, R. (1977), *The Fall of Public Man* (Cambridge: Cambridge University Press). 〔セネット, R. 著, 北山克彦・高階 悟訳（1991）『公共性の喪失』晶文社〕

Shaikh, Z. and Naz, F. (2000), *A Cultural Cocktail: Asian Women and Alcohol Misuse* (Hounslow: EACHWarks: Aldgate Press).

Share, P. (2003), *A Genuine "Third Place"? Towards an Understanding of the Pub in Contemporary Irish Society*, Paper Presented at the 30th SAI Annual Conference, Cavan, 26 April.

Short, J. (1991), *Imagined Country: Environment, Culture and Society* (London: Routledge).

Shucksmith, J., Glendinning, A. and Hendry, L. (1997), 'Adolescent Drinking Behaviour and the Role of Family life: A Scottish Perspective', *Journal of Adolescence* 20/1: 85–101.

Skelton, T. and Valentine, G. (eds.) (1998), *Cool Places: Geographies of Youth Culture* (London: Routledge).

Smart, R.G. and Ogborne, A. (2000), 'Drinking and Heavy Drinking by Students in 18 countries', *Drug and Alcohol Dependence* 60/3: 315–318.

Smith, L. and Foxcroft, D. (2009), *Drinking in the UK: an Exploration of Trends* (York: Joseph Rowntree Foundation). https://www.jrf.org.uk/report/drinking-uk-exploration-trends

Smith, M.A. (1983), 'Social Usage of the Public Drinking House: Changing Aspects of Class and Leisure', *The British Journal of Sociology* 34/3: 367–385.

Smith, N. (1996), *The New Urban Frontier: Gentrification and the Revanchist City* (London: Routledge). 〔スミス, N. 著, 原口 剛訳（2014）『ジェントリフィケーションと報復都市――新たなる都市のフロンティア』ミネルヴァ書房〕

40/9: 1869–1887.

Radley, A. (1995), 'The Elusory Body and Social Constructionist Theory', *Body and Society* 1/2: 3–23.

Ramsey, M. (1990), 'Lagerland Lost? An Experiment in Keeping Drinkers Off the Streets in Central Coventry and Elsewhere', *Crime prevention Unit: Paper 22* (London: Home Office).
http://www.popcenter.org/tools/partnering/PDFs/Ramsay_1990.pdf

Raskin-White, H., Bates, M.E. and Johnson V. (1991), 'Learning to Drink: Familial, Peer and Media Influences', in Pittman, D. and Raskin-White, H. (eds.), *Society, Culture and Drinking Patterns Re-Examined* (New Brunswick, NJ: Rutgers Centre for Alcohol Studies), pp.177–197.

Rehn, N., Room, R., Edwards, G. and World Health Organization Regional Office for Europe (2001), *Alcohol in the European Region: Consumption, Harm and Policies* (Copenhagen: World Health Organization Regional Office for Europe).
http://apps.who.int/iris/handle/10665/108556

Richardson, A. and Budd, T. (2003), *Alcohol, Crime and Disorder: a Study of Young Adults* (London: Home Office Research).

Rickards, L., Fox, K., Roberts, C., Fletcher, L. and Goddard, E. (2004), *Living in Britain: No. 31, Results from the 2002 General Household Survey* (London: TSO).
http://webarchive.nationalarchives.gov.uk/20160111060558/http://www.ons.gov.uk/ons/rel/ghs/general-household-survey/2002-edition/index.html

Roberts, B. (2004), 'Drinking Like a Man: The Paradox of Excessive Drinking for Seventeenth-century Dutch Youths', *Journal of Family History* 29/3: 237–252.

Roberts, M., Turner, C., Greenfield, S., and Osborn, G. (2006), 'A Continental Ambience? Lessons in Managing Alcohol-related Evening and Night-time Entertainment from Four European Capitals', *Urban Studies* 43/7: 1105–1125.

Rojek, C. (1995), *Decentering Leisure: Rethinking Leisure Theory* (London: Sage).

Rose, N. (1999), *Powers of Freedom: Reframing Political Thought* (Cambridge: Cambridge University Press).

Savage, M. and Warde, A. (1993), *Urban Sociology, Capitalism and Modernity* (New York: Continuum).

Culture (London: Routledge), pp.167–180.

Pettigrew, S. (2002), 'Consuming Alcohol; Consuming Symbolic Meaning', in Miles, S., Anderson, A. and Meethan, K. (eds.), *The Changing Consumer: Markets and Meanings* (Routledge: London), pp.104–116.

Phillips, D. (2006), 'Parallel Lives? Challenging Discourses of British Muslim Self-Segregation', *Environment and Planning D: Society and Space* 24/1: 25–40.

Philo, C. (1992), 'Neglected Rural Geographies: A Review', *Journal of Rural Studies* 8/2: 193–207.

Pilcher, J. (1995), *Age and Generations in Modern Britain* (Oxford: Oxford University Press).

Pitkanen, T., Lyyra, A.L. and Pulkkinen, L. (2004), 'Age of Onset of Drinking and the Use of Alcohol in Adulthood: A Follow up Study from Age 8–42 for Females and Males', *Addiction* 100/5: 652–661.

Plant, M. (1997), *Women and Alcohol: Contemporary and Historical Perspectives* (London: Free Association Books).

Plant, M. and Miller M. (2007), 'Being Taught to Drink: UK Teenagers, Experience', in Jarvinen, M. and Room, R. (eds.), *Youth Drinking Cultures: European Experiences* (Aldershot: Ashgate), pp.131–144.

Plant, M. and Plant, M. (1992), *Risk Takers: Alcohol, Drugs, Sex and Youth* (London: Routledge).

Plant, M., Plant, M. (2006), *Binge Britain: Alcohol and the National Response* (Oxford: Oxford university Press: Oxford).

Plant, M., Single, E. and Stockwell, T. (eds.) (1997), *Alcohol: Minimizing the Harm: What Works?* (London: Free Association Books).

Purvis, M. (1986), 'Popular Institutions', in Langton, J. and Morris, R.J. (eds.), *Atlas of Industrialing Britain 1780–1914* (London: Methuen), pp.194–197. 〔ラングトン, J.・モリス, R.J. 編著, 米川伸一・原 剛訳 (1989) 『イギリス産業革命地図——近代化と工業化の変遷 1780–1914』 原書房〕

Putnam, R.D. (2000), *Bowling Alone: The Collapse and Revival of American Community* (New York: Simon and Schuster). 〔パットナム, R.D. 著, 柴内康文訳 (2006) 『孤独なボウリング——米国コミュニティの崩壊と再生』 柏書房〕

Raco, M. (2003), 'Remaking Place and Securitising Space: Urban Regeneration and the Strategies, Tactics and Practices of Policing in the UK', *Urban Studies*

Neff, J.A. and Husaini, B.A. (1985), 'Stress-buffer Properties of Alcohol Consumption: The Role of Urbanicity and Religious Identification', *Journal of Health and Social Behavior* 26/3: 207–222.

Ní Laoire, C. (2001), 'A Matter of Life and Death?: Men, Masculinities and Staying 'Behind' in Rural Ireland', *Sociologia Ruralis* 41/2: 220–236.

Norcliffe, D. (1999), *Islam: Faith and Practice* (Brighton: Sussex Academic Press).

Norstrom, T. (1998), 'Effects on Criminal Violence of Different Beverage Types and Private and Public Drinking', *Addiction* 93/5: 689–699.

North West Public Health Observatory (2006), *Local Alcohol Profiles for England.*

Office for National Statistics (2001), *Census 2001.*
https://www.ons.gov.uk/census/2001censusandearlier/aboutcensus2001

O'Mally, P. and Valverde, M. (2004), 'Pleasure, Freedom and Drugs: The Use of 'Pleasure' in Liberal Governance of Drugs and Alcohol Consumption', *Sociology* 38/1: 25–42.

Orford, J., Johnson, M. and Purser, B. (2004), 'Drinking in Second Generation Black and Asian Communities in the English Midlands', *Addiction Research and Theory* 12/1: 11–30.

Palmer, C. and Thompson, K. (2007), 'The Paradoxes of Football Spectatorship: On-field and Online Expressions of Social Capital Among the "Grog squad"', *Sociology of Sport Journal* 24/2: 187–205.

Papagaroufali, E. (1992), 'Uses of Alcohol Amongst Women: Games of Resistance, Power and Pleasure', in Gefou-Madianou, D. (ed.), *Alcohol, Gender and Culture* (London: Routledge), pp.48–70.

Parker, H., William, L. and Aldridge, J. (1998), 'The Normalisation of 'Sensible' Recreational Drug Use: Further Evidence from North West England Longitudinal Study', *Sociology* 36/4: 941–964.

Patel, K. (1993), 'Ethnic Minority Access to Services', in Harrison, L (ed.), *Race, Culture and Substance Problems* (Hull: University of Hull), pp.24–39.

Patterson C.R., Bennett, J.B. and Wiitala, W.L. (2005), 'Healthy and Unhealthy Stress Unwinding: Promoting Health in Small Businesses', *Journal of Business and Psychology* 20/2: 221–247.

Peace, A. (1992), 'No Fishing without Drinking: The Construction of Social Identity in Rural Ireland', in Gefou-Madianou, D. (1992), *Alcohol, Gender and*

National Alcohol Survey: How Important is Religion for Abstention and Drinking?', *Drug and Alcohol Dependence* 87/2–3: 268–280.

Miles, S. (2000), *Youth Lifestyles in a Changing World* (Buckingham: Open University Press).

Miles, S. and Paddison, R. (1998), 'Urban Consumption: An Historical Note', *Urban Studies* 35/5–6: 815–823.

Miller, W.B. (1958), 'Lower Class Culture as a Generating Milieu of Gang Delinquency', *Journal of Social Issues* 14/3: 5–19.

Mintel (2003), *In- vs Out-of-Home Drinking.* November 2003. http://reports.mintel.com/display/1806/?__cc=1#

Mintel (2004), *Attitudes Towards Drinking.* March 2004. http://reports.mintel.com/display/71102/#

Mintel (2005), *Wine—UK.* http://reports.mintel.com/display/114606/#

Mintel (2007), *British Lifestyles.* http://academic.mintel.com/display/191183/#

Mitchell, D. (1997), 'The Annihilation of Space by Law: The Roots and Implications of Anti-homeless Laws in the United States', *Antipode* 29/3: 303–335.

Modood, T. (1992), 'British Muslims and the Rushdie affair', in Donald, J. and Rattansi, A. (eds.), *Race, Culture and Difference* (London: Sage), pp.260–277.

Modood, T. and Berthoud, R. (1997), *Ethnic Minorities in Britain: Diversity and Disadvantage* (London: Policy Studies Institute).

Monkkonen, E.H. (1981), 'A Disorderly People? Urban Order in the Nineteenth and Twentieth Centuries', *The Journal of American History* 68/3: 539–559.

Moeran, B. (2005), 'Drinking Country: Flows of Exchange in a Japanese Valley', in Wilson, T.M. (ed.), *Drinking Cultures: Alcohol and Identity* (Oxford: Berg), pp.25–42.

Nairn, K., Higgins, J., Thompson, B., Anderson, M. and Fu, N. (2006), "It's Just Like the Teenage Stereotype, You Go Out and Drink and Stuff': Hearing from Young People Who Don't Drink', *Journal of Youth Studies* 9/3: 287–304.

Nayak, A. (2003), 'Last of the 'Real Geordies'? White Masculinities and the Subcultural Response to Deindustrialisation', *Environment and Planning D: Society and Space,* 21/1: 7–25.

Newfoundland', in Mary Douglas (ed.), *Constructive Drinking: Perspectives on Drink from Anthropology* (Cambridge: Cambridge University Press), pp.91–101.

Mass Observation (1987), *The Pub and the People: A Worktown Study* (London: Hutchinson).

Massey, D. (1995), *Spatial Divisions of Labour: Social Structures and the Geography of Production*, 2nd edn (New York: Routledge). 〔マッシィ, D. 著, 富樫幸一・松橋公治訳（2000）『空間的分業――イギリス経済社会のリストラクチャリング』古今書院〕

Massey, D. (1995), 'Masculinity, Dualisms and High Technology', *Transactions of the Institute of British Geographers* 20/4: 487–99.

Matthee, D.D. (2004), 'Towards an Emotional Geography of Eating Practices: An Exploration of the Food Rituals of Women of Colour Working on Farms in the Western Cape', *Gender, Place and Culture* 11/3: 437443.

Matthews, T., Taylor, M., Sherwood, K., Tucker, F. Limb, M. (2000), 'Growing Up in the Countryside: Children and the Rural Idyll', *Journal of Rural Studies* 16/2: 101–112.

Maye, D., Ilbery, B. and Kneafsy, M. (2005), 'Changing Places: Investigating the Cultural Terrain of Village Pubs in South Northamptonshire', *Social and Cultural Geography* 6/6: 831–847.

Measham, F. (2006), 'The New Policy Mix: Alcohol Harm Minimisation and Determined Drunkenness in Contemporary Society', *The International Journal of Drug Policy* 17/4: 258–268.

Mehta, A. and Bondi, L. (1999), 'Embodied Discourse: On Gender and Fear of Violence', *Gender, Place and Culture* 6/1: 6–84.

Mental Health Foundation (2006), *Cheers? Understanding the relationship between alcohol and mental health.*
https://www.mentalhealth.org.uk/publications/cheers-understanding-relationship-between-alcohol-and-mental-health

Merrifield, A. (2000), 'The Dialectics of Dystopia: Disorder and Zero Tolerance in the City', *International Journal of Urban and Regional Research* 24/2: 473–489.

Michalak, L., Trocki, K. and Bond, J. (2007), 'Religion and Alcohol in the U.S.

Leyshon, M. (2008), '"We're Stuck in the Comer": Young Women, Embodiment and Drinking in the Countryside', *Drugs: Education, Prevention and Policy* 15/3: 267–289.

Lieb, R., Merikangas, K.R., Hofler, M., Pfister, H., Isensee, B and Wittchen, H.U. (2002), 'Parental Alcohol Use Disorders and Alcohol Use and Disorders in Offspring: A Community Study', *Psychological Medicine* 32/1: 63–78.

Lindsay, J. (2005), *Drinking in Melbourne Pubs and Clubs: A Study of Alcohol Consumption Contexts* (Clayton: Monash University).

Lister, S., Hobbs, D., Hall, S. and Winslow, S. (2000), 'Violence in the Night-time Economy; Bouncers: The Reporting, Recording and Prosecution of Assaults', *Policing and Society* 10/4: 383–402.

Longhurst, R. (2001), *Bodies: Exploring Fluid Boundaries* (London: Routledge).

Lovatt, A. and O'Connor, J. (1995), 'Cities and the Night-time Economy', *Planning and Practice Research* 10/2: 127–134.

Lowe, G., Foxcroft, D.R. and Sibley, D. (1993), *Adolescent Drinking and Family Life* (Reading: Harwood Academic Publishers).

McAndrew, C. and Edgerton, R.B. (1970), *Drunken Comportment: A Social Explanation* (London: Nelson).

McCormack, D. (2003), 'An Event of Geographical Ethics in Spaces of Affect', *Transactions of the Institute of British Geographers* 28/4: 488–507.

McKeigue, P.M. and Karmi, G. (1993), 'Alcohol Consumption And Alcohol-related Problems in Afro-Caribbean's And South Asians in the United Kingdom', *Alcohol and Addiction* 28/1: 1–10.

Malbon, B. (1999), *Clubbing: Dancing, Ecstasy and Vitality* (London: Routledge).

Malcomson, R. (1973), *Popular Recreations in English Society 1700–1850* (Cambridge: Cambridge University Press). 〔マーカムソン, R.W. 著, 川島昭夫・沢辺浩一・中房敏朗・松井良明訳（1993）『英国社会の民衆娯楽』平凡社〕

Mannheim, K. (1952), *Essays on the Sociology of Knowledge* (London: Routledge and Kegan Paul). 〔マンハイム, K.・シェーラー, M. 著, 秋元律郎・田中清助訳（1998）『知識社会学　現代社会学体系 8』青木書店〕

Marquis, G. (2004), 'Alcohol and the Family in Canada', *Journal of Family History* 29/3: 308–327.

Mars, G. (1987), 'Longshore Drinking, Economic Security and Union Politics in

http://webarchive.nationalarchives.gov.uk/20160128175428/
http://www.ons.gov.uk/ons/rel/lifestyles/drinking--adult-s-behaviour-and-knowledge/200-report/index.html

Lagendijk, A. (2003), 'Global "Lifeworlds" Versus Local "Systemworlds": How Flying Winemakers Produce Global Wines in Interconnected Locales', *Tijdschift Voor Economische en Sociale Geographie* 95/5: 511–526.

Lash, S. and Urry, J. (1994), *Economies of Sign and Space* (London: Sage). 〔ラッシュ，S.・アーリ，J. 著，安達智史・中西眞知子・清水一彦・川崎賢一・藤間公太・笹島秀晃・鳥越信吾訳（2018）『フローと再帰性の社会学——記号と空間の経済』晃洋書房〕

Latham, A. (2003), 'Urbanity, Lifestyle and Making Sense of the New Urban Cultural Economy: Notes from Auckland, New Zealand', *Urban Studies* 40/9: 1699–1724.

Latham, A. and McCormack, D.P. (2004), 'Moving Cities: Rethinking the Materialities of Urban Geographies', *Progress in Human Geography* 28/6: 701–724.

Laurie, N., Dwyer, C., Holloway, S.L. and Smith, F.M. (1999), *Geographies of New Femininities* (London: Routledge).

Laurier, E. and Philo, C. (2004), *Cafés and Crowds*. Published by the Department of Geography and Geomatics, University of Glasgow.
http://finbar.geog.gla.ac.uk/E_Laurier/cafesite/texts/elaurier004.pdf

Laurier, E. and Philo, C. (2006), 'Cold Shoulders and Napkins Handed: Gestures of Responsibility', *Transactions of the Institute of British Geographers* 31/2: 193–207.

Laurier, E. and Philo, C. (2006), 'Possible Geographies: A Passing Encounter in a Café', *Area* 38/4: 353–363.

Leifman, H. (2001), 'Homogenisation in Alcohol Consumption in the European Union', *Nordisk Alkohol and Narkotikatidskrift* 18/1 Supplement: 15–30.

Levi, R. and Valverde, M. (2001), 'Knowledge on Tap: Police Science and Common Knowledge in the Legal Regulation of Drunkenness', *Law and Social Inquiry* 26/3: 819–846.

Leyshon, M. (2005), 'No Place for a Girl: Rural Youth Pubs and the Performance of Masculinity', in Little, J. and Morris, C. (eds.), *Critical Studies in Rural Gender Issues* (Aldershot: Ashgate), pp.104–122.

and Cultural Geography 2/1: 43–59.

Kneale, J. (2004), Drunken Geographies: Mass Observation's Studies of 'A Social Environment ... Plus Alcohol', 193748. Unpublished paper (available from author).

Kneale, J. and French, S. (2008), 'Mapping Alcohol: Health, Policy and the Geographies of Problem Drinking in Britain', *Drugs: Education, Prevention and Policy* 15/3: 233–249.

Knibbe, R.A. and Bloomfield, K. (2001), 'Alcohol Consumption Estimates in Surveys in Europe: Comparability and Sensitivity for Gender Differences', *Substance Abuse* 22/1: 23–38.

Komro, K.A. Maldonado-Molina, M.M., Tobler, A.L., Bonds, J.R. and Muller, K.E. (2007), 'Effects of Home Access and Availability of Alcohol on Young Adolescents' Alcohol Use', *Addiction* 102/10: 1597–1608.

Kong, L. (2001), 'Mapping 'New' Geographies of Religion: Politics and Poetics in Modernity', *Progress in Human Geography* 25/2: 211–233.

Kraack, A. and Kenway, J. (2002), 'Place, Time and Stigmatised Youthful Identities: Bad Boys in Paradise', *Journal of Rural Studies* 18/2: 145–155.

Kubicka, L., Csemy, L., Duplinsky, J. and Kozeny, J. (1998), 'Czech Men's Drinking in Changing Political Climates 1983–93: A Three-wave Longitudinal Study', *Addiction* 93/8: 1219–1230.

Kumar, K. (1995), *From Post-industrial to Post-modern Society: New Theories of the Contemporary World* (Oxford: Blackwell).

Kuusisto, A. (2007), 'Religious Identity Based Social Networks as Facilitators of Teenagers' Social Capital: A Case Study on Adventist Families in Finland', in Helve, H. and Bynner, J. (eds.), *Youth and Social Capital* (London: Tufnell Press), pp.87–106.

Lader, D. (2009), *Drinking: Adults' Behaviour and Knowledge in 2008* (Newport: Office of National Statistics).
http://webarchive.nationalarchives.gov.uk/20160128175403/
http://www.ons.gov.uk/ons/rel/lifestyles/drinking--adult-s-behaviour-and-knowledge/2008-report/index.html

Lader, D. and Goddard, E. (2006), *Drinking: Adults' Knowledge and Behaviour in 2006* (Newport: Office for National Statistics).

Urban Life and Public Space', *Progress in Human Geography* 30/4: 451–468.

Jayne, M. Valentine, G. and Holloway S.L. (2008a), 'Geographies of Alcohol, Drinking and Drunkenness: A Review of Progress', *Progress in Human Geography* 32/2: 247–264.

Jayne, M., Valentine, G. and Holloway, S.L. (2008b), 'Fluid Boundaries—"British" Binge Drinking and "European" Civility: Alcohol and the Production and Consumption of Public Space', *Space and Polity* 12/1: 81–100.

Jayne, M., Valentine, G. and Holloway S.L. (2008c), 'The Place of Drink: Geographical Contributions to Alcohol Studies', *Drugs: Education, Prevention and Policy* 15/3: 219–232.

Jayne, M. Valentine, G. and Holloway S.L. (2010), 'Emotional, Embodied and Affective Geographies of Alcohol, Drinking and Drunkenness', *Transactions of the Institute of British Geographers* 35/4: 540–554.

Jones, J. (2002), 'The Cultural Symbolisation of Disordered and Deviant Behaviour: Young People's Experiences in a Welsh Rural Market Town', *Journal of Rural Studies* 18/2: 213–217.

Jones, M. and Jones, D. (2000), 'The Contagious Nature of Antisocial Behaviour', *Criminology* 38/1: 25–46.

Kelly, A.B. and Kowalyszyn, M. (2002), 'The Association of Alcohol and Family Problems in a Remote Indigenous Australian Community', *Addictive Behaviors* 28/4: 761–767.

Kenworthy-Teather, E. (1999), *Embodied Geographies: Spaces, Bodies and Rites of Passage* (London: Routledge).

Klein, N. (2000), *No Logo* (London: Flamingo).〔クライン，N. 著，松島聖子訳（2001）『ブランドなんか、いらない――搾取で巨大化する大企業の非情』はまの出版〕

Klostermann, K.C. and Fals-Stewart, W. (2006), 'Intimate Partner Violence and Alcohol Use: Exploring the Role of Drinking in Partner Violence and its Implications for Intervention', *Aggression and Violent Behavior* 11/6: 587–597.

Kneale, J. (1999), '"A Problem of Supervision": Moral Geographies of the Nineteenth-century British Public House', *Journal of Historical Geography* 25/3: 333–348.

Kneale, J. (2001), 'The Place of Drink: Temperance and the Public 1856–1914', *Social* and Violence: The relative Contributions of Drinking before and During Nights Out to Negative Health and Criminal Justice Outcomes', *Addiction* 103/1: 60–65.

Hugh-Jones, S., Gough B. and Littlewood, A. (2005), 'Sexual Exhibitionism as "Sexuality and Individuality": A Critique of Psycho-Medical Discourses from the Perspectives of Women who Exhibit', *Sexualities* 8/3: 259–281.

Hugman, R. (1999), 'Embodying Old Age', in Kenworthy-Teather, E. (ed.), *Embodied Geographies: Spaces, Bodies and Rites of Passage* (London: Routledge), pp.193–207.

Hunt, G.P. (1991), 'The Middle Class Revisited: Eating and Drinking in an English Village', *Western Folklore* 50/4: 401–420.

Hunt, G.P. and Satterlee, S. (19811987), 'Darts, Drink and the Pub: The Culture of Female Drinking', *Sociological Review* 35/3: 575–601.

Hunt, G.P. and Satterlee, S. (1986), 'Cohesion and Division: Drinking in an English Village', *Mankind* 21/3: 521–537.

Hunt, G. and Satterlee, S. (1986), 'The Pub, the Village and the People', *Human Organisation* 45/1: 62–74.

Hunt, G.P. Mackenzie, K. and Joe-Laider, K. (2005), 'Alcohol and Masculinity: The case of Ethnic Youth Gangs', in Wilson, T. M (ed.), *Drinking Cultures* (Oxford: Berg), pp.225–254.

Hutchinson, I.W. (1999), 'Alcohol, Fear, and Woman Abuse', *Sex Roles* 40: 893–920.

Iveson, K. (2006), 'Strangers in the Cosmopolis', in Binnie, J., Holloway, J., Millington, S. and Young C. (eds.), *Cosmopolitan Urbanism* (London: Routledge), pp.70–86.

James, A. (1993), *Childhood Identities: Self and Social Relationships in the Experience of the Child* (ManchesterEdinburgh: Manchester Edinburgh University Press).

Jamieson, L. and Toynbee, C. (1990), 'Shifting Patterns of Parental Authority, 1900–1980', in Corr, H. and Jamieson, L. (eds.), *The Politics of Everyday Life: Continuity and Change in Work and Family* (London: Macmillan), pp.86–116.

Jarvinen, M. and Room, R. (eds.) (2007), *Youth Drinking Cultures: European Experiences* (Aldershot: Ashgate).

Jayne, M., Holloway, S.L. and Valentine, G. (2006), 'Drunk and Disorderly: Alcohol,

Shadows: Governance, Liminality in the Night-time Economy', *British Journal of Sociology* 51/4: 701–717.

Hoffman, M. Richmond, J. Morrow, J. and Salomone, K. (2002), 'Investigating 'Sense of Belonging' in First Year College Students', *Journal of College Student Retention: Research, Theory and Practice* 4/3: 227–256.

Holder, H.D. (2000), 'The Supply Side Initiative as an International Collaboration to Study Alcohol Supplv, Drinking and Consequences: Current Knowledge, Policy Issues and Research opportunities', *Addiction* 95/Supplement 44, S461–S463.

Holliday, R. and Jayne, M. (2000), 'The Potters Holiday', in Edensor, T. (ed.), *Reclaiming Stoke-on-Trent: Leisure, Space and Identity in The Potteries* (Stoke-on-Trent: Staffordshire University Press), pp.117–200.

Holloway, S.L., Jayne, M. and Valentine, G. (2008), '"Sainsbury's is my Local": English Alcohol Policy, Domestic Drinking Practices and the Meaning of Home', *Transactions of the Institute of British Geographers* 33/4: 532–547.

Holloway, S.L., Valentine, G. and Jayne, M. (2009), 'Masculinities, Femininities and the Geographies of Public and Private Drinking Landscapes', *Geoforum* 40/5: 821–831.

Holt, M.P. (ed.) (2006), *Alcohol: A Social and Cultural History* (London: Berg).

Honess, T., Seymour, L. and Webster R. (2000), *The Social Contexts of Underage Drinking* (London: Home Office).
http://russellwebster.com/documents/Context%20of%20underage%20drinking.pdf

Hopkins, P. (2006), 'Youthful Muslim Masculinities: Gender and Generational Relations', *Transactions of the Institute of British Geographers* 31/3: 337–352.

Hopkins P. (2007), 'Young People, Masculinities, Religion and Race: New Social Geographies', *Progress in Human Geography* 31/2: l63–177.

Hubbard, P. (2002), 'Screen-shifting: Consumption, 'Riskless Risks' and the Changing Geographies of Cinema', *Environment and Planning A* 34/7: 1239–1258.

Hubbard, P. (2005), 'The Geographies of 'Going Out': Emotions and Embodiment in the Evening Economy', in Davidson, J. Bondi, L. and Smith, M (eds.), *Emotional Geographies* (Aldershot: Ashgate), pp.117–134.

Hughes, K., Anderson, Z., Morleo, M. and Beilis, M.A. (2008), 'Alcohol, Nightlife

Harrison, L., Harrison, M. and Adebowale, V. (1996), 'Drinking Problems among Black Communities', in Harrison, L. (ed.), *Alcohol Problems in the Community* (London: Routledge), pp.223–240.

Hasan, A.G. (2000), *American Muslims: The New Generation* (New York: Continuum). 〔ハサン, A.G. 著, 池田 智監訳, 越智敏之・横田由紀子・内田 均訳 (2002)『私はアメリカのイスラム教徒』明石書店〕

Heim, D., Hunter, S.C., Ross, A.J., Bakshi, N., Davis, J.B., Flatley, K.J. and Meer, N. (2004), 'Alcohol Consumption, Perceptions of Community Responses and Attitudes to Service Provisions: Results from a Survey of Indian, Chinese and Pakistani Young People in Greater Glasgow, Scotland, UK', *Alcohol and Alcoholism* 39/3: 220–226.

Heley, J. (2008), 'Rounds, Range Rovers and Rurality: The Drinking Geographies of a New Squirarchy', *Drugs: Education, Prevention and Policy* 15/3: 315–321.

Herring, R. and Thom, B. (1997), 'The Right to Take Risks: Alcohol and Older People', *Social Policy and Administration* 31/3: 233–246.

Hingson, R. and Kenkel, D. (2004), 'Social, Health, and Economic Consequences of Underage Drinking', in National Research Council and Institute of Medicine (eds.), *Reducing Underage Drinking: a Collective Responsibility* (Washington, DC: The National Academies Press), pp.351–382.
https://www.nap.edu/read/10729/chapter/23

HM Government (2004), *Alcohol Harm Reduction Strategy for England.*
http://alcoholresearchuk.org/wp-content/uploads/2014/01/strategy-unit-alcohol-harm-reduction-strategy.pdf

HM Government (2007), *Safe. Sensible. Social: the Next Steps in the National Alcohol Strategy.*
http://webarchive.nationalarchives.gov.uk/
http://www.dh.gov.uk/en/Publichealth/Healthimprovement/Alcoholmisuse/DH_085386

Hobbs, D. (2003), *The Night-time Economy* (London: Alcohol Concern Research Forum Papers).

Hobbs, D., Hadfield, P., Lister, S. and Winslow, S. (2003), *Bouncers: Violence and Governance in the Night-time Economy* (Oxford; Oxford University Press).

Hobbs, D., Lister, S., Hadfield, P., Winlow, S. and Hall, S. (2000), 'Receiving

93/8: 1137–1147.

Gullestad, M. and Segalen, M. (eds.) (1997), *Family and Kinship in Europe* (London: Pinter).

Habermas, J. (1989), *The Structural Transformation of the Public Sphere: Inquiry into a Category of Bourgeois Society*, translated by Thomas Burger with the assistance of Frederick Lawrence (Cambridge, MA: MIT Press). 〔ハーバーマス, J. 著, 細谷貞雄・山田正行訳（1994）『公共性の構造転換──市民社会の一カテゴリーについての探究』未來社〕

Hadfield, P. (2006), *Bar Wars: Contesting the Night in Contemporary British Cities* (Oxford: Oxford University Press).

Hagan, J. (1977), *Disreputable Pleasures* (Toronto: McGraw-Hill Ryerson).

Hall, T. (1992), *The Postmodern Pub, Hegemonic Narrative, Nostalgia and Collective Identity in the Construction of Postmodern Landscapes: A Problem for Research*, Discussion paper, Department of Geography, University of Birmingham.

Hall, T. and Hubbard, P. (1996), 'The Entrepreneurial City: New Urban Politics, New Urban Geographies?', *Progress in Human Geography* 20/2: 153–174.

Hannigan, J. (1998), *Fantasy City: Pleasure and Profit in the Postmodern Metropolis* (London: Routledge).

Hansen, E.C. (1976), 'Drinking to Prosperity: The Role of Bar Culture and Coalition Formation in the Modernization of the Alto Panades', in Aceves, J.B., Hansen, E.C., and Levitas, G. (eds.), *Economic Transformation and Steady-State Values: Essays in the Ethnography of Spain* (Flushing, NY: Queens College Press), pp.42–51.

Harnett, R., Thom, B., Herring, R. and Kelly, M. (2000), 'Alcohol in Transition: Towards a Model of Young Men's Drinking Styles', *Journal of Youth Studies* 3/1: 61–77.

Harring, S. (1983), *Policing a Class Society: the Experience of American Cities 1865–1915* (Brunswick, NJ: Rutgers University Press).

Harrison, B. (1971), *Drink and the Victorians: The Temperance Question in England 1815–1872* (London: Faber & Faber).

Harrison, L. and Carr-Hill, R. (1992), *Alcohol and Disadvantage amongst the Irish in England* (London: Federation of Irish Societies).

Galen, L.W. and Rogers, W.M. (2004), 'Religiosity, Alcohol Expectancies, Drinking Motives and their Interaction in the Prediction of Drinking Among College Students', *Journal of Studies on Alcohol* 65/4: 469–476.

Galvani, S. (2006), 'Alcohol and Domestic Violence: Women's Views', *Violence Against Women* 12/7: 641–662.

Gefou-Madianou, D. (ed.) (1992), *Alcohol, Gender and Culture* (London: Routledge).

Ghost, S. (1984), 'Prevalence Survey of Drinking Alcohol and Alcohol Dependence in the Asian Population in the UK', in Krasner, N., Madden, J.S. and Walker, R.J. (eds.), *Alcohol Related Problems: Room for Manoeuvre* (Chichester: Wiley), pp.179–189.

Giddens A. (1991), *Modernity and Self-Identity: Self and Society in the Late Modern Age* (Cambridge: Polity Press). 〔ギデンズ, A. 著, 秋吉美都・安藤太郎・筒井淳也訳（2005）『モダニティと自己アイデンティティ――後期近代における自己と社会』ハーベスト社〕

Gill, J.S. and Donaghy, M. (2004), 'Variation in the Alcohol Content of a "Drink" of Wine and a Spirit poured by a Sample of the Scottish Population', *Health Education Research* 19/5: 485–491.

Girouard, M. (1984), *Victorian Pubs* (London: Yale University Press).

Glendinning, A., Nuttall, M., Hendry, L.B, Kloep, M. and Wood, S. (2003), 'Rural Communities and Well-being: A Good Place to Grow Up?', *The Sociological Review* 51/1: 129–156.

Gmel, G., Bloomfield, K., Ahlstrom, S., Choquet, M. and Lecomte, T. (2000), 'Women's Roles and Women's Drinking: A Comparative Study in Four European Countries', *Substance Abuse* 21/ 4: 249–264.

Goddard, E. (2006), *General Household Survey 2005: Smoking and Drinking Among Adults, 2005* (Newport: Office for National Statistics).

Gofton, L. (1990), 'On the Town: Drink and the 'new' Lawlessness', *Youth and Policy* 29: 33–39.

Graff, V. (2007), 'I didn't go to a dinner party until I was in my thirties', *The Guardian*, 27 May, p.12.
https://www.theguardian.com/lifeandstyle/2007/may/27/foodanddrink.features12

Graham, K., Wilsnack, R., Dawson, D. and Vogeltanz, N. (1998), 'Should Alcohol Consumption Measures be Adjusted for Gender Differences', *Addiction*

Education, Prevention and Policy 15/3: 323–328.

Engineer, R., Phillips, A., Thompson, J. and Nicholls, J. (2003), *Drunk and Disorderly: a Qualitative Study of Binge Drinking Among 18–24 year olds* (London: Home Office).

Ettore, E. (1997), *Women and Alcohol: A Private Pleasure or Public Problem?* (London: The Women's Press).

European Comparative Alcohol Study 1998–2001 (2002), Brussels: European Union.

European Schools Project on Alcohol and Drugs 1995–2003 (2003), Brussels: European Union.

Evans, B. (2006), '"Gluttony or Sloth": Critical Geographies of Bodies and Morality in (Anti)obesity Policy', *Area* 38/3: 259–267.

Evans, B. (2010), 'Anticipating fatness: Childhood, Affect, and the Pre-emptive 4 War on Obesity', *Transactions of the Institute of British Geographers* 35/1: 21–38.

Evans, B. and Colls, R. (2009), 'Measuring Fatness, Governing Bodies: The Spatialities of the Body Mass Index (BMI) in Anti-Obesity Politics', *Antipode* 41/5: 1051–1083.

The Evening Sentinel (1986), 'The state of crown bank', reproduced in The Way We Special, p .15.

The Evening Sentinel (1978), 'Great Annual Spree and Ale was Dirt Cheap', 6 August.

Featherstone, M. (1991), *Consumer Culture and Postmodernity* (London: Sage) 〔フェザーストン, M. 著, 川崎賢一・小川葉子・池田 緑訳（1999）『消費文化とポストモダニズム』恒星社厚生閣〕

Foucault, M. (1977), *Discipline and Punish: The Birth of the Prison,* translated from the French by A. Sheridan (London: Allen Lane). 〔フーコー, M. 著, 田村 俶訳（1977）『監獄の誕生——監視と処罰』新潮社〕

Foxcroft, D.R. and Lowe G. (1991), 'Adolescent Drinking Behaviour and Family Socialization Factors: a Meta-analysis', *Journal of Adolescence* 14/3: 255–273.

Frisby, D. (2001), *Cityscapes of Modernity: Critical Explorations* (Cambridge: Polity Press).

Fyfe, N. and Bannister, J. (1996), 'City Watching: CCTV Surveillance in Public Spaces', *Area* 28/1: 37–46.

Davis, M. (1991), *City of Quartz: Excavating the Future in Los Angeles* (London: Verso). 〔デイヴィス, M. 著, 村山敏勝・日比野啓訳（2001）『要塞都市 LA』青土社〕

Day, K., Gough, B. and McFadden, M. (2004), '"Warning! Alcohol Can Seriously Damage your Feminine Health": A Discourse Analysis of Recent British Newspaper Coverage of Women and Drinking', *Feminist Media Studies* 4/2: 165–183.

De Boer, M., Schippers, G.D., Van der Staak, C.P.F. (1993), 'Alcohol and Social Anxiety in Women and Men: Pharmacological and Expectancy Effects', *Addictive Behaviour* 18/2: 117–126.

De Garine, I. (2001), 'Drinking in Northern Cameroon among the Masa and Muzey', in de Garine, I. and De Garine, V. (eds.), *Drinking: Anthropological Approaches* (New York: Berghahn Books), pp.51–65.

De Garine, I. and De Garine, VC. (eds.) (2001), *Drinking: Anthropological Approaches* (New York: Berghahn Books).

Dean, A (2002), 'History, Culture and Substance Use in a Rural Scottish Community', *Substance Use and Misuse* 37/5–7: 749–765.

DeVerteuil, G. and Wilton, R.D. (2009), 'The Geographies of Intoxicants: From Production and Consumption to Regulation, Treatment and Prevention', *Geography Compass* 3/1: 478–494.

Douglas, M. (ed.) (1987), *Constructive Drinking: Perspectives on Drink from Anthropology* (Cambridge: Cambridge University Press).

Dwyer C. (1999), 'Veiled meanings: young British Muslim women and the negotiation of differences [1]', *Gender, Place and Culture* 6/1: 5–26.

Dwyer C. (2000), 'Negotiating Diasporic Identities: Young British South Asian Muslim Women', *Womens Studies International Forum* 23/4: 475–486.

Eber, C. (2000), *Women and Alcohol in a Highland Maya Town: Water of Hope, Water of Sorrow, updated edition* (Austin: University of Texas Press).

Edensor, T. (2006), 'Caudan: Domesticating the Global Waterfront', in Bell, D. and Jayne, M. (eds.), *Small Cities: Urban Experience Beyond the Metropolis* (London: Routledge), pp.205–216.

Edwards, M. (1997), *Potters in Pubs* (Leek: Chumet Valley Books).

Eldridge, A. and Roberts, M. (2008), 'Hen Parties: Bonding or Brawling?', *Drugs:*

Chatterton, P. and Hollands, R. (2002), 'Theorising Urban Playscapes: Producing, Regulating and Consuming Youthful Nightlife City Spaces', *Urban Studies* 39/1: 95–116.

Chatterton, P. and Hollands, R. (2003), *Urban Nightscapes: Youth Culture, Pleasure Spaces and Corporate Power* (London: Routledge).

Clarke, C., Peach, C. and Vertovec, S. (eds.) (1990), *South Asians Overseas: Migration and Ethnicity* (Cambridge: Cambridge University Press).

Clarke, P. (1983), *The English Alehouse: A Social History 1200–1830* (Harlow: Longman).

Cochrane, R. and Bal, S. (1990), 'The Drinking Habits of Sikh, Hindu, Muslim and White Men in the West Midlands: A Community Survey', *British Journal of Addiction* 85/6: 759–769.

Cohen, P. (1997), *Rethinking the Youth Question: Education, Labour, and Cultural Studies* (London: Macmillan).

Coleman, J.S. (1988), 'Social Capital in the Creation of Human Capital', in Lesser, E.L. (ed.), *Knowledge and Social Capital: Foundations and Applications* (Newton: Butterworth-Heinemann), 17–41.

Comedia (1991), *Out of Hours: A Study of the Economic, Social and Cultural Life in Twelve Town Centres in the UK* (in association with Calouste Gulbenkian Foundation).

Conway, K.P., Swenden, J.D and Merikangas, K.R. (2003), 'Alcohol Expectancies, Alcohol Consumption, and problem Drinking: The Moderate Role of Family History', *Addictive Behaviours* 28/5: 823–836.

Cresswell, T. (1996), *In Place/Out of Place: Geography, Ideology and Transgression* (Minneapolis, MN: University of Minnesota Press).

Cunningham, H. (1980), *Leisure in the Industrial Revolution 1780–1880* (New York: St Martin's Press).

Davidson, J. and Bondi, L. (2004), 'Spatializing Affect; Affecting Space: An Introduction', *Gender, Place and Culture* 11/3: 373–374.

Davidson, J., Bondi, L. and Smith, M. (eds.) (2005), *Emotional Geographies* (Aldershot: Ashgate).

Davis, J. (1997), *Same Scenery, Different Lifestyle: Rural Children on Low Income* (London: The Children's Society).

Bradby, H. (2007), 'Watch Out For the Aunties! Young British Asians' Accounts of Identity and Substance Abuse', *Sociology of Health and Illness* 29/5: 656–672.

Brannen, J., Moss, P. and Mooney, A. (2004), *Working and Caring over the Twentieth Century: Change and Continuity in Four-Generation Families* (Basingstoke: Palgrave Macmillan).

Brennan, P.L. and Greenbaum, M.A. (2005), 'Functioning, Problem Behaviour and Health Services Use among Nursing Home Residents with Alcohol-use Disorders: Nationwide Data from the VA Minimum Data Set', *Journal of Studies on Alcohol* 66/3: 395–400.

Brickell, K. (2008), '"Fire in the House": Gendered Experiences of Drunkenness and Violence in Siem Reap, Cambodia', *Geoforum* 39/5: 1667–1675.

Bromley, R.D.F. and Nelson, A.L. (2002), 'Alcohol-related Crime and Disorder across Urban Space and Time: Evidence from a British city', *Geoforum* 33/2: 239–54.

Bromley, R.D.F., Tallon, A.R. and Thomas, C.J. (2003), 'Disaggregating the Space-time Layers of City Centre Activities and their Users', *Environment and Planning A* 35/10: 1831–1851.

Bromley, R.D.F., Thomas, C.J. and Millie, A. (2000), 'Exploring Safety Concerns in the Night-time City', *Town Planning Review* 71/1: 71–96.

Bunce, M. (1994), *The Countryside Ideal: Anglo-American Images of Landscape* (London: Routledge).

Burnett, J. (1999), *Liquid Pleasures: A Social History of Drinks in Modern Britain* (London: Routledge).

Burns, N., Parr, H. and Philo, C. (2002), 'Alcohol and Mental Health: Social Geographies of Rural Mental Health', Findings Paper 12. http://eprints.gla.ac.uk/96762/

Campbell, H. (2000), 'The Glass Phallus: Pub(lic) Masculinity and Drinking in Rural New Zealand', *Rural Sociology* 65/4: 562–581.

Castree, N. (2005), 'The Epistemology of Particulars: Human Geography, Case Studies and Context', *Geoforum* 36/5: 541–544.

Chatterjee, P. (2003), 'An Empire of Drink: Gender, Labour and the Historical Economies of Alcohol', *Journal of Historical Sociology* 16/2: 183–208.

Threats: Policing and Urban Entrepreneurialism in Britain and Germany', *Urban Studies* 40/9: 1845–1867.

Bell, D. (2005), 'Commensality, Urbanity, Hospitality', in Lashley, C., Lynch, P. and Morrison, A. (eds.), *Critical Hospitality Studies* (London: Butterworth Heinemann), pp.24–35.

Bell, D. (2007), 'The Hospitable City: Social Relations in Commercial Spaces', *Progress in Human Geography* 31/1: 7–22.

Bell, D. and Binnie, J. (2005), 'What's Eating Manchester? Gastro-culture and Urban Regeneration', *Architectural Design* 75/3: 78–85.

Benson, D. and Archer, J. (2002), 'An Ethnographic Study of Sources of Conflict between Young Men in the Context of a Night Out', *Psychology, Evolution and Gender* 4/1: 3–30.

Berman, M. (1986), 'Take it to the Streets: Conflict and Community in Public Space', *Dissent* 33/4: 476–485.

Bems McGown, R. (1999), *Muslims in the Diaspora: The Somali Communities of London and Toronto* (Toronto: Toronto University Press).

Bianquis-Gasser, I. (1992), 'Wine and Men in Alsace, France', in Gefou-Madianou, D. (1992), *Alcohol, Gender and Culture* (London: Routledge), pp.101–107.

Bloomfield, K. (1993), 'A Comparison of Alcohol Consumption between Lesbians and Heterosexual Women in an Urban Population', *Drug and Alcohol Dependence* 33/3: 257–269.

Blunt, A. and Dowling, R. (2006), *Home* (London, Routledge).

Bobak, M., Mckee, M., Rose, R. and Marmot, M. (1999), 'Alcohol Consumption in a Sample of the Russian Population', *Addiction* 94/6 4: 857–866.

Body-Gendrot, S. (2000), *The Social Control of Cities?: A Comparative Perspective* (Oxford: Blackwell).

Bogenschneider, K., Wu, M-Y., Raffaeli, M. and Tsay, J.C. (1998), '"Other Teens Drink, but Not My Kid": Does Parental Awareness of Adolescent Alcohol Use Protect Adolescents from Risky Consequences', *Journal Marriage and the Family* 60/2: 356–373.

Boseley, S. (2007), 'Scale of Harmful Middle-class Drinking Revealed', *The Guardian* 16 October, p.12.
https://www.theguardian.com/society/2007/oct/16/drugsandalcohol.health (now)

Anderson, B. (2004a), 'Recorded Music and Practices of Remembering', *Social and Cultural Geography* 5/1: 3–20.

Anderson, B. (2004b), 'Time-stilled Space Slowed: How Boredom Matters', *Geoforum* 35/6: 739–754.

Anderson, B. (2006), 'Becoming and Being Hopeful: Towards a Theory of Affect', *Environment and Planning D: Society and Space* 24/5: 733–752.

Arber, S. and Attias-Donfut, C. (2000), *The Myth of Generational Conflict: the Family and State in Ageing Societies* (London: Routledge).

Atkinson, R. (2003), 'Domestication by Cappuccino or a Revenge on Urban Space? Control and Empowerment in the Management of Public Space', *Urban Studies* 40/9: 1829–1843.

Attias-Donfut, C. (1988), *Sociologie des Generations, L'empreinte du Temps* (Paris: PUF).

Bakhtin, M . (1984), *Rabelais and His World*, translated by H. Iswolsky (Bloomington: Indiana University Press). 〔バフチン,M.著,川端香男里訳（1995）『フランソワ・ラブレーの作品と中世・ルネッサンスの民衆文化』せりか書房〕

Balfe, M. (2007), 'Alcohol, Diabetes and the Student Body', *Health, Risk and Society* 9/3: 241–257.

BBC News (2007), 'Wealthy Areas Head Alcohol Table', 16.10.2007 http://news.bbc.co.uk/2/hi/health/7045830.stm

Beccaria, F. and Sande, A. (2003), 'Drinking Games and Rites of Life Projects: A Social Comparison of the Meaning and Functions of Young Peoples Use of Alcohol During the Rite of Passage to Adulthood in Italy and Norway', *Youth* 11/2: 99–119.

Beck, U. and Beck-Gemsheim, E. (2002), *Individualization: Institutionalized individualism and its social and political consequences* (London: Sage).

Becker, H. (1966), *Outsiders: Studies in the Sociology of Deviance* (New York: Free Press). 〔ベッカー, H.S. 著, 村上直之訳（1993）『アウトサイダーズ――ラベリング理論とはなにか』新泉社〕

Beckingham, D. (2008), 'Geographies of Drink Culture in Liverpool: Lessons from the Drink Capital of Nineteenth-century England', *Drugs: Education, Prevention and Policy* 15/3: 305–313.

Belina, B. and Helms, G. (2003), 'Zero Tolerance for the Industrial Past and Other affective space of family life in shaping children's knowledge about alcohol and its social and health implications' *Childhood: a Journal of Global Child Research* 21/1: 103–118.

Valentine, G., Jayne, M. and Gould, M and Keenan, J. (2010), *Family Life and Alcohol Consumption: A Study of the Transmission of Drinking Practices* (York: Joseph Rowntree Foundation).
https://www.jrf.org.uk/report/alcohol-consumption-and-family-life

原著掲載分

Abad, L.C. (2001), 'Gender and Drink in Aragon, Spain', in de Garine, I. and De Garine, V. (eds.), *Drinking: Anthropological Approaches* (New York: Bergham Nook), pp.144–157.

Ahmed, A. (2003), *Islam under Siege* (Cambridge: Polity Press).

Ahmed, N. (1989), 'Service Provision for Ethnic Minority Drinkers from an Asian Background', Published in proceedings of 35th *International Congress on Alcoholism and Drug Dependence Prevention and Control: Realities and Aspirations*, Waahlberg, R. (ed.) (National Directorate for the Prevention of Alcohol and Drug Problems, Oslo), pp.37–44.

Aitchison, C., Hopkins, P. and Kwan, M-P. (2007), *Geographies of Muslim Identities: Diaspora, Gender and Belonging* (Aldershot: Ashgate).

Alam, M.Y. and Husband, C. (2006), *British-Pakistani Men from Bradford: Linking Narratives to Policy* (York: Joseph Rowntree Foundation Report).

Alavaikko, M. and Osterberg, E. (2000), 'The Influence of Economic Interests on Alcohol Control Policy: A Case Study from Finland', *Addiction* 93, Supplement, 4: S565–S579.

Allaman, A., Voller, F., Kubicka, L. and Bloomfield, K. (2000), 'Drinking and the Position of Women in Nine European Countries', *Substance Abuse* 21/4: 231–247.

Altay, C. (2008), 'Possibilities of Reconfiguration: Sustaining Creative Use in Urban Space', *Urban Design* 108: 34–36.

Ambert, A. (1994), 'An International Perspective on Parenting: Social Change and Social Constructs', *Journal of Marriage and the Family* 56/3: 529–543.

Jayne, M, Valentine, G. and Holloway, S.L. (2016b), 'Geographical perspectives on drug and alcohol studies', in Kolind, T., Thom, B. and Hunt, G. (eds.), *SAGE Handbook of Drug and Alcohol Studies: Social Science Perspectives* (London: Sage), pp. 117–132.

Jayne, M., Valentine, G. and Holloway S.L. (2017), 'Relationships, reciprocity and care: alcohol, sharing and 'urban crisis'', in Hall, S. M and Ince, A. (eds.), *Sharing Economies in Times of Crisis: Practices, Politics and Possibilities* (London: Routledge), pp.66–79.

Jayne, M. and Ward, K. (eds.) (2017), *Urban Theory: New Critical Perspectives* (London: Routledge).

Jayne, M., Williams, A. and Webb, D. (2019), *Faith in Recovery: Service User Evaluation of Alcohol Treatment* (London: Alcohol Change UK).

Robinson, J. (2002), 'Global and world cities: a view from off the map', *International Journal of Urban and Regional Research* 26/3: 531–554.

Robinson, J. (2006), *Ordinary Cities: Between Modernity and Development* (New York, London: Routledge).

Roy, A. and Ong, A. (eds.) (2011), *Worlding Cities: Asian Experiments and the Art of Being Global* (Oxford: Wiley Blackwell).

Parnell, S. and Robinson, J. (2012), '(Re)theorizing cities from the global South: looking beyond neoliberalism', *Urban Geography* 33/4: 593–617.

Valentine, G, Holloway, S.L. and Jayne, M. (2009), 'Contemporary cultures of abstinence and the night-time economy: Muslim attitudes towards alcohol and the implications for social cohesion', *Environment and Planning A* 42/1: 8–22.

Valentine, G., Holloway, S.L. and Jayne, M. (2010), 'Generational patterns of alcohol consumption: Continuity and change', *Health and Place* 16/5: 916–925.

Valentine, G., Holloway, S.L., Jayne, M. and Knell, C. (2007), *Drinking Places: Where People Drink and Why* (York: Joseph Rowntree Foundation). https://www.jrf.org.uk/report/drinking-places-where-people-drink-and-why

Valentine, G., Holloway, S.L., Knell, C. and Jayne, M. (2007), 'Drinking places: young people and cultures of alcohol consumption in rural environments', *Journal of Rural Studies* 24/1: 28–40.

Valentine, G., Jayne, M. and Gould, M. (2013), 'The proximity effect: the role of the

critical perspectives', *Progress in Human Geography* 40/1: 67–87.

Jayne, M. and Valentine, G. (2016b), 'Drinking dilemmas: making a difference?', in Thurnell-Read, T. (ed.), *Drinking Dilemmas: Space, Culture and Identity* (London: Routledge).

Jayne, M. and Valentine, G. (2016c), 'Alcohol consumption and geographies of childhood and family life', in Skelton, T, Horton, J., and Evans, B. (eds.), *Geographies of Children and Young People: Play and Recreation, Health and Well-being* (London: Springer), pp.545–560.

Jayne, M. and Valentine, G. (2017), '"It makes you go crazy": children's knowledge and experience of alcohol consumption', *Journal of Consumer Culture* 17/1: 85–104.

Jayne, M., Valentine, G. and Gould, M. (2012), 'Family life and alcohol consumption: the transmission of 'public' and 'private' drinking cultures', *Drugs: Education, Prevention and Policy* 19/3: 192–200.

Jayne, M., Valentine, G. and Holloway, S.L. (2008a), 'Fluid boundaries—British binge drinking and European civility: alcohol and the production and consumption of public space', *Space and Polity* 12/1: 81–100.

Jayne, M., Valentine, G., and Holloway S.L. (2008b), 'Geographies of alcohol, drinking and drunkenness: a review of progress', *Progress in Human Geography* 32/2: 247–263.

Jayne, M., Valentine, G., and Holloway S.L. (2008c), 'The place of drink: geographical contributions to alcohol studies', *Drugs: Education, Prevention and Policy* 15/3: 219–232.

Jayne, M., Valentine, G. and Holloway, S.L. (2010), 'Emotional, embodied and affective geographies of alcohol, drinking and drunkenness', *Transactions of the Institute of British Geographers* 35/4: 540–554.

Jayne, M., Valentine, G. and Holloway, S.L. (2011a), *Alcohol, Drinking, Drunkenness: (Dis)Orderly Spaces* (Aldershot: Ashgate). 〔本書〕

Jayne, M., Valentine, G. and Holloway, S.L. (2011b), 'What use are units? Critical geographies of alcohol policy', *Antipode* 44/3: 828–846.

Jayne, M, Valentine, G, and Holloway, S.L. (2016a), 'Consumption and Context', in Kolind, T., Thom, B. and Hunt G. (eds.), *SAGE Handbook of Drug and Alcohol Studies: Social Science Perspectives* (London: Sage), pp.352–364.

文献一覧

「日本語版へのはしがき」掲載分

Bell, D., Holloway, S.L., Jayne, M. and Valentine, G. (2008), 'Pleasure and leisure', in Hall, T., Hubbard, P. and Short, J-R. (eds.) *SAGE Companion to the City* (London: Sage), pp.167–184.

Chakrabarty, D. (2000), *Provincializing Europe: Postcolonial Thought and Historical Difference* (Princeton: Princeton University Press).

Connell, R. (2007), *Southern Theory: The Global Dynamics of Knowledge in Social Science* (Cambridge: Polity Press).

Edensor, T. and Jayne, M. (eds.) (2012), *Urban Theory Beyond the West: A World of Cities* (London: Routledge).

Holloway, S.L., Jayne, M. and Valentine, G. (2008), '"Sainsbury's is my local": English alcohol policy, domestic drinking practices and the meaning of home', *Transactions of the Institute of British Geographers* 33/4: 532–547.

Holloway, S.L., Valentine, G., and Jayne, M. (2009), 'Masculinities, femininities and the geographies of public and private drinking landscapes', *Geoforum* 40/5: 821–831.

Jayne, M. (ed.) (2018a), *Chinese Urbanism: Critical Perspectives* (London: Routledge).

Jayne, M. (2018b), 'An introduction to critical perspectives on Chinese urbanism', in Jayne, M. (ed.) *Chinese Urbanism: Critical Perspectives* (London: Routledge).

Jayne, M. (2018c), 'Afterword: critical Chinese urbanism for the twenty-first century', in Jayne, M. (ed.) *Chinese Urbanism: Critical Perspectives* (London: Routledge).

Jayne, M., Gibson, C., Waitt, G. and Valentine, G. (2012), 'Drunken mobilities: backpackers, alcohol and 'doing place'', *Tourist Studies* 12/3: 211–231.

Jayne, M., Holloway, S.L. and Valentine, G. (2006), 'Drunk and disorderly: alcohol, urban life and public space', *Progress in Human Geography* 30/4: 451–468.

Jayne, M. and Valentine, G. (2015), *Childhood, Family, Alcohol* (London: Routledge).

Jayne, M. and Valentine, G. (2016a), 'Alcohol-related violence and disorder: new

ま

な

は

た

か

さ

索　引

斜体のページ数は表を表す。

英字（書名）

あ

訳　者

杉山 和明（すぎやま かずあき）

1973年静岡県生まれ。2004年名古屋大学大学院文学研究科博士後期課程修了。博士（地理学）。日本学術振興会PD特別研究員・大阪市立大学などを経て、2019年より流通経済大学経済学部教授。

専門は人文地理学、社会・文化地理学。

二村 太郎（ふたむら たろう）

1975年千葉県生まれ。2008年ケンタッキー大学大学院地理学研究科博士課程修了。Ph.D in Geography. 駒澤大学・立教大学・上智大学ほか非常勤講師、同志社大学アメリカ研究所専任研究員などを経て、2016年より同志社大学グローバル地域文化学部准教授。

専門は人文地理学、北アメリカ地域研究。

荒又 美陽（あらまた みよう）

1973年北海道生まれ。2005年一橋大学大学院社会学研究科博士後期課程中途退学。博士（社会学）。恵泉女学園大学、東洋大学を経て、2018年より明治大学文学部教授。

専門は人文地理学、フランス地域研究。

成瀬　厚（なるせ あつし）

1970年生まれ。埼玉県で育つ。1999年東京都立大学大学院理学研究科博士課程修了。博士（理学）。独立研究者。

専門は人文地理学。

著　者

マーク・ジェイン（Mark Jayne）

原著執筆当時、マンチェスター大学上級講師。

1970年生まれ。2001年スタフォードシャー大学の社会学分野でPh.D.を取得。バーミンガム大学、マンチェスター大学などを経て、2015年よりカーディフ大学人文地理学教授。

専門は社会・文化地理学。

ジル・バレンタイン（Gill Valentine）

原著執筆当時、リーズ大学教授。

1965年生まれ。1989年レディング大学の地理学分野でPh.D.を取得。シェフィールド大学、リーズ大学およびリーズ社会科学研究所などを経て、2012年よりシェフィールド大学地理学教授および社会科学部長、2017年より副学長。英国学士院フェロー、社会科学院フェロー。

専門は社会・文化地理学。

サラ・L・ホロウェイ（Sarah L. Holloway）

原著執筆当時、ラフバラー大学教授。

1970年生まれ。1996年シェフィールド大学の地理学分野でPh.Dを取得。ラフバラー大学などを経て、2010年よりラフバラー大学人文地理学教授。社会科学院フェロー。

専門は社会・文化地理学。

アルコールと酔《よ》っぱらいの地理学《ちりがく》

――秩序《ちつじょ》ある／なき空間《くうかん》を読《よ》み解《と》く

2019年 7月30日　初版第1刷発行

著　者　マーク・ジェイン
ジル・バレンタイン
サラ・L・ホロウェイ

訳　者　杉《すぎ》山《やま》和《かず》明《あき》
二《ふた》村《むら》太《た》郎《ろう》
荒《あら》又《また》美《み》陽《よう》
成《なる》瀬《せ》厚《あつし》

発行者　大江道雅

発行所　株式会社明石書店
〒101-0021 東京都千代田区外神田 6-9-5
電　話　03 (5818) 1171
F A X　03 (5818) 1174
振　替　00100-7-24505
http://www.akashi.co.jp/

装　丁　明石書店デザイン室
印　刷　株式会社文化カラー印刷
製　本　本間印刷株式会社

(定価はカバーに表示してあります)　ISBN 978-4-7503-4866-7